权威·前沿·原创

皮书系列为

“十二五”“十三五”国家重点图书出版规划项目

公共关系蓝皮书
BLUE BOOK OF
CHINA'S PUBLIC RELATIONS

中国公共关系发展报告（2019）

ANNUAL REPORT ON THE DEVELOPMENT OF CHINA'S PUBLIC RELATIONS (2019)

主　编／柳斌杰
副主编／王大平　董关鹏

社会科学文献出版社
SOCIAL SCIENCES ACADEMIC PRESS (CHINA)

图书在版编目（CIP）数据

中国公共关系发展报告.2019／柳斌杰主编.--北京：社会科学文献出版社，2019.12

（公共关系蓝皮书）

ISBN 978-7-5201-5851-0

Ⅰ.①中… Ⅱ.①柳… Ⅲ.①公共关系学-发展-研究报告-中国-2019 Ⅳ.①C912.31

中国版本图书馆CIP数据核字（2019）第280811号

公共关系蓝皮书

中国公共关系发展报告（2019）

主　　编／柳斌杰

副 主 编／王大平　董关鹏

出 版 人／谢寿光

组稿编辑／邓泳红　陈　颖

责任编辑／桂　芳　薛铭洁　陈晴钰

出　　版／社会科学文献出版社・皮书出版分社（010）59367127

地址：北京市北三环中路甲29号院华龙大厦　邮编：100029

网址：www.ssap.com.cn

发　　行／市场营销中心（010）59367081　59367083

印　　装／天津千鹤文化传播有限公司

规　　格／开　本：787mm×1092mm　1/16

印　张：19.25　字　数：287千字

版　　次／2019年12月第1版　2019年12月第1次印刷

书　　号／ISBN 978-7-5201-5851-0

定　　价／128.00元

《中国公共关系发展报告（2019）》
编　委　会

房　琳　首都医科大学附属北京安贞医院宣传中心副主任

李　杰　中国健康教育中心研究员

李欣宇　中国公共关系协会副秘书长

孟宪励　《健康时报》编辑，博士，高级记者

秦　辉　中国公共关系协会副秘书长兼办公室主任

邵晓凤　北京大学人民医院宣传处处长

施琳玲　南通大学附属医院宣传与品牌建设处处长
中国医疗自媒体联盟联合发起人

学界专家：

郭晓科　中国传媒大学副教授、政府与公共事务研究院副院长、继续教育学部副学部长、媒介与公共事务研究院副院长

苏　婧　清华大学健康传播研究所执行所长

王良兰　原国家食品药品监督管理总局新闻发言人
中国传媒大学媒介与公共事务研究院健康与环境传播研究所联合所长

王一方　北京大学医学人文学院教授

王　宇　中国传媒大学教授、博士生导师

许　静　北京大学新闻与传播学院教授

杨宇军　国防部原新闻事务局局长、新闻发言人
中国传媒大学媒介与公共事务研究院院长

甄　橙　北京大学医学人文学院教授

周　亭　中国传媒大学教授、博导、教育部人文社科重点研究基地
中国传媒大学国家传播创新研究中心专职研究员、媒介与公共事务研究院副院长

《中国公共关系发展报告（2019）》编 辑 部

主要编撰者简介

柳斌杰 1981 年毕业于北京师范大学外研所西方经济专业和中国社会科学院研究生院哲学系马克思主义认识论专业，硕士研究生，教授，博士生导师，高级经济师。1968 年参加工作，1971 年加入中国共产党，先后在白银有色金属公司、共青团中央、四川省人民政府、中共四川省委、国家新闻出版总署、国家版权局工作。任十二届全国人大常委会委员、全国人大教育科学文化卫生委员会主任委员，中国公共关系协会会长，清华大学教授、新闻与传播学院院长，兼任清华大学、北京师范大学、中国传媒大学、上海理工大学等校博士生导师。出版《现代国民素质论》《人类进步的旗帜》《文化力论》《WTO 协议解读》《中国的外交哲学》《论文化体制改革》等专著，主编“灿烂中华文明”“中国域外汉籍”“中国出版家”“中国名记者”“辉煌历程”等大型丛书。

王大平 中国公共关系协会常务副会长兼秘书长，在长期从事新闻、出版、传媒工作中，运用公关理论指导实践工作，成功策划了多个具有广泛社会影响力的大型主题公关活动，如：环青海湖国际自行车赛、绿色旅游饭店万里行，开展了“红色之旅——延安精神在清华”“中华汉字寻根之旅”“健康公关”“‘一带一路’年度汉字发布”“字说中国，节传文脉”等主题文化创意活动，以及“镜美华夏”“‘影像的力量’中国（大同）国际摄影文化展”等大型影像公关文化品牌活动，创建了“中医文化国际传播与体验中心”。曾荣获国际饭店与餐馆协会“国际饭店传媒特殊贡献奖”和“世界金钥匙组织”金质勋章奖，获得国家新闻出版总署机关党委授予的“党员先锋岗”荣誉称号。

董关鹏 教授、博士，政治传播学者、企业传播顾问和“临床型”公共关系专家。先后毕业于北京大学、谢菲尔德大学、剑桥大学和杜伦大学。曾在清华大学、哈佛大学执教和从事研究十余年。历任英国BBC和中国中央电视台记者、主持人和早间新闻主播，地方政府对外贸易与经济合作局局长，清华大学公共关系与战略传播研究所首任所长，哈佛大学约翰·F.肯尼迪政府学院索林斯汀席位媒介政治与公共政策研究员和中国传媒大学媒介与公共事务研究院首任院长等。现任中国传媒大学教授、博士生导师，政府与公共事务学院院长，继续教育学部学部长、培训学院院长，全国领导干部媒介素养培训基地主任和媒介与公共事务研究院学术委员会主任等。兼任中国公共关系协会副会长、常务理事，国务院新闻办公室新闻发布策划与评估专家小组成员、国务院食品安全委员会专家委员会委员、最高人民法院司法传播专家、国家核应急专家委员会委员、全国工商联宣传教育委员会副主任、中国足协新闻委员会委员等。董关鹏教授是2001年以来，我国官方举办中央和国务院国家级新闻发言人和应急管理实务培训的核心专家和主讲教师，是中共中央党校（国家行政学院）、国务院部委和省、区、市党委中心组学习相关课程的骨干主讲教师，也是国家有关部门处置自然灾害、重大事故和群体事件的现场咨询专家团队的重要成员。

摘　要

随着“健康中国”战略的层层推进，党和国家为实现人民健康所进行的与社会公众之间的关系管理成为国家公共关系能力建设的重要议题。面对日益强烈的“健康中国”公共关系服务的实际需要，中国公共关系协会和中国传媒大学媒介与公共事务研究院合作推出《中国公共关系发展报告（2019）》。

本书坚持以习近平新时代中国特色社会主义思想为指导，以构建中国特色公共关系理论体系和提升“健康中国”公共关系管理水平为基本思路，按照“健康中国”公共关系的主题确定框架内容。

全书由3个部分组成，分别是总报告、健康治理篇和健康传播篇。全书包括2篇总报告、11篇分报告和4篇附录。

总报告《2018～2019年中国公共关系发展报告》和《“健康中国”公共关系五年（2013～2018年）》，从中国公共关系行业的整体发展现状着眼，聚焦五年来“健康中国”公共关系的发展轨迹，总结成就建树，展望发展前景。

分报告从健康治理与健康传播两个视角展开研究，涉及“健康中国”公共关系的多方主体。健康治理篇侧重从政府支持、舆论引导和医学人文沟通三个维度重点关注“大健康”理念的内涵和演变、医患关系生态，辨析改革开放以来全球治理、国际卫生合作与全球健康治理的概念界定及其与“健康中国”战略的关系；深入探讨了中医药在“一带一路”建设过程中实现大开放、大交流、大融合的重大意义；以我国互联网对医疗健康发展模式的创新实践为切入点，探索了互联网促进医疗健康发展的新模式、新实践。健康传播篇侧重于结合当下国内新媒体发展现状及媒体环境变化，准确把握新时期卫生典范遴选与媒介宣传的策略及路径，通过对食品药品事件舆情的一体两面和公众情绪的分析，剖析了中国健康传播领域辟谣实践的经验与不足，总结了中国医疗自媒体联盟的创新之处，为我国健康教育机构新媒体建设实践和构建公立医院形象建言献策，并系统梳理了国内健康传播研究现状、研究特点和发展趋势。

本书从公共关系视角出发，审视新时代背景下“健康中国”建设过程中的公众沟通工作，力求为政府管理公共关系事务、企业开展公共关系运营以及卫生健康相关机构制定发展规划等提供参考，为促进公共关系发挥其战略价值提供思路。

序言
积极助力健康中国传播
构建人民共建共享的健康治理体系

柳斌杰*

新中国成立70年来，党和政府高度重视医疗卫生事业发展，有效维护了人民的健康权益，提升了人民健康水平。特别是党的十八大以来，以习近平同志为核心的党中央把全民健康作为全面建成小康社会的重要内涵，大力推进“健康中国”战略。2016年，党中央、国务院召开全国卫生与健康大会，并发布《“健康中国2030”规划纲要》，提出了健康中国建设的目标和任务。2019年6月25日，国务院印发了《关于实施健康中国行动的意见》（国发〔2019〕13号），这是国家层面指导未来十余年疾病预防和健康促进的一个重要文件。

随着医疗技术的进步和物质生活水平的提高，人民群众希望获得越来越高水平的医疗卫生服务；但是，医疗卫生服务发展不平衡不充分与人民日益增长的健康需求之间的矛盾也比较突出。因此，不断完善国民健康政策，满足群众的医疗健康需求，已成为推动健康中国建设的重要议题。

中国公共关系协会成立以来，积极投身中国卫生健康领域的公共关系实践。公共关系行业从组织到个人，从高校到咨询公司，伴随改革开放并与卫生健康行业的发展紧密相关。从最早药企雇佣公关公司，到医院邀请公关顾问，健康传播一直是协会关注的重要领域。特别是从原卫生部设立新闻办，

---

* 柳斌杰，十二届全国人大常委会委员，十二届全国人大教育科学文化卫生委员会主任委员，中国公共关系协会会长，清华大学新闻与传播学院院长、教授。

到卫计委成立宣传司，从政府层面给予了健康传播有力指导。现在，中国公共关系协会在卫健委的指导下，与疾控、应急、医保等诸多司局，在公共关系领域展开了诸多深度合作，围绕卫生健康领域的政策传播、形象塑造、公众认知、舆论引导等，做了大量卓有成效的工作。

特别是“健康中国”战略实施以来，中国公共关系协会在中共中央宣传部的正确领导下，在国家卫健委的指导下，认真贯彻落实党中央关于“健康中国”的各项战略部署，围绕健康传播、健康科普、医患关系、中医药走出去等，深入展开公共关系领域的理论探索和具体实践，取得了丰硕成果。2019 年度《公共关系蓝皮书》的出版，就是对公共关系在卫生健康领域理论和实践探索的一次总结。回顾协会在健康治理、健康传播领域参与和合作的历程，可以看出，我们全面参与了国家卫生健康领域公共关系几个重要阶段的建设。

一是信息传播。这个阶段指 从“非典”以后到 2008 年北京奥运会前，协会全力做好重大政策解读和传播工作。以“非典”等重大卫生健康事件宣传报道、舆论引导等为契机，健康传播开始走入大众视野。中国公共关系协会顺势而为，围绕健康素养培养、健康科学普及、医患关系塑造等课题，积极介入健康传播的理论和实践领域，取得了初步成果。

二是形象构建。这个阶段以 2008 年北京奥运会后为代表，卫生健康部门与高校、智库、企业等建立长效合作机制，引入多元主体的外部力量，在健康中国公共关系的战略规划、专家调研、专家随访、突发事件处置、活动策划、公众传播、舆情监测等方面开展专业的公共关系服务。特别是这一阶段把回应公众关切、直触民生痛点、迅速推进落实，作为健康中国公共关系实施中的一条准线。公共关系学界、业界专家每年参加全国卫生健康系统新闻宣传和舆论引导工作会议、中国健康教育与健康促进大会等活动。通过参加这些活动，反馈社会各界对卫生、健康重大问题的关注，协助做好卫生健康系统新闻宣传和舆论引导工作，较好地发挥了信息交流和形象评估塑造的职能作用，增进公众的体谅与支持，维护政府、医疗机构、医药产业等良好形象，有力地推动了健康中国公共关系持续发展。

三是风险沟通。近年来，围绕卫生健康领域重大突发事件，协会积极发挥在政府、企业、学界和社会的传播优势和公共关系资源，主动参与到卫生健康领域重大突发事件处置工作中，做好舆情引导，有效减少负面舆情的影响，在缓解社会矛盾、稳定社会大局、创建和谐环境、促进健康中国公共关系发展上发挥了积极作用。清华大学国际传播研究中心和医学院健康传播研究所、复旦大学新闻学院和医学院、四川大学新闻传播学院和华西医学院等与卫生部门和医药企业等展开合作，联合开展健康传播和风险沟通研究。这一时期，着力提升卫生、食药等系统政府官员的媒介素养，积极做好重大突发事件舆情处置工作。2013 年以来，协会依托中国传媒大学全国领导干部媒介素养培训基地举办 50 多班次培训，为卫生、食药系统近 1000 名领导干部组织提升媒介素养培训，有力地提高了政府管理部门领导干部的媒介素养，增强了其同媒体打交道的能力。

四是声誉管理。随着社会经济不断发展进步，各界对卫生健康的关注度越来越高，对卫生健康声誉管理和形象塑造提出了越来越高的要求。清华大学公共关系与战略传播研究所在阿斯利康、强生等国际制药企业的公益项目支持下，开展医院、医生、医疗管理机构和疾控部门的声誉管理前沿性研究，把声誉管理这样一个重要的公共关系概念引入医院和医政管理的范畴。2015 年 4 月，中国公共关系协会和北京中医药大学进行全面战略性合作，建立“中医文化国际传播与体验中心”，在向世界传播中医药文化、促进中医药理论研究与实践相结合、扶持中医药产业的健康可持续发展等方面发挥了积极作用。协会坚持所有事做在前面，充分借助各种手段、平台，为卫生健康领域公共关系活动开展、公共形象传播扬威造势，取得了丰硕成果。协会推动成立了“中国医疗自媒体联盟”，组建了在卫生健康传播领域具有较强影响力的高端智库，积极参与国家卫健委新闻发布工作，为重大卫生健康政策发布、重要法规出台提供舆论风险评估，参与卫健委新闻发布信息库建设，常态化向国家卫健委提供实时、专业、权威的风险评估以及舆论引导咨询服务，为做好卫生健康领域重要政策解读、增进社会各界有效沟通、促进健康治理和健康传播发展做出了积极贡献。协会与英国莱斯特大学合作，连续举办两届“中英传播健康对话”，加强了国际健康传播领域的交流共享，形成了相互交融、相互促进的健康传播发展趋势。同时，协会依托中国传媒大学媒介与公共事务研究院健康与环境传播研究所、健康中国创新传播研究中心，把公关界、健康界和影视界团结在一起，先后推出了《急诊室的故事》《生机无限》和《忘不了餐厅》等一系列现象级融媒体影视作品，在全国引起强烈反响，受到中央领导同志和有关部委的批示表扬。针对艾滋病等疾病，邀请姚明等担任公益形象大使，拍摄有关宣传片，走访慰问艾滋病失孤儿童，对于传播健康知识、增进医患沟通、形成医疗机构良好声誉等，发挥了积极正面作用。

五是为适应5G做准备。随着5G全媒体时代的到来，中国公共关系协会在拓展传播沟通渠道、创建新媒体平台、最大限度争取公众对健康中国各项工作的理解和参与方面，做了大量卓有成效的工作。2016年10月，以中国医疗自媒体联盟成立为标志，共汇聚个人类、机构类以及医疗机构类盟员单位共计2232家，各自媒体平台累计粉丝数近3亿。联盟与中国传媒大学媒介与公共事务研究院发起成立“蝴蝶学院”，成为国内第一个健康类新媒体人才孵化平台，在提高医务工作者的媒介素养、媒介工作者的医学素养，构建医、患、媒三者之间的沟通桥梁上发挥了重要作用。可以看出，随着中国医疗自媒体联盟的不断发展，在新媒体平台上，处处都有公关人、健康人团结合作、并肩战斗的身影。我们也相信，在5G全媒体时代，联盟将会培养打造更多实战型、多维度的健康新媒体人才，提升医学领域的媒介素养和传播领域的医学素养，充分发挥其在官方舆论场、草根舆论场、行业舆论场三者之间的桥梁作用，助力“健康中国”战略的实施。

回顾协会在卫生健康公共关系领域参与、合作、共进的历程，我们有三点体会。

体会一：要牢固树立服务理念。卫生健康与民生福祉息息相关，这一领域的公共关系实践必须坚持于以人民为中心。从中国公共关系协会参与卫生健康治理、传播的实践来看，也是牢牢植根于以人民为中心的理念，可以说，重视公关就是重视民意。“健康中国”充分体现了人民健康优先发展的战略思想，中国公共关系工作者参与解决好我国面临的卫生与健康问题，发挥在卫生健康领域与社会各界的桥梁纽带作用，将为推进我国在健康领域的国家治理体系和治理能力现代化提供公共关系范本和解决方案。

体会二：要服务于国家大局。实施“健康中国”战略是贯彻落实党的十九大精神、推动实施“健康中国”战略的必然要求，是落实预防为主方针、统筹解决当前人民健康突出问题的具体措施，也是顺应国际趋势、履行国际承诺的重大举措。中国公共关系的发展，也有赖于国家的发展、人民的需求、卫生健康领域的开放合作。健康中国战略的深入推进，必将为中国公共关系发展提供丰厚的现实土壤，极大地拓宽中国公共关系理论和实践的视野，使之更好地服从服务于党和国家的发展大局。

体会三：保持清醒认识。虽然中国公共关系协会在卫生健康领域做了不少工作，但我们不能躺在功劳簿上沾沾自喜。必须清醒地看到，一方面，由于疾病谱、生态环境、生活方式不断变化，我国仍然面临多重疾病高发威胁并存、多种健康影响因素交织的复杂局面，如果这些问题不能得到有效解决，必然会严重影响人民健康，制约经济发展，影响社会和谐稳定。广大公共关系的理论工作者和从业者，要直面卫生健康领域的问题挑战，一如既往地为卫生健康工作服务好、服好务。另一方面，卫生健康是一个高级知识分子比较集中的领域，特别是在联系沟通医生群体、求得理解包容方面，我们还有很多地方做得不好，还有待于进一步提高。

建设健康中国，这是一个政党谋定发展大势、践行执政为民的郑重承诺，也是一个国家迈向广阔未来、实现复兴梦想的崭新征程。面对新的发展机遇，中国公共关系协会和公共关系理论研究者、实践者都应当勇于担当历史责任，创新发展中国公共关系的理论和实践，为助力健康中国战略做出贡献。

第一，坚持以习近平新时代中国特色社会主义思想为指导，探索构建中国特色的健康传播理论体系。习近平总书记高度重视卫生和健康工作，从党和国家事业发展全局的战略高度，对加强卫生健康工作，做出了一系列重要指示。习近平总书记的重要论断，全面、系统、深刻地论述了卫生和健康工作的历史定位、职责使命、方针原则等重大课题，为形成一套具有创新性、科学性、完整性的健康理论体系提供了指导。要建构新时期的健康传播理论体系，我们必须深入学习近平总书记关于卫生和健康工作的系列重要论述，把握蕴涵其中的方法、立场、原则，明确中国特色的健康传播理论体系包含的历史方位、角色定位、工作目标、运行规则、策略方法，从健康传播的角度阐释好中国道路、中国理论、中国制度、中国文化。可以看到，经过改革开放以来的长足发展，健康传播已经足以作为重要学科在高校中得到长足发展。希望医学院校能够开设健康传播专业，邀请公关理论的学者、公关行业的专家给予公共关系理论和实践支持；新闻传播学院要大力发展健康传播专业，主动邀请各级卫健委的领导、医疗从业者和公共卫生专家，从卫生健康领域给予支持。经过双方的共同努力，做大做强中国健康传播理论。

第二，坚持以人民为中心，努力开展服务于健康治理的公共关系实践。党的十九大指出“人民健康是民族昌盛和国家富强的重要标志”，体现了党对人民健康重要价值和作用的认识达到了新的高度。中国公共关系协会助力健康中国战略，要坚持以人民为“着眼点”，带领广大公共关系工作者积极参与卫生健康政策的讨论，努力将人民群众的健康作为所有公共政策考量的重要目标之一，切实发挥好公共关系在政府、社会、个人之间的桥梁纽带作用；坚持以人民为“出发点”，面对5G全媒体时代对健康传播的挑战，广大公共关系工作者必须秉持正确价值取向，坚守神圣责任使命，顺应广大人民的普遍期待，引导大家成为健康传播优秀内容的生产者、传播者、引领者，以此来赢得5G全媒体时代健康传播的话语优势和发展优势；坚持以人民为“落脚点”，完善对于涉及健康领域的公共政策讨论、健康知识的科学普及、健康素养的培养塑造、重大卫生安全事件处置等的考核评价机制，把人民满意度作为基本考核指标，维护和促进人民群众的健康与幸福。

第三，坚持围绕党和国家发展大局，努力开展助力提升国家健康治理现代化水平的公共关系实践。卫生健康领域的公共关系实践，要紧紧围绕落实健康中国行动有关文件，聚焦当前人民群众面临的主要健康问题，从政府、社会、个人（家庭）三个层面协同推进，实现促进全民健康的目标。坚持从注重“治已病”向注重“治未病”转变，通过公共关系实践，有针对性地做好健康促进和教育，努力使个人能够获取有关知识与信息，让健康知识、行为和技能成为全民普遍具备的素质和能力；坚持“大卫生、大健康”理念，通过公共关系实践，讲清楚个人和家庭、社会、政府三方面职责，充分调动全社会的积极性和创造性，把健康中国“共建共享”的基本路径落到实处。

第四，坚持文化先行、公关先导，努力开展推动中医药振兴发展的公共关系实践。推动中医药全面走向世界，为人类健康造福，是中华优秀文化与世界先进文化整合发展的题中应有之义。一方面，要充分挖掘我们在中医药教学科研方面的独特优势，加强中医院校的教师、中医医史文献的工作者、中医文物的收藏者、中医药的大学生（包括国外留学生）在媒介素养和公共关系方面的培训交流，真正让专业者用接地气的语言传播好中医药理论、讲好中医药故事，促进中医药文化的传播交流。另一方面，要积极与政府、医疗机构和医药企业加强沟通合作，特别是在一些中医药理论、技术及药品开发等方面，展开中医药形象战略传播研究，帮助打造国际知名的中药品牌，加快中医药走向世界的步伐。

第五，坚持讲好中国故事，努力开展参与全球健康治理的公共关系实践。健康中国战略的制定与实施，得到了世卫组织、联合国开发署、世界银行的高度关注和赞赏。在健康中国战略中融入更多的国际化元素，为人类健康与和平发展做出更大贡献，让“人民健康优先发展”的经验惠及世界各国，引领构建人类命运共同体，也是中国公共关系协会不容推辞的历史使命。要加强在健康传播领域的平台建设，加强国际健康传播领域的沟通对话，积极参与健康传播领域的人文交流和公共外交活动，解决好有理说不出、说了传不开的困境。要讲好在卫生健康领域的中国故事，特别是我国卫生健康政策解读、参与国际卫生健康标准讨论和制定、“一带一路”卫生合作战略推进及成效、医疗援外的经验做法等，实事求是，注重科学，改进方式，主动发声，努力通过在健康传播方面的公共关系实践，让世界看到中国在卫生健康领域的工作和成绩，为世界展示一个全面真实、健康向上的中国。

习近平总书记强调："推进健康中国建设，是我们党对人民的郑重承诺。""要把人民健康放在优先发展的战略地位。"人民健康的获得，很大的程度上取决于健康素养的养成、健康理念的树立、健康科普的发达、健康共识的形成。新的历史时期，在卫生健康领域，公共关系大有可为，也必须大有作为。希望广大公关人和健康管理者、医疗从业者一起努力，不断促进健康教育的普及，推动健康中国形象的战略传播，为人民群众提供全方位全周期健康服务，实现全民共识早获得、健康议题有保证，让广大人民群众做幸福的中国人、健康的中国人，并通过公共关系这个"桥梁"和"纽带"，做彼此理解、精诚团结的中国人！同时，也为构建以政府为主导、多方参与、共建共享的协同化健康治理体系和持续推进国家健康治理体系与治理能力现代化做出应有的贡献！

前 言

王大平　董关鹏*

2019 年是中华人民共和国成立 70 周年，是全面建成小康社会关键之年。70 年来，我国公共卫生体系和医疗服务体系不断完善，基本医疗保障制度初步建立，健康扶贫工程成效显著，国民健康水平持续提升。党的十八大以来，以习近平同志为核心的党中央，坚持以人民为中心的新发展理念，在各条战线都取得了举世瞩目的成就。其中，健康中国战略为全面建成小康社会收官打下决定性健康基础。

由中国公共关系协会和中国传媒大学媒介与公共事务研究院共同组织编写的我国首部“公共关系蓝皮书”于 2016 年首次发布。在中华人民共和国成立 70 周年之际，我们推出第四部年度报告。本书汇集了十几位业界、学界的专家学者，他们用深厚的学术积淀和丰富的实践经验精心撰写，体现了本领域的最高水平。在撰写过程中各位专家突出客观性、权威性、前沿性、指导性和基础性的要求，为深化本领域的学术研究提供了较为全面和扎实的理论及现实依据。

一　年度主题：聚焦健康主题——探索健康中国公共关系

习近平同志在十八届中央政治局常委记者见面会上郑重指出，人民对于美好生活的向往就是我们的奋斗目标。要实现这一庄严承诺，首先就要

---

* 王大平，中国公共关系协会常务副会长兼秘书长；董关鹏，中国公共关系协会常务理事、副会长，中国传媒大学政府与公共事务学院院长、继续教育学部学部长、培训学院院长、全国领导干部媒介素养培训基地主任、媒介与公共事务研究院学术委员会主任。

准确把握人民对美好生活向往的具体指标体系。在这一过程中，公共关系要扮演“听诊器”和“润滑剂”的角色，同时要发挥联结党和政府同人民群众的纽带作用。“听诊器”的角色就是要把准社会的脉搏，倾听群众和社会的呼声，把美好生活的向往具象化、实操化，便于党和政府决策时精准发力。“润滑剂”的角色就是要对社会舆论实施正确引导，为构建和谐社会发挥融通作用，消解社会矛盾，凝聚社会共识。中国实行改革开放以来，经济社会实现了长足发展，经济总量跃居世界第二位，同40年前相比中国人民的生产生活方式发生了根本性的变化。人们对健康水平的追求也由“温饱型”向“小康型”转变，健康成为人们高品质生活的重要内容。使健康水平和经济水平同步协调发展，这是人类自身发展的需要也是社会文明进步的标志。一个积极向上、文明有序的社会离不开人类自身的健康。在社会发展进程中，人始终是第一位的，人是生产力的来源，所以要摒弃那种认为健康支出会加重社会负担的想法，恰恰相反，一个国民整体健康水平高的国家无疑会对世界进步发挥巨大影响力。中国的发展正在向着两个一百年的奋斗目标稳步推进，健康不能缺位。

二　行业概况：热点频出，社会关注度日益高涨

健康领域关系千家万户，涉及每个人的生活品质。任何与健康相关的社会问题的出现都会引起社会高度的关注。人们对健康的追求，其实质就是有限的社会健康资源供给和社会对健康资源日益增长的需求之间的矛盾的具体表现，这对矛盾又衍生出人们对于社会公平的不同价值判断。一是不同社会阶层对健康资源占有的程度有差异；二是不同地域由于经济发展水平不同而对健康资源占有不平衡；三是人们在购买健康资源过程中对健康服务的不同理解导致分歧和异议；四是横向的国际比较。人们追求的健康权利是人类生存权和发展权的重要组成部分，可以说处于基础性地位，是一项基本权利。因而呈现全局性、复杂性和敏感性等突出特点。

健康问题具有全局性，不仅是因为这一问题涉及面广，关涉每一位社

会成员的生存状态，而且这一问题还和其他诸如就业、环境、经济发展等领域密切相关，有时并不单纯地表现为健康问题本身，而与其他社会领域问题相互作用、在健康问题上相互映射。因此，在处理有关健康问题的公共关系时就要思虑周全，要认清问题的本质，进行综合引导，避免偏差。

健康问题具有复杂性，这是因为导致健康问题的因素复杂，既有制度设计缺陷引起的，也有执行过程中的失误引起的，还有不少是偶然因素导致的。因此，在处理有关健康问题公共关系时就要具体问题具体分析，要抓住问题的主要方面和决定性因素，避免导致热点持续升温的一切可能。

健康问题具有敏感性，这是社会进步和生产发展水平空前提高的必然结果，人们在解决了温饱问题后，就会更加关注生活品质问题，使自己的生命有更高质量就成为人们追求的方向。处理有关健康问题的公共关系，必须与时俱进，正视这一社会现实，并对其进行充分正确的引导，只有这样才能与人民心连心，与时代同步伐。

三 舆论环境：媒介传播手段的升级换代促使健康话题外延不断延展泛化

2019 年是 5G 元年，5G 时代给传播带来的变化将超出我们的想象。公共关系调整的是人与人以及人与社会的关系状态，其基本手段就是传播。从某种意义来说，就是真相和谣言传播速度的比拼。5G 的突出特点是高速下载、广连接与低时延，可以预见，在 5G 条件下消除谣言的影响将会更加具有挑战性。这就要求与健康传播相关的组织和机构要未雨绸缪，深入研究 5G 时代的传播特点和传播规律，在技术储备、组织方式、传播形式和传播内容方面实现创新发展，要避免在高新技术面前的手足无措和进退失范。同时，更加重要的是改变传播理念，加强对社会的积极引导，在引导社会健康观念的科学性上狠下功夫，主动营造积极向上的健康观。我们必须肯定、支持并维护社会大众对健康的合理追求，努力为国家健康事业的发展发挥助推器的作用，但同时也必须看到，过度的、不切实际的健康追求不仅违背科学规律，也与社会发展和国情存在着相当大的距离，这应该成为我们营造社会健康舆论环境的一个基本考量。健康中国战略的一个重大创新是将预防提到前所未有的高度加以提倡。倡导居民养成合理健康的生活方式，最大可能避免疾病的发生，这不仅仅是对社会健康资源最大的节约，同时也是人类文明的重要体现。这一创新体现在公共关系治理方面，就是把人们对健康的追求引导到科学的轨道上来，而不是仅仅关注医疗和药物，还要形成“大健康”的社会风尚。

四 学术研究：理论发展滞后于实践需求，亟须完善理论体系

把“健康中国”确定为年度研究主题的初衷之一就是要在“健康中国”的大背景下，探索与之相关的公共关系领域的理论走向和发展脉络，为健康中国战略的贯彻落实提供公关理论支撑。“健康中国”战略提出以来，我们欣喜地看到，过去思考已久的议题放在“健康中国”战略中来变得日益清晰。可见，“健康中国”战略具有天然的理论指向和理论品格。但是，我们也不能指望通过出台“健康中国”战略就能解决所有问题，还必须在“健康中国”大战略指导下拿出具体的应对策略，这是理论工作者责无旁贷的历史使命。

健康话题是人们耳熟能详的，人们往往并不认为它具有多么深奥的理论内涵，社会更加愿意用具体的态度来评价每一个具体问题，这就造成了健康领域的实践是丰富的，而对这些海量的实践缺乏理论上的归纳和总结，这一习惯性的做法导致面对成堆的问题却难以找出理论化的应对之策。

基于以上考虑，本书对健康问题做了初步的分类，首先是对过去一年的健康问题进行全面梳理，力争还原一个整体图景；其次是对具有全面和深远影响的关键问题进行综合论述，尝试抓住制约全局的关键和枢纽；再次是对事关“健康中国”的公共关系各类主体进行分类和归纳，试图从中寻找共

通的理论线索。蓝皮书是综合研究报告，全书本着对事实的判断，避免主观臆断和无根据的猜测，深挖采用第一手材料，争取穷尽基本数据、见微知著，力求从宏观上做出判断，从而保证研究成果能够反映该领域最新进展。本书每篇报告均出自行业知名专家之手，充分展示了专家个人的智力和学者风采，相信不但能引领该领域前瞻性的理论预测和发展方向，也能对该领域的相关专题研究发挥支撑作用。

目　录

Ⅰ　总报告

Ⅱ　健康治理篇

Ⅲ 健康传播篇

Ⅳ 附录

皮书数据库阅读使用指南

总 报 告

General Reports

B.1
2018～2019年中国公共关系发展报告

中国公共关系协会政府公共关系委员会
中国公共关系协会新闻与传播委员会
中国传媒大学媒介与公共事务研究院*

摘 要： 2018年中国公共关系行业在全球经济增长势头减弱的背景下仍保持快速发展的态势。本报告梳理了2018年行业发展现状，总结了行业发展新特点，并通过对行业发展的现存问题进行分析，对中国公共关系行业发展前景做出预判。

---

* 总指导：柳斌杰，十二届全国人大常委会委员、全国人大教育科学文化卫生委员会主任委员，中国公共关系协会会长，清华大学教授，新闻与传播学院院长；王大平，中国公共关系协会常务副会长兼秘书长；董关鹏，中国公共关系协会副会长，中国传媒大学教授，政府与公共事务学院院长、继续教育学部学部长；杨宇军，中国传媒大学媒介与公共事务研究院院长。成员：李欣宇，中国公共关系协会副秘书长；郭晓科，中国传媒大学副教授、继续教育学部副学部长、媒介与公共事务研究院副院长；周亭，中国传媒大学教授，媒介与公共事务学院副院长，国家传播创新研究中心专职研究员；张童昕，中国传媒大学媒介与公共事务研究院专职研究员。执笔人：张童昕。

关键词： 公共关系　数字经济　人工智能

一　2018年中国公共关系行业市场经济运行分析

本部分以公关传播行业在新三板、沪深两市、创业板的上市/挂牌企业为分析范围，将年营业收入超过5000万元作为筛选条件，基于各公司2018年度公开的年报数据，通过观察35家占据行业主体份额的上市/挂牌公关传播类企业的整体运营变现情况，进行定量统计分析和定性行业判断，深度反映中国公共关系行业发展趋势。

（一）宏观背景

1. 全球经济发展形势

首先，全球经济增长势头减弱，不确定性增加。联合国《2019年世界经济形势与展望》指出，2018年全球经济持续增长，经济增长率稳定在3.1%。然而，由于地缘政治关系日趋紧张、贸易摩擦升级、金融压力陡增、一些发达经济体生产能力面临增长极限，投资者信心明显下滑，制造业与商品贸易增速逐步趋缓，这在贸易密集型资本和中间产品部门体现得尤为明显，全球经济增速下行风险加剧，《2030年可持续发展议程》的落实面临巨大挑战。①

其次，主要发达经济体增长态势、通胀水平、货币政策和金融市场分化明显；部分主要新兴经济体经济增长速度放缓，金融市场波动与贸易规则调整的影响加剧。② 一方面，发达经济体中，美国经济增长强劲，减税、贸易与加息政策效果显著，通胀压力上升，失业率保持在3.7%，为半个世纪以来的最低水平，三大股指均呈上升态势；欧元区经济涨势放缓，通胀压力明显加大，欧洲中央银行货币政策局部微调；日本经济增速为1.1%，较上年

---

① 资料来源：联合国经济和社会事务部（DESA）发布的《2019年世界经济形势与展望》。

② 中国宏观经济研究院对外经济研究所形势分析课题组：《2018年世界经济形势分析与2019年展望》，《中国物价》2019年第1期，第17～19页。

下降0.6个百分点，通货膨胀率低于2%，日本央行维持超额准备金－0.1%的水平。另一方面，在新兴经济体中，印度经济涨势迅猛，俄罗斯、巴西保持复苏态势，通货膨胀率基本可控，但货币明显贬值，资本外流加剧，金融市场形势严峻。南非经济形势严峻，增长乏力，股市动荡。[①]

最后，贸易保护主义和单边主义抬头，国际经贸规则出现了保守化、高标准化和碎片化趋势，WTO改革势在必行，或将从结构、技术、规则等层面深刻影响世界经济走势和全球化进程。[②]

2. 国内经济发展形势

一是坚持稳中求进总基调，有效应对外部环境变化。2018年，中国国内生产总值达900309亿元，实现了2018年《政府工作报告》中6.5%的经济增长预期目标。其中，第一产业增加值64734亿元，较2017年增长3.5%；第二产业增加值366001亿元，较2017年增长5.8%；第三产业增加值469575亿元，较2017年增长7.6%。第一产业增加值占国内生产总值的比重为7.2%，第二产业增加值占比为40.7%，第三产业增加值占比为52.2%。2018年最终消费支出对国内生产总值增长的贡献率为76.2%，资本形成总额的贡献率为32.4%，货物和服务净出口的贡献率为－8.6%。人均国内生产总值64644元，比2017年增长6.1%。国民总收入896915亿元，比2017年增长6.5%（见图1、图2）。宏观来看，第三产业增速持续领跑我国整体经济发展速度，第一产业增速持续下降。

二是供给侧结构性改革持续推进，新动能持续发展壮大。2018年全年规模以上工业中，战略性新兴产业增加值比上年增长8.9%。高技术制造业增加值增长11.7%，占规模以上工业增加值的比重为13.9%。装备制造业增加值增长8.1%，占规模以上工业增加值的比重为32.9%。全年规模以上服务业中，战略性新兴服务业营业收入比2017年增长14.6%。全年高技术

① 资料来源：国际货币基金组织（IMF）发布的《世界经济展望》（2018年10月5日）。

② 中国宏观经济研究院对外经济研究所形势分析课题组：《2018年世界经济形势分析与2019年展望》，《中国物价》2019年第1期，第17～19页。

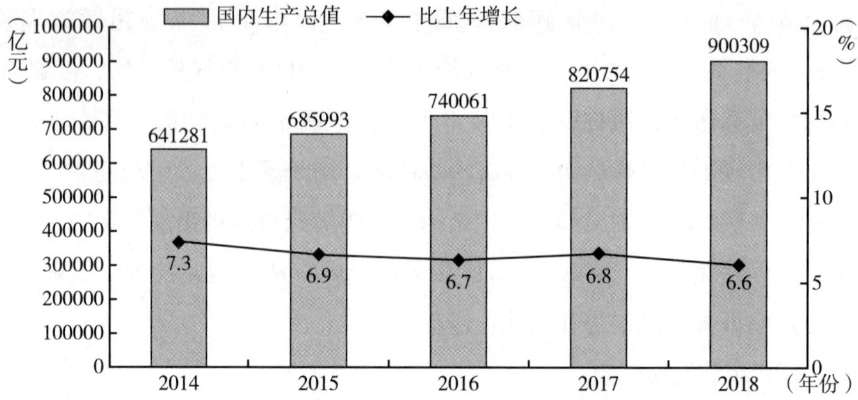

图1　2014～2018年国内生产总值及增长速度

资料来源：国家统计局。

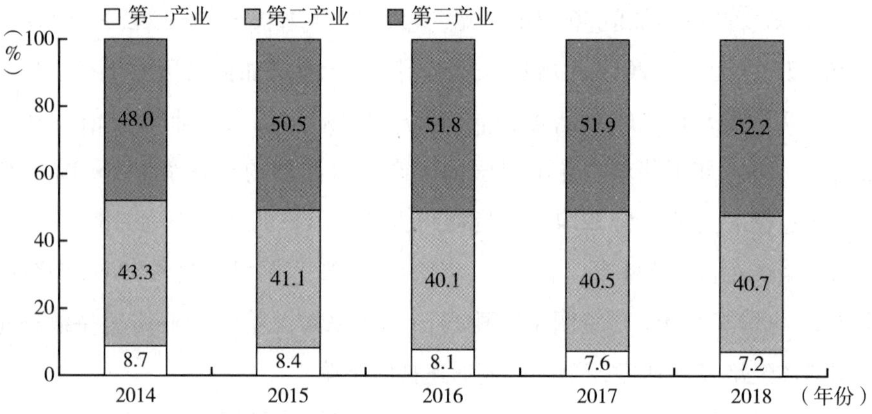

图2　2014～2018年三次产业增加值占国内生产总值比重

资料来源：国家统计局。

产业投资比2017年增长14.9%，工业技术改造投资增长12.8%。[①] 值得注意的是，制造业智能化趋势明显，服务业结构优化仍在持续进行，战略性新兴服务业、科技服务业、高技术服务业表现较好。[②]

① 国家统计局：《2018年国民经济和社会发展统计公报》。

② 上海社会科学院世界经济研究所宏观分析组：《不确定的世界经济：新变局、新风险、新机遇——2019年世界经济分析报告》，《世界经济研究》2019年第1期。

三是“一带一路”建设拉动全球投资，中国对外开放步伐不断加快。国家统计局数据显示，2018 年我国对“一带一路”沿线国家进出口总额达 83657 亿元，比 2017 年增长 13.3%。其中，出口 46478 亿元，同比增长 7.9%；进口 37179 亿元，同比增长 20.9%。[①]“一带一路”建设不仅为各国生产与投资提供广阔且优良的平台，而且也将成为带动全球投资增长的重要引擎。

（二）企业概述

本报告所筛选的 35 家上市/挂牌企业中，7 家为深、沪两市 A 股上市，28 家为新三板上市。具体包含以下企业（见表 1）。

表 1　2018 年 35 家公共关系行业上市/挂牌企业

序号	上市/挂牌企业名称	股票代码	所属板块
1	蓝色光标	300058	深市
2	科达股份（爱创天杰）	600986	沪市
3	华扬联众	603825	沪市
4	联建光电（友拓公关）	300269	深市
5	联创互联（上海麟动）	300343	深市
6	华谊嘉信（迪思传媒）	300071	深市
7	中青博联	837784	新三板
8	海天网联	870955	新三板
9	众引传播	833402	新三板
10	宗源营销	835168	新三板
11	灵狐科技	835663	新三板
12	时空视点	836416	新三板
13	宣亚国际	300612	深　市
14	多想互动	835212	新三板
15	君信品牌	839622	新三板
16	智者品牌	839358	新三板
17	太德励拓	837383	新三板
18	九九互娱	836385	新三板
19	蓝色方略	835675	新三板

① 国家统计局：《2018 年国民经济和社会发展统计公报》。

续表

序号	上市/挂牌企业名称	股票代码	所属板块
20	信索咨询	839340	新三板
21	睿路传播	839206	新三板
22	海唐新媒	834687	新三板
23	自在传媒	834476	新三板
24	氢动益维	870207	新三板
25	淳博传播	839133	新三板
26	华绍文化	839964	新三板
27	尚思传媒	430743	新三板
28	圣火科技	839953	新三板
29	品牌联盟	837940	新三板
30	迅驰时尚	839318	新三板
31	蜂巢锐哲	836061	新三板
32	森博营销	839354	新三板
33	新启成	870096	新三板
34	诺趣股份	872855	新三板
35	派合传播	839457	新三板

（三）行业产值

2018 年，35 家年营业收入超过 5000 万元的上市/挂牌的公关传播类企业年营业收入达 67574.75 百万元，较 2017 年增长 21520.82 百万元①（见图 3）。从营业总收入来看，我国公关行业整体收入每年以超过 100 亿元的增量稳步上升，市场需求量大，整体发展迅速，行业前景向好。

（四）业务趋势

2018 年，中国公共关系服务主要集中在汽车、IT、互联网、娱乐/文化、快消品、制造业、房地产、金融、旅游和医疗保健领域。其中，汽车市场占据榜首；互联网业务较 2017 年增长 2.3%，增幅较大；娱乐/文化业发

① 35 家公关行业上市企业年报。

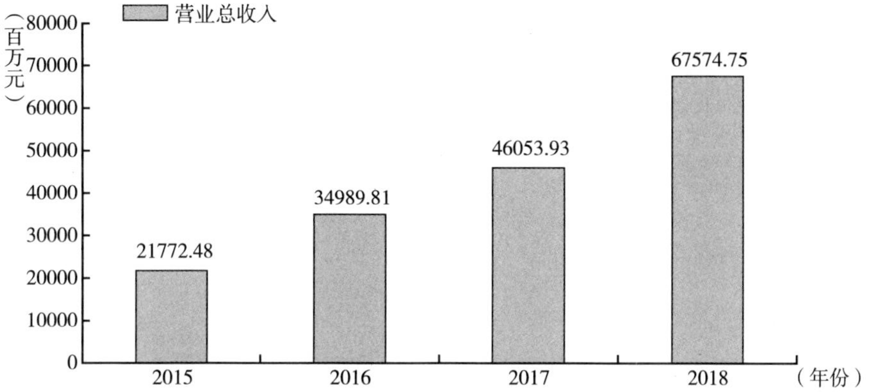

图3　2015～2018年35家公共关系上市/挂牌企业营业收入情况

资料来源：35家公关行业上市企业年报。

展势头迅猛。业务类型主要包括新媒体业务、活动代理执行、传播代理、顾问咨询和媒体执行，多涵盖营销传播整个产业链。[①] 值得注意的是，随着近年来传播形态和通信技术的更新迭代，新技术方式与数字技术工具在营销传播行业的应用成为多家企业的关注重点。通过技术算法优化，企业日益追求以数据实现与公众的多场景、开放式互动，行业服务更加智能化。

（五）机构效益

根据2018年35家上市/挂牌公关企业年报数据，分别统计出排名1～12位、13～24位、25～35位的企业总营业收入和总净利润。从营业收入看，排名1～12位的上市企业总营业收入为63877.75百万元，排名13～24位的上市企业总营业收入为2662.96百万元，排名25～35位的上市企业总营业收入为1034.04百万元（见图4）。由图4可见，排名前12位企业的总营业收入总额远超其他23家企业的整体水平，领军企业发展良好，企业两极分化态势延续。

从净利润来看，2018年营业收入排名1～12位的上市企业总净利润

① 35家公关行业上市企业年报。

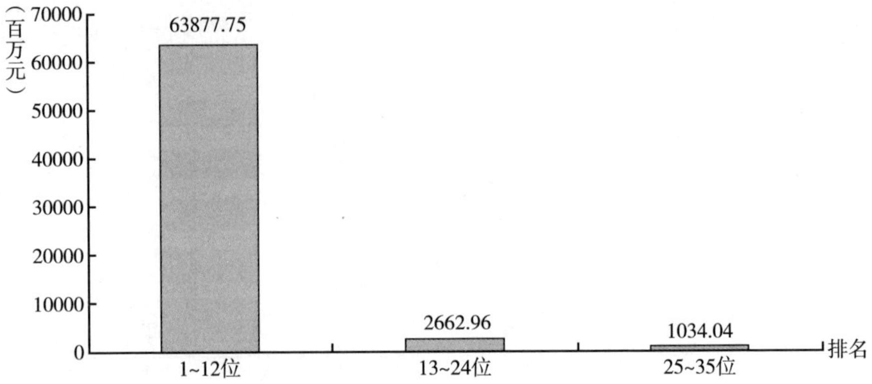

图4　2018年度35家公共关系上市/挂牌企业总营业收入排名1～12位、13～24位、25～35位对比

资料来源：35家公关行业上市企业年报。

为－4573.95百万元，排名13～24位的上市企业总净利润为241.37百万元，排名25～35位的上市企业总净利润为49.36百万元（见图5）。由图5可见，营业收入排名前12位企业的总体盈利能力不如排名13～35位的企业。在这35家企业中，联建光电（友拓公关）、联创互联（上海麟动）、华谊嘉信（迪思传媒）、太德励拓与尚思传媒5家企业为负盈利，运营压力较大。

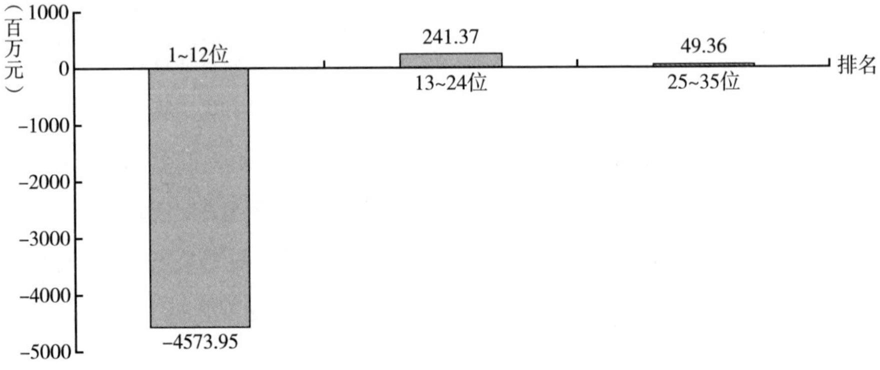

图5　2018年度35家公共关系上市/挂牌企业总净利润排名1～12位、13～24位、25～35位对比

资料来源：35家公关行业上市企业年报。

2018 年，公共关系行业上市企业年报显示，蓝色光标、科达股份（爱创天杰）和华扬联众依旧蝉联前三名。其中，蓝色光标以 231 亿元的营业收入蝉联首位，较 2017 年的 152 亿元增长超 50%；科达股份（爱创天杰）为 142 亿元，较 2017 年的 95 亿元增长 49%；华扬联众较 2017 年的 95 亿元提升较多。联建光电（友拓公关）、联创互联（上海麟动）、华谊嘉信（迪思传媒）以及中青联博 4 家企业的营业收入均超过 25 亿元。海天网联、众引传播、宗源营销、灵狐科技、时空视点、宣亚国际、多想互动、君信品牌、智者品牌、太德励拓、九九互娱、蓝色方略、信索咨询、睿路传播、海唐新媒、自在传媒、氢动益维、淳博传播、华绍文化、尚思传媒、圣火科技、品牌联盟 22 家企业的营业收入为 1 亿~5 亿元。迅驰时尚、蜂巢锐哲、森博营销、新启成、诺趣股份、派合传播 6 家企业的营业收入在 5000 万元至 9000 万元之间（见表 2）。

表 2　2018 年 35 家公共关系上市/挂牌企业营业收入（降序排列）

单位：百万元

企业名称	营业收入
蓝色光标	23103.97
科达股份(爱创天杰)	14209.50
华扬联众	10747.71
联建光电(友拓公关)	4053.37
联创互联(上海麟动)	3599.47
华谊嘉信(迪思传媒)	3415.58
中青博联	2579.51
海天网联	470.85
众引传播	462.87
宗源营销	430.94
灵狐科技	407.92
时空视点	396.06
宣亚国际	369.28
多想互动	290.60
君信品牌	267.96
智者品牌	259.96
太德励拓	227.31
九九互娱	213.44
蓝色方略	208.56

续表

企业名称	营业收入
信索咨询	204.23
睿路传播	185.89
海唐新媒	147.43
自在传媒	146.53
氢动益维	141.77
淳博传播	140.68
华绍文化	129.18
尚思传媒	118.72
圣火科技	114.37
品牌联盟	114.10
迅驰时尚	90.24
蜂巢锐哲	85.39
森博营销	70.04
新启成	65.14
诺趣股份	54.39
派合传播	51.79

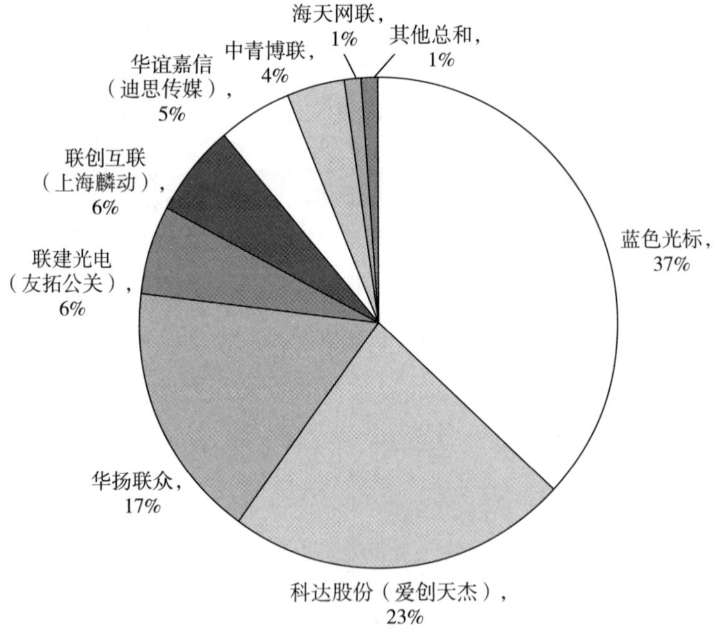

图6　2018年度35家公共关系上市/挂牌企业营业收入

图6显示了2018年35家公共关系上市/挂牌企业营业收入前十位的公司占35家企业营业收入总和的比例情况。仅蓝色光标一家的收入就占35家企业收入总和的37%，较2017年增加0.93个百分点，蝉联首位，是排在末位的派合传播收入的446倍，说明行业内机构体量差异较大。

二　中国公共关系行业发展的新特点与问题

（一）中国公共关系行业发展的新特点

1. 跨界竞争日益激烈，品牌融合助力企业转型

一方面，5G时代的来临将信息传播推进到智能互联阶段，人工智能技术的进一步成熟将带来全新的传播形式、互动方式、多元的信息来源和前所未有的信息处理流程，市场和客户需求逐渐复杂，数据、技术与产品成为革新关键词。整个行业以数字化业务为核心，逐步开始多元化发展。另一方面，全球经济增长势头减弱，不确定性增强，国内经济下行压力较大，客户营销预算受限，公关行业进入平稳发展期。部分公关公司存在业务扩展需要大量垫资、回款周期长、运营压力大等问题。同时，随着公关市场需求的多样化，营销咨询、市场咨询、新媒体运营等多形式企业纷纷进入公关行业，单一地以战略咨询、活动策划和媒体维护为主要业务的传统公关公司面临着极大的挑战。以蓝色光标为代表的领军企业多围绕公关传播核心业务，通过企业并购向智能营销业务转型，为客户提供跨领域、多平台的综合性服务。其中，并购公司涉及电商、娱乐、大数据等行业。如蓝色光标近年来，收购WAVSL、VISION7、众赢维荣等公司，扩展创意产出、分析与策略、智能投放和监测评估等业务，通过将营销技术与营销产品结合，进行精准有效的传播来满足客户需求，明确自身行业竞争优势，借助高速度、低成本的手段向数据科技企业转型。

2. “一带一路”建设赋予中国公共关系国际化新使命

随着“一带一路”建设的推进，中国为“一带一路”国家带来巨大福

祉，国际社会中的中国声音逐渐清晰、响亮。从国际文化交流层面考虑，“中国品牌”的故事不仅要讲得出来，还要基于当地思维，让当地受众听得懂。这就对公共关系类企业的市场洞察力和国际化能力提出更高的要求。同时，随着金融市场波动与贸易规则调整的影响加剧，公共关系类企业在危机公关、企业形象树立、全球化营销的过程中，既要创新思路，深入了解当地受众，也要规范化操作，储备国际舆论资源，展开全球化布局。要致力于制定优质传播策略，帮助企业树立形象。在危机公关的过程中，要重视建立企业、目标消费者和国际舆论之间的良性沟通，在帮助中国企业“走出去”的同时开拓公共关系行业国际市场。

3. 政府购买形式多元，公共关系教育培训规模化发展

近年来，政府通过购买专业的公共关系服务，制定严谨科学的公关战略，与公众开展良好的互动，树立良好的政府形象，在公信力建设方面成效显著。一是在举办大型会议、重要赛事和进行城市形象推广时，向公关公司购买专业公共关系服务。二是积极组织媒介素养人才培训。在公共关系教育培训的领域，针对政府新闻发言人的培训走在行业教育培训发展的前端。中央党校、浦东干部学院等中组部“一校五院”以及中国传媒大学等高校开办的新闻发言人、领导干部媒介素养等相关培训业务量也有明显增长。同时，新浪政务新媒体学院、企鹅新媒体学院、淘客网、中传慕课等高校及企业网络授课平台均开设了公共关系相关课程，助力人才输送。

（二）中国公共关系行业发展的主要问题

1. 复合型人才仍存较大缺口，人才供需匹配度不足

公共关系行业的融合化、智能化发展，推动着公共关系行业深化转型，但也带来了传统公关从业者不适应新环境、复合型公关人才培养断层的问题。尤其是在公共关系开辟国际市场和开发智能营销战略的过程中，需要大量懂得公关业务、了解国际形势、懂得智能算法且具备媒体素养的复合型人才。由于无法达到用人单位的要求，高校公共关系专业学生就业率整体偏低。要想解决目前人才供给上的不足，首先应健全公共关系专业教育体系，

其次需要推动公关理论创新和学科创新，最后是加快公共关系教育机构分层级、有针对性地培养管理人才，推动我国公共关系从业者达到专业化、国际化水平，推动公共关系行业持续快速健康发展。

2. 受众沟通仍采用传统模式，交互性有待提高

从2018年公共关系行业各类业务占比情况可以看出，新媒体业务占比较高，客户需求主要集中在产品推广、口碑影响、整合传播、事件营销和意见领袖（KOL）管理等领域。随着新媒体平台的快速发展，除了微信、微博、知乎等社交媒体外，抖音、快手等短视频平台成为政府、企业和各类公益机构的自媒体平台。随着算法的优化和受众需求的改变，传统的互动形式和交互内容已无法准确掌握受众特征、吸引受众关注。新媒体运营人员应洞察平台特征和加强受众分层定位，积极引进专业人才，灵活借助VR等智能科技手段，实现多场景、高互动的投放效果，将受众资源转换成可识别、可分析、可触达的用户数据，助力品牌形象传播。

3. 应对机构高速发展，资本运作风险控制力有待加强

由于公关企业的服务对象市场地位较高，面对资本市场的快速扩容和自身结算方式上的劣势地位，公关企业普遍存在大量垫资、资金流动率偏低、业务扩展资金需求大、融资难且融资贵等问题。随着经济下行趋势增强，整体行业利润逐渐摊薄，公关行业发展运营资金压力逐渐增大。

三　中国公共关系行业发展前景与趋势展望

（一）公共关系复合型人才是行业融合发展的关键

首先，公共关系、市场营销和广告营销之间的界限正在模糊。2018年，公关专业人士同时需承担品牌大使、社交媒体专家、内容营销人员和趋势观察员的职责。其次，随着数字经济的进一步发展，大数据、云计算、VR、5G和AI技术日趋发展成熟，以互联网为支撑的新传播手段会不断提高传播触及率和互动性，成为考核公关活动效果的重要指标。媒介智能化趋势将进

一步加大公关行业对复合型人才的需求，更多的公关公司开始将自己重塑为综合性机构，提供超越传统公关的服务。

（二）公共关系效果评估需求日增

近年来，多次现象级营销爆款事件促使企业关注和讨论数字营销效果，并从产生效果的要求出发对消费者行为进行定量、定性研究。未来在大数据深度挖掘的基础上，针对公共关系传播的效果评估将以量化评估为主，强调评估结果的客观性。

（三）“一带一路”建设将为公共关系行业带来巨大的国际市场

随着“一带一路”建设的进一步推进，中国国际影响力和参与全球治理的程度不断提高，不同国家、不同民族、不同领域间的冲突和摩擦会不断涌现。公关从业者需发挥在人际沟通、组织沟通和媒介沟通上的诸多优势。中国公共关系的国际市场潜力巨大，为中国企业海外业务的拓展和公共形象的塑造提供支撑。

B.2
“健康中国”公共关系五年（2013～2018年）

孟宪励　杨小明　范洪岩　齐　钰*

摘　要： 2013～2018年是“十二五”时期到“十三五”时期承上启下的重要阶段，也是“健康中国”战略层层推进的关键五年。在实施“健康中国”公共关系进程中，政府承担着主要角色，管理部门升级，通过实施“三医”联动改革、强化公共卫生服务政策、实施慢病防治规划、大力推动中医药发展等举措，推动“健康中国”公共关系快速发展。本报告梳理了五年来“健康中国”公共关系的发展轨迹、政策举措与取得的成效，为下一步“健康中国”公共关系举措的实施提供参考。

关键词： “健康中国”　公共关系　政策演进

一　战略升级：政府承担“健康中国”公共关系的主要角色

“公共关系是指组织机构与公众环境之间的沟通与传播关系。一个社

---

* 孟宪励，《健康时报》总编辑，博士，高级记者，研究方向为健康传播学、新闻传播研究等；杨小明，《健康时报》新媒体部主任，编辑（中级），专业方向为新闻学；范洪岩，《健康时报》新媒体编辑，助理编辑（初级），专业方向为传播学；齐钰，《健康时报》网端部编辑，专业方向为中国古代文学。

会组织用传播手段使自己与公众之间形成双向交流、相互了解、相互适应的活动，反映了公共关系是一种传播信息活动也是一种先进的管理职能”。[①]“健康中国”公共关系就是指党和国家为实现人民健康所进行的与社会公众之间的传播活动和关系管理，立足于时代需求制定健康政策，为满足人民需求采取健康行动，政策层层深入，行动层层推进，最终推动实现全民健康。

要探讨“健康中国”公共关系，就离不开当下的大环境与社会背景。当前，一方面，随着医疗技术的进步和物质生活水平的提高，人民群众希望获得越来越高水平的医疗卫生服务；另一方面，医疗卫生服务发展不平衡不充分与人民日益增长的健康需求之间的矛盾也比较突出。因此，不断完善国民健康政策，解决和满足群众的医疗健康需求，就成为推动“健康中国”实践的重要议题。这其中，政府担任着主体角色。

综观这几年，“健康中国”经历了从“‘健康中国’建设”到“‘健康中国’战略”再到“‘健康中国’行动”的演变。

2008 年第 1 期《求是》杂志上发表了时任卫生部部长陈竺和卫生部党组书记高强的联合署名文章，第一次提出，中国将实施“‘健康中国’2020 战略”。[②] 这是从国家职能部门层面看到的“健康中国”这一概念最早的呈现。2012 年 8 月 17 日，在“2012 中国卫生论坛”上，陈竺代表“‘健康中国’2020”战略研究报告编委会发布了《“‘健康中国’2020”战略研究报告》，这是国家卫生主管部门首次发布的关于“健康中国”的研究报告。

如果说此前只是部委层面的推进，那么到 2015 年则上升为国家高度。2015 年 3 月 5 日，国务院总理李克强做政府工作报告时指出：健康是群众的基本需求，我们要不断提高医疗卫生水平，打造“健康中国”。[③]

---

① 刘源泉：《政府公关功能刍议》，《速读》2015 年第 12 期。

② 陈竺、高强：《走中国特色卫生改革发展道路　使人人享有基本医疗卫生服务》，《求是》2008 年第 1 期。

③ 《政府工作报告——2015 年 3 月 5 日在第十二届全国人民代表大会第三次会议上》，新华社，2015 年 3 月 16 日。

2015年10月29日，党的十八届五中全会审议通过的“十三五”规划建议明确提出：推进“健康中国”建设任务。

接下来的几年里，“‘健康中国’建设”这个词开始高频次地出现在公众视野中。

2016年8月20日，习近平总书记在全国卫生与健康大会上发表重要讲话，强调加快推进“健康中国”建设，把健康融入所有政策①；同年8月26日，中共中央政治局会议审议通过了《“‘健康中国’2030”规划纲要》，这是未来15年“健康中国”建设的行动纲领，标志着“健康中国”建设的顶层设计基本形成。

到了2017年10月，“健康中国”在国家层面的部署上又有了一个实质性的提升，习近平总书记在党的十九大报告中提出“实施‘健康中国’战略”，为人民群众提供全方位全周期健康服务。“‘健康中国’建设”提升为“国家战略”。

从公共关系角度来梳理这一升级和变化，不难发现，从“推进‘健康中国’建设”到“实施‘健康中国’战略”，政府在不断推进“健康中国”的纵深化、系统化、具体化。

与此同时，为保障“健康中国”的顺利推进，国家在“健康中国”公共关系管理上也动作频出，制定“健康中国”相关政策，开展“健康中国”各项行动，拓展传播沟通渠道，最大限度地争取公众对“健康中国”各项工作的理解和参与。

二　政策制定，“健康中国”公共关系方向明确

“健康中国”公共关系是政府公共关系的一部分，政策制定是执行的重要一环。2013～2018年正好是我国“十二五”时期到“十三五”时期的历

① 新华社：《描绘“健康中国”的美好蓝图——习近平总书记在全国卫生与健康大会上的讲话引起热烈反响》，2016年8月20日。

史新跨越，这五年里，国家职能管理部门也经历了从“卫生部”到“国家卫生和计划生育委员会”再到“国家卫生健康委员会”的升级，机构名称和职能的改变，是卫生健康工作理念重大转变的一个缩影：如今“以人民健康为中心”取代了之前“以治病为中心”。新的机构和职能也为“健康中国”公共关系的实施提供了强有力的管理保障。

五年间，政府在医疗、医保、医药改革联动及公共卫生服务建设、中医药发展等方面，制定了相关政策，推动“健康中国”建设与“健康中国”战略的确定与实施。

（一）实施医疗、医药、医保改革联动

医疗、医保、医药是“健康中国”建设的基础，也是“健康中国”公共关系政策制定的核心。其中，缓解看病难、看病贵，是医疗服务改革的核心。

全面推进医疗改革。在“健康中国”公共关系的政策制定上，国家不断促进公立医院回归公益性，激发非公立医院的发展活力，提升医疗服务。

一方面，全面推进公立医院综合改革，破除逐利机制，让公立医院回归公益性。从2015年实施的城市公立医院综合改革试点，到2017年全面推开公立医院综合改革，建立公立医院运行新机制，深化医保支付方式改革，被认为是一场医疗服务领域的供给侧结构性改革。另一方面，通过制定分级诊疗制度，建立健全分级诊疗保障机制，加强乡村医生培养，不断推进分级诊疗，缓解群众看病难的问题。

1. 推进药品流通和供应保障改革

医和药相辅相成，为保障群众用药，5年来，政府政策频出，保障群众“用得上”和“用得起”药，这也是“健康中国”公共关系政策制定的重要内容。

一方面，改革医药审批制度，缓解药品审评“大塞车”，加快新药、好药上市步伐。2017年10月8日，大力推进深化审评审批制度改革，鼓励药品医疗器械创新，从临床试验管理、上市审评审批、药品创新和仿制药发展

等六方面提出36条具体实施意见，为深化药品、医疗器械审评审批改革提供了强有力的政策引导。①

另一方面，推动药品价格改革，保障用药可及性。废除了实行多年的政府最高限价政策，2015年6月1日起取消绝大部分药品（麻醉、第一类精神药品除外）政府定价，正面引导市场价格秩序，形成科学合理的药价机制；2018年11月14日，实施国家组织药品集中采购试点方案，明确了国家组织、联盟采购、平台操作的总体思路，促进医药行业优化资源配置。

2. 建立统一的城乡居民医疗保障和救助制度

长期以来，城市和乡村无论是在养老还是在医保上，统筹水平、报销比例等都不一样，呈现二元结构，五年来，优化“医保”成为政府制定政策的重要内容。

统一城乡居民基本医疗保险和养老保险制度。2014年2月，国务院印发《关于建立统一的城乡居民基本养老保险制度的意见》，决定将新农保和城居保两项制度合并实施；2016年1月，国务院又印发《关于整合城乡居民基本医疗保险制度的意见》，明确要求整合城镇居民基本医疗保险和新型农村合作医疗两项制度。“两保合一”打破了长期以来的医保条块分割状态，为下一步城镇居民基本医疗保险、新型农村合作医疗、城镇职工医保“三保合一”创造时机。

同时，进一步完善医疗救助制度，全面开展重特大疾病医疗救助工作，加强医疗救助与相关医疗保障制度的衔接，最大限度地减轻困难群众医疗支出负担，积极破解因病致贫、因病返贫难题。

（二）强化公共卫生服务政策

公共卫生服务是“三医”改革以外又一项健康托底的民生工作。2013 ~ 2018年，政府在保障公共卫生服务均等化、慢病防控、环境改善等方面不

---

① 新华社：《中共中央办公厅　国务院办公厅印发〈关于深化审评审批制度改革鼓励药品医疗器械创新的意见〉》，2017年10月8日。

断完善公共卫生政策。

1. 保障基本公共服务均等化

2017年1月，国务院发布《“十三五”推进基本公共服务均等化规划》，明确继续实施国家基本公共卫生服务项目和国家重大公共卫生服务项目。这是“十三五”乃至更长一段时期推进基本公共服务体系建设的指导性文件。[①]

2. 实施慢性病防治规划

2017年1月，国务院办公厅印发《中国防治慢性病中长期规划（2017～2025年）》，这是第一次以国务院名义印发慢性病防治规划。

3. 改善环境

“绿水青山”也是“健康中国”建设的题中应有之义。开展健康城市健康村镇建设，保障居民良好的居住环境；深入实施大气、水、土壤等污染防治行动计划，保护好生态，打好污染防治攻坚战，还人民群众蓝天白云、绿水青山……一系列环境改善政策相继落地。

（三）大力推动中医药发展

中医药是我国独具特色的健康服务资源，但一直以来特色优势并没有得到足够重视和充分发挥，发展也在一定程度上受到制约。在“健康中国”的公共关系政策制定中，国家高度重视中医药发展，先后出台“一法一纲要”，为中医药发展提供了国家层面的制度保障。

1. 一“纲要”

2016年2月，国务院发布《中医药发展战略规划纲要（2016～2030年）》，把中医药发展上升为国家战略，提出提高中医医疗服务能力、发展中医养生保健服务等八大项24小项重点任务。[②]

① 新华社：《你的“生老病死”，政府如何保障？——聚焦〈“十三五”推进基本公共服务均等化规划〉八大亮点》，2017年3月1日。

② 国家中医药管理局：《国家中医药管理局办公室关于印发〈中医药发展战略规划纲要（2016～2030年）实施监测方案〉的通知》，2018年11月8日。

2. 一"法"

2016 年 12 月 25 日，首部中医药法落地，第一次从法律层面明确了中医药的重要地位、发展方针和扶持措施。[①]

三　举措落地，"健康中国"公共关系成效斐然

五年来，政府作为"健康中国"公共关系的实施主体，通过制定国民健康政策、完善医疗制度、协调舆论环境、采取健康行动、引入专业力量等手段，不断加强与公众的双向沟通，让举措落地，在形象塑造、公众传播、舆论引导等方面卓有成效。

（一）有效缓解看病难、看病贵，树立良好政府形象

2017 年 4 月 8 日，北京市医药分开综合改革正式实施，全市 3600 余家医疗机构信息系统同步切换，从此告别"以药养医"。此次改革明确北京所有公立医院取消药品加成、挂号费、诊疗费，设立医事服务费，切断医院、医生靠"开药"赚钱的补偿模式，同时在采购方面落实药品购销"两票制"[②]。

一年后，北京市交出这样一份成绩单：门急诊量 2.1 亿人次，出院病人 390 万人，全市医药费用仅增长 5% 左右，为 2000 年以来费用增幅的最低，已累计节省医药费用 60 多亿元。其中，全市药品阳光采购金额累计 624 亿元，节省药品费用超 55.1 亿元[③]。

这是政府在实施"健康中国"公共关系中，加强公立医院改革的一个缩影。5 年间，从试点到全面推开，公立医院改革成为万众瞩目的民生工作。

解决看病贵问题，除了公立医院这个"供给方"外，医保这个"补给方"也是另一个方向。

2016 年起，国家相关部门开始启动基本医疗保险、工伤保险和生育保

① 新华社：《受权发布：中华人民共和国中医药法》，2016 年 12 月 26 日。

② 人民网：《北京医改新政：4 月 8 日起取消挂号费、诊疗费》，2017 年 3 月 22 日。

③ 人民网：《北京一年省下医药费 60 亿》，2018 年 4 月 23 日。

险药品目录调整工作，儿童药、急救药、高价药和重大疾病用药被更多地纳入报销目录。2018 年 5 月，被寄予厚望的国家医疗保障局正式组建并挂牌，彻底打破建立统一城乡居民医保制度的最后一道藩篱。

在制度指引下，我国医疗保障水平大幅提升，城乡居民基本医保人均财政补助标准由 2012 年的 240 元提高到 2019 年的 520 元；医保药品目录新增药品 339 个，增幅约 15%；大病专项救治病种范围扩至 21 种；跨省异地就医直接结算定点医疗机构达到 16230 家①。

除降低价格外，还要改善医疗服务。从 2015 年开始，国家卫生管理部门又启动实施“改善医疗服务行动计划”，以改善看病就医感受为出发点和落脚点，推出一系列政策举措，进一步提升人民群众就医的获得感②。

看病难，往往是指看大专家难，上大医院难。如何让基层医疗发挥作用，让群众看病形成科学有序就医格局？“健康中国”公共关系的目的是解决医院和病人之间的供需关系。

五年来，政府部门通过加强乡村医生队伍建设、筑牢农村医疗卫生服务网底，并出台相关政策促进社会办医，加快形成公立医院与社会办医互为补充、共谋发展的格局。

目前，全国 94.7% 的地市级以上城市有了自己的医联体，19 个省份基层医疗卫生机构诊疗量占总诊疗量的比例呈上升趋势，“小病在基层、大病到医院、康复回基层”的合理就医秩序逐渐形成③。

从民众最关心的问题着手，着力改善民生痛点，将宏观政策转化为切实可见的惠民成效，以求最大限度地维护公众的健康权益，增进公众对“健康中国”战略相关工作的体谅与支持，有利于实现政府公共关系职能中的信息交流和形象评估塑造职能，维护良好政府形象，有力推动“健康中国”公共关系持续发展。

---

① 《70 年医改风雨兼程走出中国特色卫生健康事业发展之路》，《法制日报》2019 年 7 月 3 日。

② 《关于印发进一步改善医疗服务行动计划（2018 ~ 2020 年）的通知》，中国政府网，2018 年 1 月 4 日。

③ 《“健康中国”建设，看得见摸得着》，央广网，2017 年 10 月 17 日。

（二）保障药品、降低药价，有效回应公众关切

2018 年 7 月 5 日，以“抗癌药代购第一人”陆勇为原型改编的电影《我不是药神》上映，触发公众对仿制药、高价药、医改等问题的关注，迅速引发舆论热议。该片最终以超高口碑收获 30.9 亿元票房，位列中国影史票房第八位，该片导演、编剧文牧野入选第十一届“健康中国”论坛（2018 年度）十大年度人物。

李克强总理做出重要批示，要求有关部门加快落实抗癌药降价保供等相关措施，“抗癌药是救命药，不能税降了价不降。必须多措并举打通中间环节，督促推动抗癌药加快降价，让群众有切实获得感”。[①]

经过 3 个多月的谈判，17 种抗癌药被纳入医保报销目录，大部分进口药品谈判后的价格低于周边国家或地区市场价格，极大地减轻了我国肿瘤患者的用药负担[②]。

事实上，五年来，在保障药品、降低药价方面，政府已采取一系列措施。一方面，医院施行药品集中采购，推动降低药品虚高价格，减轻群众用药负担；另一方面，保障药品供应，鼓励新药上市和研发，提升仿制药质量疗效，提高药品供应保障能力。

2018 年，李克强总理主持召开国务院常务会议，期盼多年的进口抗癌药零关税尘埃落定。鼓励创新药进口、加快已在境外上市新药审批、落实抗癌药降价措施、强化短缺药供应保障、促进仿制药研发创新……在强有力的政策支持下，惠民政策密集落地，公众获得感持续增强。2016 年 9 月 22 日，抗癌新药“派姆单抗”通过海南出入境检验检疫局收进医疗先行区，等不起的患者有了等得起的期待；2017 年 7 月，首批进口宫颈癌疫苗正式供应中国市场，迟到十年的福音守护亿万女性健康；2018 年夏，PD－1 抑制剂 O 药 K 药相继获批上市，开启国内肿瘤免疫治疗新篇章……

---

① 《李克强就电影〈我不是药神〉引热议作批示》，中国政府网，2018 年 7 月 18 日。

② 《国家医疗保障局关于将 17 种抗癌药纳入国家基本医疗保险、工伤保险和生育保险药品目录乙类范围的通知》，中国政府网，2018 年 10 月 10 日。

五年来，百姓看病就医负担明显减轻。《2018 年我国卫生健康事业发展统计公报》显示，2018 年我国居民个人卫生支出占卫生总费用比重为 28.7%，降至近 20 年来最低水平，这个数字在 2008 年仍高达 40.4%。同时，政府、社会对医疗卫生的投入持续增长，我国医疗卫生支出占 GDP 的比重呈上升趋势，1978 年为 3%，2008 年为 4.5%，2013 年为 5.57%，2018 年为 6.4%，预计达 57998.3 亿元[①]。

回应公众关切，直触民生痛点，迅速推进落实，这也成为五年来政府在“健康中国”公共关系政策系实施中的一条准绳。

（三）尊医重卫、和谐医患，创造良好舆论氛围

医患关系是医疗实践活动中最基本的人际关系，也是“健康中国”公共关系中非常重要的关系。过去几年，暴力伤医、医患冲突事件时有发生，严重影响公众与政府、医疗机构、医生群体间的良性沟通。

2016 年 5 月 5 日，广东省人民医院口腔科医师陈仲伟遭砍身亡，原广东省卫生计生委在官方发布平台表示，强烈谴责暴力伤医事件，对一切暴力伤医事件“零容忍”。原国家卫生计生委派员专门赶赴广东看望、慰问家属，并向医生的不幸遇难表示沉痛哀悼。

2015 年 8 月 29 日，“医闹”入刑被全国人大常委会通过，最高可判七年，而在此前的 2014 年 3 月，全国政协医疗卫生界 90 位委员曾联名向全国“两会”递交紧急提案以制止暴力伤医；此后 2018 年 10 月，多部旨在改善医患关系的法规被颁布。《医疗损害鉴定管理办法（征求意见稿）》《关于对严重危害正常医疗秩序的失信行为责任人实施联合惩戒合作备忘录》《基本医疗卫生与健康促进法草案二次审议稿》等，分别从医患分歧、患方、医方三个角度入手，化解医患矛盾。

营造和谐医患关系，促进医患间交流沟通，有利于发挥政府公共关系的疏导协调职能，对于缓解社会矛盾、稳定社会大局、创建和谐环境、促进

---

① 国家卫生健康委员会：《2018 年我国卫生健康事业发展统计公报》，2019 年 5 月 22 日。

“健康中国”公共关系发展具有重要意义。

2017 年 8 月 17 日，习近平总书记做出“推动全社会形成尊医重卫的良好氛围”重要批示①；2018 年 8 月 19 日，全国上千万医疗卫生健康工作者迎来首个“中国医师节”，充分体现了政府对广大医生和医务人员的亲切关怀，这也是“健康中国”公共关系发展迈出的重要一步。

（四）公共卫生均等化，保障政策实施的公平、公信

从传染病防控体系的建立，到疫苗流通和预防接种管理；从脑卒中、高血压等慢病防控，到食品安全、环境健康、健康扶贫，五年来，政府采取了一系列具体措施，保障居民公共卫生均等化，面对公众焦虑，开展危机公关，有力地维护了政府公信力。

2013 年的特大制售假劣人血白蛋白、人用狂犬疫苗等假药系列案，2016 年山东亿元疫苗未冷藏流入 18 个省份非法经营疫苗案，2018 年长春长生狂犬病疫苗生产记录造假案……数年间，疫苗事件频发，引发空前关注，刺痛公众敏感神经。在疫苗事件中，不同传播主体对信息进行选择性发布乃至扭曲，造成信息传播不对等，也对监管部门公信力产生影响。

对此，政府在处理类似公共关系时，一方面快速应对，掌握信息发布的主动权，利用自身话语权发布真实、有效的信息。例如 2018 年长春长生狂犬病疫苗造假案被曝光后，政府通过主流媒体发声，真实信息的发布、权威意见的引导对缓解公众焦虑起到很大的助益。另一方面完善机制，修补漏洞。修改疫苗流通和预防接种管理条例，要求进一步加强疫苗流通和预防接种管理工作；2019 年 6 月 29 日《疫苗管理法》通过。一系列举措，确保疫苗质量和接种安全，重塑政府公信力，对于“健康中国”公共关系维系起到重要作用。

传染病防控是公共卫生的重要工作。我国已建成全球最大的传染病疫情

---

① 《习近平：推动全社会形成尊医重卫的良好氛围　加快建立中国特色基本医疗卫生制度》，人民网，2017 年 8 月 17 日。

和突发公共卫生事件网络直报系统，突发公共卫生事件信息平均报告时间缩短到4小时内，可在72小时内检测300余种病原体[①]，并建立20多个部门参与的应对突发急性传染病疫情联防联控工作机制，成功处置了H5N1、H1N1、N7N7、中东呼吸综合征、埃博拉等一系列重特大传染病事件。

与此同时，乙肝、艾滋病、肺结核等传染病疫情逐年下降。2014年全国乙肝血清流行病学调查显示，当年全国5岁以下人群乙肝表面抗原流行率降至0.32%，与2006年相比下降了66.67%，急性重型肝炎病死率由88.1%降至21.1%，被世界卫生组织誉为21世纪公共卫生领域的伟大成就[②]。艾滋病疫情控制在低流行水平，艾滋病病死率从2010年的10.7%下降到4.6%[③]。

慢病高发亦是公共卫生面临的严峻问题。当前，我国慢性非传染性疾病导致的死亡人数占总死亡人数的比例高达88%。

政府一方面加大对慢病管理的资金投入，另一方面，出台具体慢病防控措施。2016年我国慢病支出约为32441.5亿元，占卫生总费用的70%左右，预计到2020年慢病支出将提升至5.5万亿元左右[④]。2017年2月发布的《中国防治慢性病中长期规划（2017～2025年）》中，确立了慢病防控发展目标，脑卒中综合防治、开展肿瘤多学科诊疗试点、实施国家基层糖尿病防治管理等文件相继出台。截至2018年5月，中国高级卒中中心挂牌156家，建设中的有86家，共计242家。高血压防治“面”取得重大进展，知晓率、治疗率、控制率不断上升。

“全社会都要行动起来，共同呵护好孩子的眼睛，让他们拥有一个光明的未来”。2018年8月，习近平总书记做出重要指示，近视是关系国家和民

① 《我国已建成全球最大的传染病疫情和突发公共卫生事件网络直报系统》，新华网，2017年11月17日。

② 《全国14岁以下人群乙肝表面抗原流行率下降6成多》，《北京晚报》2015年7月27日。

③ 《国家任务：加快“专项”新药创制——专访国家卫生计生委副主任曾益新》，《民生周刊》2017年8月7日。

④ 《2018年中国慢病管理市场现状与发展趋势分析》，前瞻网，2018年1月22日。

族未来的大问题，必须高度重视，不能任其发展[①]。相关部门迅速反应，2018年8月30日，教育部、国家卫生健康委员会等8部门联合印发防控儿童青少年近视的实施方案，组建专家队伍，积极宣传推广预防儿童青少年近视的视力健康科普知识；国家卫生健康委员会成立儿童青少年近视防治专家指导组，强化对各级医疗卫生机构近视防治的专业培训和技术指导；教育部遴选85名专家组成第一批全国综合防控儿童青少年近视专家宣讲团……通过多种形式，推动综合防控儿童青少年近视和主题健康教育活动深入人心、深入社会、深入生活，堪称"健康中国"公共关系实施典范。

除此之外，2015年4月24日，新修订的食品安全法落地，被公众称为"史上最严"的食品安全法，存在保障"舌尖上的安全"；环境健康保障方面，大气污染防治、土壤污染防治等一系列行动计划相继出台，缓解国人对环境的健康影响忧虑；2015年1月，新时期爱国卫生工作意见发布，城乡环境卫生条件明显改善，关乎民生的"厕所革命"方兴未艾；健康扶贫"三个一批"救治策略有序推进，大病集中救治病种扩大到21种，累计救治患者54.8万名，免费营养包惠及580多万名婴幼儿[②]。

面对日益强烈的"健康中国"公共关系服务实际需要，相关卫生健康部门与高校、智库、企业等建立长效合作机制，引入主体多元的外部力量，在"健康中国"公共关系的战略规划、专家调研、专家随访、突发事件处置、活动策划、公众传播、舆情监测等方面开展专业的公共关系服务，取得了良好的效果。

（五）中医药繁荣发展，打造中国特色健康服务

40年的科研努力、191次的挫折洗礼、2000余个中草药方、640种抗疟药方集……2015年10月，中国中医科学院研究员屠呦呦教授荣膺"诺贝尔生理学或医学奖"，她用神农尝百草的精神创造了中医药学的奇迹，让青蒿

---

① 《习近平：共同呵护好孩子的眼睛让他们拥有一个光明的未来》，新华网，2018年8月28日。

② 国家卫生健康委员会：《2019年首场例行新闻发布会》，2019年1月11日。

素赢得世界喝彩，更让中医药得到空前关注。

随着国家“一法一纲要”的出台，中医药行业迎来了前所未有的发展机遇。

各地探索出“中医药+互联网”、“中医药+旅游”、“中医药+贸易”、“中医药+食疗”等多种跨界融合的新模式。如浙江省在“中医药+互联网+人工智能”方面打造出了“浙江模式”，建立了全国首家互联网中医馆乌镇互联网国医馆；海南省在发展中医药健康旅游方面进行了大量探索，中医正在成为海南国际旅游岛的新名片；上海市建立了以“上海中医”品牌为核心的国际医疗健康服务平台……

同时，通过规范中成药命名、中药饮片质量集中整治、第二届国医大师评选等活动，为中医药发展创造良好政策和市场环境，构建良好舆论氛围。

相关数据显示，“截至2018年底，中医医疗机构达60738个，中医医疗机构床位数为123.4万张，年诊疗人次增至10.7亿，全国已有98.5%的社区卫生服务中心、97.0%的乡镇卫生院、87.2%的社区卫生服务站、69.0%的村卫生室能够提供中医药服务”。[①] 中医医院服务能力和水平持续提升，全国三甲中医医院由2012年的194家增加到2018年底的442家。

中医药不仅在国内得到了振兴，在世界范围内也得到了认可。中医药已传播到183个国家和地区，中国已与40余个外国政府、地区主管机构签订专门的中医药合作协议。2018年11月，世界中医药大会发布《罗马宣言》，并确立每年的10月11日为世界中医药日。

五年来，我国在中医药发展的制度建设、政策引导及行业监管等方面的政策完善，逐步建立中医药健康服务体系，使得中医药步入快速发展轨道，形成了中医药医疗、保健、教育、科研、文化、产业全面发展的新格局，有利于发挥政府国际公关职能，塑造开放中国的良好国际形象。

---

① 《曾在夹缝中求生存的中医药迎来新发展期》，《新京报》2019年9月24日。

健康治理篇

Health Governance

B.3 叙事医学模式下大健康的形势发展与医患关系生态

岑珏　方朕　阎玮婷　朱文君*

摘　要： 本报告系统梳理了“大健康”理念的内涵和演变，“大健康”的发展有诸多特点，从“治病”到“治未病”、从生理模式到多元模式、健康产业快速发展、互联网广泛应用等，为医疗机构发展带来诸多机遇与挑战。本报告从三个维度提出对大健康理念下促进未来医患关系生态改善的建议：加大政府支持力度，鼓励社会办医，完善分级诊疗体系，构筑缓解医患供需矛盾的经济生态环境；发挥新闻媒体桥梁作用，加强医闹惩处力度，积极引导社会舆论，建设修复和谐医患关系

* 岑珏，上海市第六人民医院党委副书记，医学硕士，助理研究员；方朕，上海市第六人民医院，接待办副主任；阎玮婷，上海市第六人民医院，医务社工部主任，社工师；朱文君，上海市第六人民医院，团委常务副书记。

的政治生态环境；树立诚信观念，强化医学人文教育，加强医患沟通，构建心理生态环境促进医患关系和谐的文化。

关键词： 大健康 医患关系 叙事医学

一 大健康的发展情况

（一）“大健康”理念的内涵和演变

1. 踵事增华，“健康”理念历久弥新

不同的时代对于“健康”的定义有明显的不同，但从大方向上来看，人类对于健康的认识和世界上一切事物一样，经历了一个逐渐由感性认识上升到理性思维，由局部定义到整体构建，由简单单一到繁杂多样化的本质与演变过程。

“健康”是一个恒久发展的概念。在 20 世纪 50 年代以前，由于经济和科技水平不高，人们生活需求较低；生命科学、医学和心理学等学科之间彼此独立，缺乏沟通，人们对于“健康”的理解仅仅局限于“不生病”，这使得“健康”的概念被长期限制在生理的单一层面上。

20 世纪 50 年代后，随着社会、科技、经济的发展，人们对于生活的期待与要求也越来越高。得益于多学科交叉融合发展的趋势，人类对于健康概念的理解开始有了对精神健康和社会适应能力的考量。1948 年，世界卫生组织（WHO）这样定义了健康的概念：“健康，不仅仅是身体没有疾病，还要有完整的生理、心理状态和社会适应能力。”这标志着人们从单一概念开始向多元维度转变来定义何为“健康”。

进入 20 世纪 90 年代，长期的工业快速发展带来的环境问题已经给人们的健康带来极大的影响，各种疾病的出现与广泛传播给世界各国人民敲响了警钟。世卫组织更新了四大健康要素：生理、心理、社会、环境要素，构建了个体心理与生理、人与社会、人与环境相适应的整体观念。至此，人类对健康概念的理解趋于全面。

2. 吐故纳新，“大健康”理念水到渠成

进入21世纪，基于改革开放的大背景，中国经济飞速发展，广大人民群众生活水平进一步提升。在大多数人的温饱问题都得到解决的前提之下，人们产生了更多精神层面的需求。除此之外，得益于人文社会科学的大发展，人们对于健康的理念又有了新的理解，加入了智力因素、道德因素等其他因素，传统的健康概念已经不足以概括人们对健康的新要求。为了概括这种层次更高、内容更丰富的健康状态，“大健康”的概念应运而生：“大健康”是个人根据时代特征，追求全方位、多维度、全周期的完全健康的一种理想状态。“大健康”所承载的意义，不单是单一个体的完全健康，除了身体、心理、生理、环境等方面，还有科学健康生活方式等意义。

当今中国人对“大健康”的理解带有明显的时代发展特征，同时也具有明显的地域特征。“大健康”是一种理想追求，它随着时代变化不断丰富发展内涵，也随着地域的变化显示出浓厚的地域特色。随着人民需求的日益增加，在中国文化环境下，人民对于健康的理解除了心理、生理、社会、环境四因素的和谐统一之外，还要本土化地加上寿、智、乐、美、德。不过从“大健康”的结构层次来说，“大健康”的概念仍然以“生理健康”为基础，层层向上建构。只有满足了生理健康的需求，才能产生满足心理、道德等其他方面健康的需求。

（二）目前大健康的发展趋势

1. 从“治病”到“治未病”，思维转向健康管理

随着人们对“健康”概念认知的改变，人们健康管理的模式也从“以疾病为中心”转移到“以健康为中心”，从原来的“治疗”转到“预防”，从原来的“治病”转移到“治未病”。

2016年，我国第一次把全生命周期健康提升到国家战略高度。习近平

总书记在全国卫生与健康大会上指出，“努力全方位全周期保障人民健康”。大健康关注的是“人的全生命周期的健康”，即“怀孕—出生—生长—成熟—衰弱—消亡”生命周期各阶段、全方位的健康。因此，其服务对象也从单纯的患者转移到了全体人员，包括健康群体、亚健康群体、患者群体等。每个个体在任何时候都可以进行健康管理。

2. 从“生理”模式到多元模式，医疗机构摆脱“刻板印象”

传统医学模式是以“生理”为中心的，随着“健康”概念的不断丰富和人们对“大健康”的追求，传统的“生理”医学模式也开始向多元化方向转变，心理、社会等因素被更多地考虑在内，在疾病的治疗过程中也起到了很大的作用。

3. 大健康产业快速发展，产业链条逐渐完善

对“大健康”的追求势必会带动大健康产业的快速发展。自1999年美国经济学家保罗·皮尔泽（PaulPilzer）在*The Next Trillion*一书中提出“健康产业是下一个兆亿产业”的论述后，健康产业日益受到各国的高度重视。五大类健康产业分别是医疗产业、跨医疗产业、传统保健品产业、健康管理产业、新型健康产业。

在发达国家，健康产业增加值占国民生产总值的比重超过了15%。我国健康产业仅占GDP的4%~5%，低于许多发展中国家。我国大健康产业虽然还处于发展阶段，但有着良好的发展趋势。数据预测，到2020年，中国庞大的医疗产业规模将达到10万亿元，大健康产业发展的瓶颈必然会被打破。快速发展中的大健康产业为经济的发展注入了新的动力，产业链渐趋完整，产业发展逐渐规范。

4. 互联网在医疗卫生行业得到广泛应用，医患关系和谐发展

医疗卫生行业的信息化得益于互联网的快速发展，这不仅使人们就医问诊的联络平台与渠道不断丰富，也为医患双方的交流互动提供了更多的平台。如今，互联网技术在医疗卫生行业的应用越发广泛，在方便了医患的同时，也促进着医患关系平等、和谐发展。

（三）大健康背景下医疗机构发展的机遇与挑战

1. 医疗机构发展的机遇

（1）厚积薄发，“互联网 +”医疗模式带来发展新契机

在“大健康”时代背景下，人民群众的健康消费意愿有显著增强，其健康意识也空前提高。互联网的快速发展为医疗卫生行业的进步注入了新的动力。结合互联网，医疗卫生行业可以开拓“互联网 +”医疗模式，在移动医疗设备研发、医疗信息服务、健康服务管理等领域深耕沃土，在减轻医务人员负担的同时，也能够带来更多合作交流的契机，为医疗机构的发展带来更多新鲜的血液。

（2）策略合作，多元渠道，互动共生

在“大健康”时代背景下，大健康观念也带来了大健康产业的蓬勃发展，后起之秀百花齐放。医疗卫生机构可以依靠自身专业优势，与各种企业合作，促进科研成果转化，带动传统技术创新，广泛融资，在获得利润的同时，也可以给医疗机构带来更好的社会评价，产生更大的社会效益。

同时，“大健康”观念的普及也给国际、院际的医疗合作带来了更加广阔的空间。加强国际交流，增进院际医疗技术合作与沟通，密切同各种高等院校、科研机构的联系，是增强医疗机构自身实力和社会影响力的良策。

（3）历久弥新，中医药行业迎来发展的春天

大健康观是中医健康观的延续和继承，是中医整体观、“天人合一”思想理念的创新与发展，也是中医“治未病”理念的延伸和拓展。

2017 年我国中医药产业建设取得了新进展，中医类医疗机构诊疗人次突破 10 亿人次；医疗收入达到 3648 亿元，接近医疗机构总收入的 10%；中医类卫生人员总数达到 122.5 万人，执业医师 54.3 万人，占比 44.3%；全国在业中医馆数量达到 477 家，年均增长 78.1%。近 7 年，我国中医药市场规模持续上升，2017 年已经达到 17500 亿元，同比

增长21.1%。据《中国的中医药》白皮书介绍，至2020年，我国中医药大健康产业将突破3万亿元，年均复合增长率将保持在20%左右。中医古方、针灸推拿为特色的大健康产品使得传统中医药回到大众视野中，使得“天人合一”等传统中医理念传承发扬，为中医药注入新的活力，迎来新的春天。

（4）多方合作，多元化养老模式取得新进展

面对老龄化社会的到来，医疗机构面对的既是机遇，也是挑战。当今中国的养老格局是“9073”模式，即百分之九十的老人是居家养老，百分之七是社区养老，百分之三是机构养老，“大健康”观念的普及将给传统养老模式带来创新。医疗机构应紧抓机遇，与相关社区、社工机构等建立医疗合作关系，加快建立多元养老模式，健全养老服务产业链，促进养老服务的创新发展。

2. 医疗机构发展的挑战

（1）产业缺乏健全的法律法规

作为近年来的新兴行业，大健康产业发展迅速，但仍然缺乏宏观政策的引导和相应的法律规范，行业乱象频生，导致医疗机构和企业的信誉度降低。医疗机构应规范自身，保证自身遵守职业道德，维护医疗机构自身信誉。

（2）优质医疗资源过度集中

大健康观念的普及带来医疗行业的大发展，但优质医疗资源的过度集中将给医疗行业的平衡发展带来阻碍。不同等级的医院之间应加强沟通与交流，开展技术合作，促进各个地区医疗卫生行业的平衡发展，保证各个地区人民的生命健康得到有力保障。

（3）传统健康服务更新迭代

如今医疗健康服务正处于大进步、大发展的时期，传统健康服务已经无法适应人们对于“大健康”的追求，因此，传统医疗健康服务必须向更多元化的方向发展。医疗机构应紧抓契机，顺应发展大势，积极跟进新服务，积极满足新需求，这样才能适应健康服务的变迁。

二　医患关系生态的研究

（一）医患关系生态的内涵与发展

一提到医患关系生态，人们往往联想到的就是医患纠纷、医患矛盾，或者医患冲突这些词语，这显然是一种误区。所谓医患关系生态，狭义地理解，指的是医方与患方在诊疗过程中形成的一种特殊的社会人际关系。广义地说，医患关系的“医方”已由单纯的医生扩展为医疗机构的全体人员；“患方”也由单纯的患者扩展为与患者相关的每一种社会关系，也就是指上述医患双方在医学实践活动中所发生的人际关系。从医患关系内涵我们不难发现，医患关系不应该仅仅只有矛盾与冲突，还应包括互信、包容与和睦。事实上，自古以来，医患关系一直相当融洽，医者仁心、悬壶济世、杏林春暖等这些成语不仅高度赞扬了医生的医德医风，也昭示了当时极为和谐的医患关系。

然而，在改革开放之后，医患关系生态却悄然发生了显著变化。随着科学技术的不断发展，国民经济显著提高，人们开始更加关注自己的身心健康状况，对治疗结果的预期也大大提高。但是，医疗资源分布不均衡、医疗卫生改革不充分、医疗保险制度不完善等问题，产生了人民对健康的向往和不均衡、不充分、不完善的医疗体制之间矛盾，而医患矛盾就是这一矛盾的外显之一。医患矛盾的不断加剧加深导致了医患关系不断紧张。医患关系的不断恶化，对于医患双方都是一种伤害，因此也引起了全社会的高度重视，如何改善医患关系已成为全社会所面临的重要课题。

（二）目前医患关系的生态

近几年来，建立和谐的医患关系已成为全社会的共识，有关部门相继出台了不少保护医患双方权益的法律、法规、制度。一方面，患方的选择权，知情权、隐私权等权益得到了充分保护；另一方面，医生的职业环境得到较大改善，医生的劳动成果得到了充分的尊重。随着医患沟通的不断加强、医疗常识不断普及、社会力量的共同努力、各种媒体的客观正面报道，医患关系已经得到了大大的改善。

医患关系正在改善。这一点可以从患者对医院及医务人员的满意度变化中看出。早在1998年，对全国五省市30所医院的随机调查显示：患者对医院整体服务质量表示满意的占81.30%，对治疗效果表示满意的占86.92%，对医务人员服务态度表示满意的占74.76%[①]。到了2008年，来自天津10所医疗机构的调查显示：公众对医务人员服务态度满意的占50.4%，公众对医生的医术水平及治疗效果满意的占46.9%；公众对医疗费用水平满意的占32.8%[②]。显而易见，在这十年间患者对医疗机构的满意度是明显下降的。不过，2018年上海市公立医疗机构病人满意度调查显示，2018年上海市公立医院的患者满意度和满意率总体保持较高水平，门诊患者和住院患者的总体满意度平均分分别为4.57分和4.84分（满分为5分），高于2017年（分别为4.52分和4.80分）；总体满意率分别为90.06%和97.17%，高于2017年（89.25%和96.48%）。可见，患者的满意度从之前的明显下降正转变为逐步提高。

（三）医患关系生态影响因素

医患关系是一种十分复杂的社会关系，因此，影响医患关系的因素绝不可能是单一的，在众多影响医患关系的因素中以下四个最为关键。

1. 医患沟通

医患沟通过程对于医患关系有着重大影响。长期以来在医患沟通中，医生都占有主导地位，与其说沟通，不如说是医方的简单告知。在对医学的知识理论的认知和掌握上，医患双方的地位本来就不对等。患者对于医学常识匮乏，对于医方简单的告知，很难在短时间内理解和明白，这样的沟通显然

---

① 高也陶等：《医疗工作中的法律法规及专业规范》（第一版），上海第二军医大学出版社，1998年第13期。

② 陈志军：《天津地区医患关系状况调查研究》，河北医科大学硕士论文，2008年。

违背了医患沟通的初衷，因此，往往造成事倍功半的效果。如今，越来越多的医务人员对医患沟通的重要性有了重新认识，并且在医患沟通中加入了更多的人文关怀，通过良好和有效的沟通，不仅可以增强病人对医生的信任感和依从性，还有助于医患双方互相尊重，互相理解，对于改善医患关系发挥了事半功倍的作用。

2. 科学普及

患者对疾病的认知和预期往往也影响着医患关系。绝大多数患者对疾病都充满着未知和恐惧，对医生充满着期待和敬畏，对治愈又充满着期望与向往。这一类患者显然无法接受自己疾病无法得到痊愈的现实，更不能接受医生治疗过程中存在任何细微的差错和闪失。因此，治疗结果未达到预期往往就会恶化医患关系，这是医患关系不佳的根本原因。所以，我们必须加大日常生活中对于各种疾病知识的普及：首先，要让患方对疾病有一个正确认识和预期。其次，也要让患者对医生的能力有一个客观的认知，绝大多数医生既不是无所不能的神医，也不是一无是处的庸医。最后，各种媒体也应该在科学普及工作中发挥积极的作用。

3. 媒体作用

显然，媒体对于医患关系的影响和作用远远不止于科学普及，而是应该在各方面充分传递正能量。从某种意义上来说，部分媒体在之前医患关系的紧张氛围中起了推波助澜作用。少数媒体为追求“眼球经济”，走入了“新闻娱乐化”的误区，失去了报道的客观公正性，背离了媒体报道的宗旨，做出了一些失实的报道，可以说是对医患双方的二次伤害。当然，无论医疗机构还是医务工作者都不能离开媒体的监督，这有助于医院改善就医环境、规范医疗秩序、提高医疗服务质量。但是，面对医患矛盾，媒体应该客观报道整个事件的前因后果，促进医患矛盾公开、公正、公平解决，而不能为了炒作和流量，主观臆断、以偏概全。近年来，绝大多数媒体已经把报道焦点更多地集中于患方与疾病斗争的坚强意志以及医务工作者的辛勤劳动，使医患之间能够更加了解彼此，增加了医患之间的信任，为医患关系缓和起到了积极作用。

4. 社会力量

社会力量是指除了医患双方之外，其他的社会组织和力量。诸如医务社工、法律援助者、志愿者、非政府组织（NGO）等，这些第三方社会力量可以成为医患关系中的桥梁和纽带，当医患双方失去信任、医患关系紧张时，让与医患双方都无利益交织的第三方来沟通调解，医患双方都不会反感排斥，这就为医患关系的缓和打下了良好的基础。因此，如何扩大第三方社会力量，鼓励他们更加积极参与到医患关系中去，已经成了刻不容缓的问题。

三　大健康形式的发展促进医患关系生态改善

（一）健康的形势发展与医患关系

“健康中国”是习近平总书记在全国卫生与健康大会上首次提出的重要国策，在党的十九大报告关于“提高保障和改善民生水平，加强和创新社会治理”的具体措施中再次指出实施“健康中国”战略。没有全民健康，就没有全面小康。人民健康需要优先发展，要推进“健康中国”的建设，努力为人民群众提供全生命周期的卫生与健康服务。人民健康是民族昌盛、国家富强的重要标志，“健康中国”战略的实现，在医疗领域中医患关系的和谐共处，显得至为重要。

医患关系是一种特定的医疗服务关系，存在于医务人员对病人治疗的过程中，这对患者的生命和健康至关重要。和谐稳定的医患关系是“健康中国”的核心要素，关乎民生问题，更是提升百姓满意度的关键。因此，在新时代新思想引领下，应努力构建医患和谐，医生和患者应为了守护生命共同携手并进。

目前我国医疗卫生事业虽然取得了巨大的进步，但过去粗放式的发展也带来了许多不可回避的问题。随着社会的发展，人民群众的生活方式和思维方式的转变带来的直接影响是大家对于健康需求的转变，患者在面对医生时已不再是“言听计从”，以往的医院和医生流水线作业的治病方式已经难以为继。因此，坚持大健康观，坚持以促进人民健康为中心，不仅是解决人民群众的治病问题，更要从生理心理上取得突破，应当在制定和实施公共卫生政策的过程中时刻体现大健康、大卫生的理念，全面认识和理解影响健康的多种因素，协调各方统筹应对，对人民群众健康实行全方位、多层次、全周期的保护。

“健康中国”建设需要大健康观，更需要思维健康。健康状态存在于四个层面，身体无病无弱、身心健全、社会适应和环境和谐。当前和今后一个时期，健康促进的要点是实现“健康”，努力营造健康和谐的医患环境。

（二）医患关系生态的未来展望与建议

和谐医患关系的生态环境，是以和谐医患关系为中心，是一切对和谐医患关系发生、发展及其效果产生各种影响的内外部因素之间的关系及结构的总和，包括经济生态环境、政治生态环境和文化—心理生态环境，从修复生态环境角度出发探究医患关系的和谐之路显得尤为重要。在“健康中国”建设的战略背景下，构建新时期的医患关系，需要在习近平总书记全民健康战略思想的指导下，坚持以人为本的工作方针和人民健康优先发展的新思想，缓解医患供需矛盾、引导社会舆论、加强医患沟通，统筹推进、协同发力，以缓解医患矛盾，构建和谐的医患关系，推动“健康中国”建设。

1. 坚持大健康观，加大政府支持力度，鼓励社会办医，完善分级诊疗体系，构筑缓解医患供需矛盾的经济生态环境

如今，人民的健康需求多层次、多样化，需要从提高医疗服务质量和提高健康素养两方面着手，全方位满足人民的健康需求。首先，要对医护人员进行全方位的培训，包括专业知识、临床水平、科研能力和医患沟通等方面，并进行定期考核，建立相应的奖惩机制。其次，要提高医院管理质量，建立应急机制，在发生医患纠纷时正确快速应对危机事件，并公开医疗相关信息，让患者清楚了解并参与诊疗过程，加大对医护人员的信任感。最后，要坚持大健康观，做好健康知识的科普宣传工作，提高人民健康素养。

政府对于医疗卫生事业要加大支持力度，加大经费投入，在考核医护人

员工作任务和质量的基础上，保证其基本工资福利，让医护人员全身心投入钻研医疗技术、诊断治疗患者，改善医患关系。同时，发挥政府职能，优化资源配置，加大对贫困地区医疗卫生资源的投入力度，不断完善相关法律法规，收支结余的资金用于建立医疗卫生事业发展基金会，对贫困患者和医疗不良地区进行补偿和救助，确保医疗机构事业的发展。

随着社会的发展，人民的健康需求与日俱增，公立医院需要回归公益性，在保障基本卫生需求的基础上，缓解医患供需矛盾，让群众受益。要大力推动社会资本办医，鼓励民营医院发展，引导社会办医高端化。同时，要健全对民营医院的管理监督机制，加强民营医院的诚信建设，在保障人民就医安全的前提下，让人民就医渠道多样化，缓解“看病难、看病贵”问题。

大健康就是紧紧围绕人民期望的核心，以全面健康为前提，贯彻大健康理念，全面构建以患者为中心，基层首诊、双向转诊的分级诊疗格局，是深化医药卫生体制改革的必然产物。未来需完善国家政策、医保在分级诊疗的配套机制，加强监管部门的监督考核，加大分级诊疗制度执行力度，积极推动分级诊疗，逐步减少大医院人满为患、小医院和基础社区服务机构资源闲置的现象，只有落实好分级诊疗才能让健康理念深入人心。

2. 发挥新闻媒体桥梁作用，加强医闹惩处力度，积极引导社会舆论，修复和谐医患关系的生态环境

新闻媒体是人民认识医患现状的重要途径之一，因此新闻媒体应该坚持实事求是和依法办事的原则，公正客观反映事实。重大的医患纠纷应该经过有关部门的审核后，确认无误再进行报道，坚决制止和严惩歪曲事实、借题炒作等行为，要净化新闻传播的整体环境，对造成恶劣社会影响的医患纠纷报道进行严厉惩处。对于医患纠纷的评论应客观公正、尊重事实，坚持新闻工作者的基本职业素养。同时，要主动收集相关素材，加强医患和谐正面光荣事迹的报道，宣传医护人员救死扶伤的高尚品质，并保证报道内容的专业性，让人民群众真正了解医护人员的辛苦工作和舍己忘我拯救患者的精神。

目前社会上出现的职业医闹严重影响了和谐的医患关系，闹事者并非病

人家属，而是纯粹为了金钱利益，打着伸张正义的名号胡作非为，刻意歪曲事实，将医疗纠纷闹大，不仅损害了医护人员的名誉，还影响了医疗机构的正常运营。政府应进一步完善医疗纠纷综合处置机制，营造安全有序的医疗环境，对职业医闹、暴力伤医或严重扰乱正常医疗秩序等事件要严格按法定程序进行果断处置，惩戒违法者，防止事态扩大，引导、敦促各方依法解决医疗纠纷，不得一味退让以求息事宁人，不得以赔钱求短暂和谐，应从根源解决问题，真正构建和谐互信的医患关系。

社会舆论犹如一把双刃剑，既能还原事实、纠正方向，又能引发质疑、触发矛盾。因此，如何正确引导社会舆论尤为重要。在引导前要先树立人民群众健康的医疗观，加强对医学知识的科普，让人民群众认识到疾病的风险性和医学的局限性，为构建和谐医患关系提供观念上的保障。在此前提下，做好新形势下医患关系的舆论引导工作，把握正确舆论导向，坚持正面引导，帮助人民群众正确认识医疗行业的性质，树立科学的保健意识，既维护医患的权益，也有利于整个医疗事业的发展。

3. 树立诚信观念，强化医学人文教育，加强医患沟通

医患之间，和则两利，伤则两害。经济越是发展，社会越是进步，人民就越是呼唤好医生。而医生也当以心比心，有所回应，主动迈出修复“医患生态”的第一步。要树立医患诚信观——医生要诚、患者要信。医生要坚决杜绝乱开处方谋求个人利益的事件发生，主动消除患者对医生的怀疑，强化自身的职业精神；而患者也要尊重和信任医生，与医生密切配合，共同抵抗疾病。

产生医患矛盾的原因有很多，比如医患沟通不畅导致医患之间无法配合。在产生医患矛盾的原因中因沟通而发生矛盾的比例高于技术水平和诊疗操作导致的矛盾。医疗过程中缺乏人文关怀是医患矛盾的潜在诱发因素。因此，医护人员都应接受医学人文教育，定期组织学习医学伦理和医患沟通的知识，学会关怀、尊重和理解病人，让患者感受到温暖，这对于双方的有效沟通和相互理解十分必要。医护人员耐心地给患者解析病情和病理是沟通的关键，医生必须全面而深刻地剖析病情、解答疑问，不能言辞模糊、吞吞吐

吐。同时，普及医学知识、增强患者对医学和医疗过程的认知，是医患双方有效沟通的前提和基础，医学知识的科普和宣传也能引导患者选择适合自己的医疗方案。无论是开展医学培训，还是对患者进行医学知识科普教育，都应体现出医患双方对有效沟通和良好关系的认同。双方情感互动的增强，有助于医患的沟通和医患关系的和谐。

B.4
中国参与全球健康治理

许 静 刘时雨 刘香君*

摘 要： 全球健康治理属于全球治理的重要议题之一，与全球发展治理、全球公共安全治理紧密相关。早期国家间通过订立条约、设置边界壁垒等方式防止他国卫生安全问题传入本国，目的仅在于保护国家主权而非更广泛的全球合作。全球健康治理则更强调对人类健康的总体性保护，并将价值目标界定为“一体化治理”，而不局限于国家间合作，因此某种程度上体现了一种超国家的制度安排。根据目前全球健康治理状况和中国实际，笔者梳理了两部分内容。第一部分是全球健康治理的概述，主要是界定相关概念以及简述全球健康治理的发展历程。第二部分侧重介绍中国参与全球健康治理情况，主要介绍中国参与全球健康治理的主体构成、参与历程、参与方式以及实践特征、问题挑战和未来展望等。自1972年世界卫生组织恢复中国的合法席位以后，中国逐渐增强国际合作。特别是伴随着改革开放四十年的发展，中国参与全球健康治理的合作内容与合作领域不断增加，并实现了从被动接受援助到主动参与的角色转化。中国参与全球健康治理的方式有很多，主要有卫生发展援助、突发公共卫生事件处理及参与国际卫生制度构建等几个方面。当前中国参与全球健康治理

* 许静，北京大学新闻与传播学院教授，研究方向为健康传播；刘时雨，北京大学新闻与传播学院博士生，研究方向为健康传播；刘香君，北京大学新闻与传播学院硕士生，研究方向为健康传播。

的主体仍主要是国家行政部门和部分研究机构。近年来，非政府组织行为体也有越来越多的参与。本文也为今后中国真正有效参与全球健康治理提出相关建议。

关键词： 全球健康治理 国际卫生合作 健康中国战略

一 全球健康治理

当今人类社会正处于大变革、大转型中，这种巨变既体现在民族国家之内，也体现在全球大舞台上，描述这些变化的词语有很多，全球化是最突出、最贴切的一个。全球化给全世界的人民带来了很多益处，也带来了很多问题，尤其以健康与卫生领域的问题最为突出，全球健康治理就是在这样的大背景下提出的。面对超越国界的疾病、疫情等巨大挑战，人们意识到仅凭一国之力不可能应对，全球健康治理成为一种共识。

（一）全球健康治理相关概念的界定

想要全面了解全球健康治理，就要对相关的概念进行界定。首先要界定的概念是“治理”。“治理”（governance）在古拉丁文和古希腊文中具有“掌舵”的含义，主要用于处理和执行国家公共事务领域。对于“治理”的表述，比较完善的解释可以追溯到詹姆斯·罗西瑙《没有政府的治理》一书。詹姆斯将治理定义为“一系列活动的管理机制”①。

“全球治理”（global governance）是伴随着全球化的进程而产生的，体现了人类对自己在全球化过程中面临的共同问题和共同命运的觉醒。“全球治理”在“治理”概念的基础上发展起来，是一种管理当代国际事务的新理论和新路径。1990 年，德国社会党国际前主席、国际发展委员会主席波

① 詹姆斯·罗西瑙：《没有政府的治理》，张胜军等译，江西人民出版社，2001，第 4～5 页。

兰特率先提出了“全球治理的概念”。1992 年，由德国前总理格兰特与 28 位国际知名人士发起成立了“全球治理委员会”，并在 1995 年发表委员会报告《天涯成比邻》，初步阐释了“全球治理”的概念，即：通过国际规制和国际合作，来解决全球性的政治、经济、生态等问题，是国家层面的治理在国际层面的延伸和扩展。

1995 年，全球治理委员会在《我们的全球伙伴关系》（Our Global Neighborhood）中给“治理”一词提出了比较权威的界定，即：各种公共的或者私有的个人和机构管理其共同事务的诸多方式的总和。这个界定将“治理”的边界扩大化，但是依然局限在公共事务领域。后期学者，主要是政治学家和哲学家，从更广泛的角度赋予“治理”新含义，使其突破公共事务范畴，广泛应用在社会、经济、管理等领域。

另一个与“全球健康治理”概念紧密相关的概念是“全球健康”，它是在“国际卫生”概念基础上提出来的。“国际卫生”有很多定义，莫森（Merson）等人将其阐释为“运用公共卫生原理解决低收入国家面临的各种问题以及全球或者当地对其有影响的因素”①。国际卫生概念广泛用于关注发展中国家的卫生议题，这些议题涵盖广泛，但主要集中在疾病和医疗领域。20 世纪 90 年代，“全球健康”概念悄然兴起，逐步取代“国际卫生”成为学者研究的焦点。1999 年，美国加州大学洛杉矶分校设立了全球健康研究所（Institute of Global Health），是全球第一家以“全球健康”命名的研究所，“全球健康”一词正式进入大众视野。但是学界对全球健康治理的研究较为滞后，2008 年，德国汉堡大学全球与地区研究中心学者沃尔夫冈（Wolfgang）对“全球健康治理”概念进行了界定，他认为全球健康治理应该被定义为“国际社会为了应对公共卫生领域的国际和跨国相互依赖问题而制定的集体规制的总和”②。全球发展贸易中心的戴瑞尔·贝克福德（Belroy S. Beckford）认为“全球健康治理”是国家和非国家行为体在健康

① 〔美〕米歇尔 H. 默森、罗伯特 E. 布莱克、安妮 J. 米尔主编《国际公共卫生疾病，计划，系统与政策》，郭新彪主译，化学工业出版社，2009，第 34 页。

② 鲁新、方鹏骞主编《全球健康治理》，人民卫生出版社，2016，第 10 页。

治理保护方面制定的规则和行为规范。2010 年，大卫·费德勒（David Fidler）将全球健康治理的定义简化为“国家、跨国组织和非国家行为体利用机构、规制来应对健康挑战”。2016 年，北京大学全球卫生研究中心出版的《全球健康治理》一书，将全球健康治理定义为“通过建立多边合作机制，促使多元主体以多种方式在全球健康领域协作，并从全球治理视角共同制定并有效实施具有约束力的国际规制，以便更好应对全球健康危机，不断促进健康公平，最终实现全球范围健康的综合治理过程”。以上定义涵盖了全球健康治理的主体、目的和政策，帮助我们初步了解全球健康治理。

（二）全球健康治理的发展历程

自从人类在地球上诞生，就开始了与疾病斗争的历史。在生产力还不够发达的时代，交通不便利，信息不通畅，人类只能够进行局部的卫生治理。第三次工业革命使得大范围的互联互通成为可能，此时健康问题已经超越国界，成为一个全球性问题，人们开始意识到进行全球健康治理的必要性和重要性。全世界的人类为健康而做出的努力与斗争，经历了四个阶段，即：原始社会卫生治理阶段、国家卫生治理阶段、国际卫生治理阶段和全球健康治理阶段。

1. 原始社会卫生治理阶段

人类文明的开端，也是人类应对疾病等健康问题的开始。在人类诞生之初的漫长岁月里，并没有国家的概念，存在的是部落、城邦、封建社会等原始社会形态。该种社会形态的特点是生产力低下、交通普遍不发达、人员活动范围小，此时疾病的传播范围也小，大多数在一个部落或者城邦传播。卫生治理也主要是在部落或者城邦之内的疾病治理。人们对外界的了解很少，医学技术不发达，基于地理隔断，以及部分政治或文化原因，部落及城邦之间交流较少，人们虽然饱受疾病折磨，但是联合起来共同治理的意识还没有觉醒，医疗技术也限制了联合起来抵御疾病的范围。

2. 国家卫生治理阶段（从现代国家出现到19世纪中叶）

此阶段整个人类社会生产力低下，人员流动范围比此前社会有所扩大，但是也局限在一国或者一个地区之内。这个时期的健康治理内容局限于卫生方面，地域局限在一国之内。在此阶段，人们面临疾病威胁往往无能为力。1918 年全球流感造成了 2000～5000 万人的死亡，黑死病和鼠疫几乎让整个欧洲人口减半。每个国家都在努力与疾病对抗，通过建立起检疫基础设施、国内卫生机构、公共卫生制度等来解决国内的公共卫生问题。例如，黑死病过后，欧洲人口锐减，威尼斯为控制疫情的传播，于 1377 年建立了隔离检疫制度，该制度在一定范围内有效地阻止了疫情的传播。人们虽然已经意识到治理传染病等全球健康问题仅靠一国之力是不够的，开始寻找国家之间的合作，但是由于各国政治制度、经济状况、社会文化等不同，各国联合起来进行公共卫生治理的愿望并没有得以实现。这一阶段的卫生治理更多地偏向横向的合作，例如通过签订协议或者条约来控制传染病的传播，尚不存在任何国际合作机制来共同治理和对抗传染病，此时的国际合作只是被视为一种后备选择，并且国家之间并不存在普遍而持久适用的公共条约。

3. 国际卫生治理阶段（19世纪中叶到21世纪初）

从 19 世纪中叶开始，航海业和全球贸易的发展为全球互联互通提供了可能，但是与此同时也将霍乱等传染病传播到世界的每一个角落。全球的医学水平不断提升，对疾病的认识越来越深入，人们清醒地认识到只凭借单一国家的力量已经不能够有效地控制全球疫情，在全世界范围内开展广泛的卫生合作成为共识。以 1946 年世界卫生组织成立为分界线，健康治理活动开始走出民族国家范围，走向真正的国际合作。例如，2000 年，世界卫生组织建立了“重大疫情全球预警系统”，将全世界各个国家联系起来，加强沟通合作以及分享经验教训，共同对抗全球疾病的暴发与传播。在世界卫生组织搭建的平台上，各个国家开始了国际卫生治理的新征程。此阶段，国际卫生安全事件的处理能力不断提高，全球医疗和卫生条件也不断改善。

4. 全球健康治理阶段（21世纪初至今）

虽然此前在全球范围内已经开展了广泛的卫生合作，但是合作的体制存在不少缺陷，合作的内容也局限在传染病等疾病领域，与全球化的进程和人们对健康的需求越来越不相适应。例如，20 世纪 80 年代后，艾滋病、

SARS、甲型 H1N1 流感等疾病先后在全球范围内传播，引起了全球恐慌。人们对全球性的疾病暴发信息透明度需求不断提高，要求改善全球公共卫生条件的需求不断高涨。各个国家开始意识到全球卫生治理的局限性，全球卫生活动开始将重点放在促进全球健康治理的合作方面，逐渐形成了全球健康治理的理论和实践。在此期间，学术界明确提出了全球健康治理的概念，开始建构全球健康治理理论体系。参与全球治理的主体数量不断增长，治理的实践范围不断扩大。

二　中国参与全球健康治理

自新中国成立到现在，中国越来越多地以医疗援助、参与国际合作等各种形式参与到全球健康治理中来。目前，中国已经成为全球第二大经济体，世界对中国的期待越来越高，中国参与全球健康治理程度不断加深。

（一）中国参与全球健康治理的主体构成

全球健康治理的主体是制定和实施全球规则的组织机构，主权国家及其政府是重要的治理主体，但是随着全球化的推进，全球健康治理主体正在突破主权国家和政府范畴，个人、团体组织、次国家、超国家等不同主体开始参与全球健康治理。有学者将全球健康治理主体划分为三个同心圆：核心圈是世界银行及世界卫生组织；各国政府、国际货币基金组织（IMF）、政府组织以及其他联合国组织（UNO）构成第二圈；非政府组织、跨国公司（MNC）、社区组织以及个人处于最外圈。根据中国的实际情况，可将参与全球健康治理的主体划分两类，形成一个内外两层的同心圆：核心圈是国家行为体，主要包括卫健委、财政部、商务部、外交部等部门，也包括各省区市卫健委等行政部门；外圈是非国家行为体，包括研究机构、国家组织、非政府组织、跨国公司、多边机构、新闻媒体、民间组织等。这个内外两层的同心圆构成了中国参与全球健康治理的行为体体系。

1. 内圈：国家行为体

国家行为体是中国参与全球健康治理的核心主体，主要分为两类：一类是核心部门，另一类是协助部门。核心部门主要是国务院卫生与健康委员会及其下属各部门；协助部门主要是财政部、商务部和外交部等部门。中华人民共和国卫生与健康委员会（以下简称卫健委）是参与全球健康治理的主要部门，其中国际合作司扮演着最为重要的角色。卫健委国际合作司下设综合处、国际组织处、欧美处、亚太处、非洲处（援外处）、港澳台处等部门，主要职责包括：组织指导卫生健康工作领域的国际交流与合作、对外宣传、援外工作，开展与港澳台地区的交流与合作。卫健委国际合作司在促进中国参与全球健康治理方面主要发挥以下几个方面的作用：积极推进供给合作；负责与其他国家签署双边卫生领域合作协议；管理、指导、监督政府间健康合作协议等。例如，2012 年至 2017 年期间，中英全球卫生支持项目就在卫健委国际合作司的推动下（GHSP）不断开展，旨在加强双方在全球卫生与健康领域的合作，以达到改善促进全球卫生状况的目的。此外，卫健委下属机构——各省区市卫健委负责选拔、培训和派遣援外医疗队员，开展与受援国的卫生合作。

协助部门主要是财政部、商务部和外交部等，这些部门在中国参与全球健康治理过程中的政策制定和项目执行中起到重要作用。财政部为中国参与全球健康治理提供经济支持，在中国早期的对外医疗援助中，财政部发挥了不可替代的作用；商务部主要负责援外成套项目的实施管理，如援建医院、医疗中心等。商务部下属机构中国国际经济技术交流中心主要负责援外物资项目的实施管理，如援助医疗设备、药品、人道主义物资；外交部是推进卫生外交的主力。随着健康议题在国际社会的比重增加，卫生外交成为各个国家履行国际义务、提高国家形象的重要手段。当今社会，卫生伙伴关系越来越多元，将这些健康合作伙伴统筹起来共同参与全球健康治理，并且促进卫生合作伙伴在全球层面开展合作，是开展卫生外交的重要内容。外交部在中国寻找卫生合作伙伴、提高国家形象、开展卫生外交方面起到非常重要的作用。

2. 外圈：非国家行为体

目前是全球健康治理建构的关键时期，旧的治理结构被打破，新的治理结构正在形成。全球健康治理涉及的利益相关方非常广泛，除了主权国家政府外，私人基金会、非政府组织、私营企业等新型主体不断参与进来。中国参与全球健康治理的非国家行为体主要包括以下几个方面。

（1）研究机构

多学科参与的全球健康研究是开展全球健康治理的前提，国际社会对全球健康治理的需求不断增加，以全球健康治理为研究对象的中国研究机构不断增多。这些研究机构是中国参与全球健康治理非国家行为体的重要组成部分，也是政府参与全球治理的智囊团，促使政府不断推进和完善全球健康政策。

2006 年 9 月，北京大学全球卫生研究中心成立，这是国内第一家专门从事全球健康政策和咨询的学术机构。该中心与卫生部国际司共同建设，发挥学术优势，围绕热点问题开展研究，先后组织召开了四届中非卫生合作国际研讨会，并于 2010 年主导建立了“中国南南卫生合作研究联盟”。2012 年 10 月，北京大学公共卫生学院成立全球卫生学系，旨在通过开展全球公共卫生问题、全球卫生治理和全球卫生外交等领域的教学、科学研究与实践和社会服务，以及通过参与和推动广泛的、不同层面的合作网络活动，促进全球卫生学科在中国的发展。2012 年 12 月，复旦大学全球健康研究所成立，旨在培养能够深入研究全球健康问题以及投入更多的努力提高世界各地的健康质量的优秀学者。2013 年，武汉大学成立全球健康研究中心，截至目前，该中心共有三个主要研究团队：行为与健康研究团队、环境与健康研究团队、人口与健康研究团队。2014 年，南京农业大学全球健康联合研究中心成立，该中心集合了在动物养殖、动物疾病控制、食品加工与质量控制、环境科学、作物健康种植等领域的科研力量，推动跨学科之间的国际交流和科研合作。2016 年，四川大学全球健康研究所成立，重点关注慢性非传染性疾病的预防与控制、妇幼人群健康、老年人群健康以及卫生体系与卫生政策研究等全球健康热点问题。2016 年 9 月，西安交通大学全球健康研究院成立，旨在建设全球健康教科研平台，下设四个中心：系统科学和健康大数据研究中心、慢性病预防和控制研究中心、传染病防治研究中心、地方性疾病研究中心。2016 年 11 月，清华大学全球健康与传染病研究中心成立，该中心旨在建立一所世界一流的研究机构，专注于抗击影响全球最贫困人口的传染性疾病，针对传染病相关的最紧迫的问题开展基础性研究，中心得到了比尔及梅琳达·盖茨基金会的支持。2018 年 9 月，南京医科大学全球健康中心成立，一期拟建设五个分中心，分别是环境医学研究中心、卫生体系与政策研究中心、传染病研究中心、肿瘤个体化医学研究中心、生殖健康研究中心。2019 年 6 月，上海交通大学全球健康学院成立，研究重点聚焦热带病与突发传染病、全球卫生政策与标准、全球妇幼卫生、全球营养与食品安全、全球精神卫生 5 个发展方向。

除了以上综合性大学不断成立全球健康研究中心以外，还有一些全球健康领域的非营利性机构也在中国不断建立起来。如全球健康药物研发中心，该中心由清华大学和比尔及梅琳达·盖茨基金会发起，是一家独立运营、非营利性质的全球公共卫生与药物创新机构，关注全球健康问题，致力于为解决发展中国家面临的突出疾病挑战做出贡献。

（2）国际组织

国际组织尤其是卫生健康领域的国际组织是促进国家间进行全球健康交流、互助和治理的平台，中国主要通过与国际组织合作的方式来参与全球健康治理。20 世纪 90 年代以来，随着国际组织的多元化，中国政府与越来越多的国际组织合作开展全球健康治理活动，共同推进全球健康。在全球健康治理方面，中国与联合国人口基金会、世界卫生组织、世界银行等国际组织密切合作，这些国际组织为全球健康治理提供支持和保障，也为中国与世界各国开展全球健康治理对话以及参与国际社会全球健康治理的各项活动等搭建了良好的平台。

（3）非政府组织

1968 年，联合国经社理事会通过的 1296 号决议规定，非政府组织（NGO）应致力于解决经社理事会其他附属机构所关注的问题，包括卫生保健问题。70年代初，联合国体系内开始逐步形成各级国际组织与非政府组织的联系机制。1981年世界卫生大会审议通过的《世界卫生组织与非政府组织的关系准则》，为NGO参与全球健康治理打开了大门。非政府组织打破了国内事务治理与国际事务治理的界限，组织更为灵活。目前，较多参与全球健康治理的中国非政府机构主要有中国疾控中心及各类医学专业协会或社团，如中华医学基金会、中华国际科学交流基金会等。还有一些在中国从事全球健康治理的国际NGO，如盖茨基金会、中国－默沙东艾滋病基金会，乔治健康研究院（中国）等。2019年卫健委提出，实现全民健康覆盖需要“扩大非政府组织的参与”①。自“一带一路”高峰论坛以来，中国与国家、政府间组织和非政府组织签署了56个推动卫生健康合作的协议②。

（4）跨国公司

跨国公司具有独特的经济优势，其在公益救助、治理捐款方面拥有巨大的行为能力。跨国公司尤其是跨国医药公司在全球健康治理中发挥了非常积极的作用，是全球健康治理的实施主体、决策者、责任人和被治理者。在全球健康治理领域，跨国公司在粮食安全、食品安全、消除贫困等领域承担重要角色，中国参与全球健康治理的目标很多都是通过跨国公司“落地”的。例如，2014年，西非埃博拉出血热疫情暴发后，中国政府实施了在卫生领域规模最大的一次援外行动，不断整合中方援建的医院、抗疟中心、生物安全实验室等资源，而这些医疗基础设施具体的建设和维护都有跨国公司的参与。

（5）多边机构

基于公私伙伴关系的多边机构是一种多功能的组合，其主要目的是解决一些特定的全球重大健康问题，如艾滋病、疟疾、结核病等，主要是针对这些疾病的新药以及疫苗的开发。多边机构在全球健康治理中发挥着广泛的作

---

① 卫健委体制改革司：《全民健康覆盖研究摘要》，2019年4月11日，引用于2019年7月28日，http：//www. nhc. gov. cn/tigs/ygjb/201904/625c83f073a0412dadf4d5af2a3d6810. shtml。

② 新华社：《共建“一带一路”倡议：进展、贡献与展望》，引用于2019年7月28日，http：//www. gov. cn/xinwen/2019－04/22/content_ 5385144. htm。

用，可以使用创新的方式筹募资金，给全球健康带来大量的资源。中国与多边机构合作紧密。例如，全球疫苗与免疫联盟（The Global Alliance for Vaccines and Immunization，GAVI），其宗旨是通过与政府和非政府组织合作来促进全球健康和免疫事业的发展。中国与GAVI已有多年的合作历史，双方是“全面的伙伴关系”。在帮助中国引进疫苗的同时，GAVI从中国采购由成都生物制品研究所生产的乙脑疫苗，再给东南亚一些国家的儿童接种，这使中国从一个受援国身份转变为疫苗提供商的身份。到2015年，中国彻底从受援国变成GAVI的出资国，并且全面支持GAVI的工作。

（6）新闻媒体

新闻媒体是治理的重要工具，也是参与全球健康治理不可或缺的主体，在推动全球健康治理方面发挥着独特的作用。新闻媒体包括报纸、广播、电视、网络等。媒体在全球健康治理中发挥着重要作用，主要包括：一是发现和解释健康问题，引起全球关注，例如埃博拉病毒疫情信息通过网络传播到世界各地引起全球重视。二是宣传动员作用。新闻媒体发布信息，说服和动员全世界人们关注健康问题。三是舆论监督作用。中国在参与全球健康治理当中，主要是通过新闻媒体尤其是有全球影响力的新闻媒体，以广告、营销、宣传等形式，促进各国之间就全球健康问题进行沟通与对话。各个国家在卫生健康领域做出的承诺是否兑现，落实情况如何，都可以通过新闻媒体的报道体现出来。中国通过媒体展示参与全球健康治理的行动，将自己的承诺置于全世界人民的监督之下。

（7）民间组织

民间组织是指除党政机关、企事业单位以外的社会中介性组织。中国民间组织在全球健康治理中发挥的作用较少，但是在一些国际健康治理的重要场合依然可以看到中国民间组织的身影。如2017年9月29日，国务院新闻办公室发表了《中国健康事业的发展与人权进步》白皮书，书中写道：从2005年开始中国已培训数千名来自发展中国家的官员和技术服务人员，推动中国民间组织在津巴布韦、肯尼亚等国家及湄公河地区开展青少年生殖健康和艾滋病预防的教育培训项目。

（二）中国参与全球健康治理的历程

自新中国成立至今，中国对全球健康治理的参与度不断深入，共经历了三个主要的阶段，在不同阶段中国经济实力不同，对于如何参加全球健康治理认识不同，导致参与全球健康治理的实践、政策、特点相异，但是这三个阶段不是相互分离和割裂的，每一个阶段都是在先前基础上的转向，是对最新国内外形势变化的回应。

1. 新中国成立到恢复联合国席位前：起步到奠基

新中国成立伊始，中国就开始对一些第三世界国家进行援助。1963 年应阿尔及利亚政府的请求，中国政府派出第一支医疗队共 13 人前往阿尔及利亚进行无偿医疗救助，并且制定了中国向发展中国家无偿提供卫生援助的长期战略。由于中国经济实力有限，对于全球健康治理的参与方式主要是向受援国派出医疗队，为受援国提供药品和医疗器械以及帮助非洲国家进行基础医疗设施建设。即使在 1966 年到 1976 年“文化大革命”的十年，中国依然努力维持对外无偿医疗援助模式。如 1969 年，中国无偿援助 80 万人民币，为桑给巴尔人民建立了阿卜杜拉姆齐医院，并为当地培训医疗人员。从 1949 年新中国成立到恢复联合国席位之前，由于意识形态的对立，中国被以美国为首的西方集团长期孤立于国际组织之外，很难与国际组织合作参与全球治理。

2. 中国恢复联合国席位到21世纪末：被动到主动

1971 年，中国重返联合国，开启了参与国际事务的新篇章。1972 年 5 月，世界卫生组织（WHO）恢复了中国的合法席位，中国逐步参与国际合作，但由于国内因素，总体上参与有限。如中国在 1972 年加入 WHO 的最初 5 年，主要出席其行政例会，却没有实质性合作。

1978 年 10 月，中国与世界卫生组织（WHO）签署了《卫生技术合作谅解备忘录》，逐渐形成技术合作、项目合作、协调会议等多种合作方式。中国以联合国为平台和中介，加入更多的世界组织参与全球治理，完成了从被动接受援助到主动参与援助的角色转化。这种角色的变化，主要是国内外政治经济环境变化所致。在国内，随着中国改革开放政策的实施，中国经济和社会发生了翻天覆地的变化，医疗制度不断完善，医疗技术不断提高，为中国参与全球健康治理奠定了坚实的基础。在国际上，随着中美建交、苏联解体、冷战结束等国际环境的变化，中国不断调整外交政策，与更多的国家建立了正常的外交关系，加入了更多的国际组织。良好的内外部环境，使得中国能够更多、更主动地参与到全球健康治理中来。

3. 从21世纪初至今：单一到多元

以 2001 年成功加入世贸组织（WTO）为标志，中国参加了全球所有重要的国际组织，与世界各国和相关的国际组织建立了多渠道、多层次、多领域的联系，积极开展单边、双边以及多边的区域合作和国际合作，中国开始全方位参与全球健康治理。如，2003 年，中国提出的“加强全球公共卫生能力建设”的倡议获得联合国大会的通过，体现了中国在战略和决策层面的积极参与。中国承担联合国及世卫组织会费的比重也发生很大的变化。2019 年中国在联合国的会费分摊比例由之前的 7.92% 升至 12.01%，首次成为联合国会费第二大出资国。

随着中国不断深入参与全球健康治理，方式由传统的卫生援助转变为多元的、立体化的参与。21 世纪以来，受援国家的健康需求发生了较大的变化，中国政府根据国际形势和不同国家的健康需求不断改变援助内容和方式，采取多种形式参与到全球健康治理中来。例如，2014 年中国积极响应国际卫生应急行动，在援非抗击埃博拉疫情中，做出了重要贡献；中国在爱国卫生运动、疾病预防控制、全民健康覆盖、妇幼健康服务等方面取得了显著成效，为世界提供了经验；中国与世界卫生组织共同举办第九届全球健康促进大会、开展“一带一路”卫生领域合作，建立了多个合作机制推进与有关国家的整体合作；作为负责任的发展中国家，中国努力承担应尽的国际责任和义务，积极打造“健康丝绸之路”，倡导和促进全球卫生合作，为谋求全人类健康福祉、构建人类命运共同体做出积极贡献。

（三）中国参与全球健康治理的方式

中国参与全球健康治理的方式有很多，主要包含对外卫生发展援助、与国际组织合作、参与全球健康规则体系建设、推动健康社会运动、创建全球合作伙伴关系等方面。

1. 对外卫生发展援助

对外卫生发展援助是当前中国参与国际健康治理的重要手段。1963 年，中国确立了向发展中国家无偿提供卫生发展援助的长期战略，并派遣了第一支援外医疗队赴阿尔及利亚。除派遣医疗队外，中国的对外卫生发展援助还包括援建医疗设施，如医院、疟疾防治中心、医疗卫生中心、卫生培训和研究中心、中医中心、制药厂等；捐赠药品和医疗设备等一般物资；卫生人力资源开发合作，如接受发展中国家人员来华正规学习或进行短期研修，在受援国当地开展医疗队现场带教或进行卫生医疗专题培训等。

近年来，中国对外卫生发展援助由传统的医疗援助扩展到突发公共卫生事件的紧急救援和公共卫生援助。2004 年中国正式建立人道主义紧急救灾援助应急机制，并在 2004 年印度洋海啸中展开了对外援助历史上规模最大的紧急救援行动。2013 年菲律宾遭遇“海燕”台风袭击，中国首次派出国家应急医疗队与和平方舟号医院船前往灾区开展救援。2014 ~ 2015 年中国对西非国家埃博拉出血热的援助是新中国成立以来规模最大、持续时间最长的医疗卫生援外行动①。针对东南亚禽流感疫情、几内亚比绍的霍乱疫情、厄瓜多尔登革热疫情、墨西哥甲型 H1N1 流感，以及 2016 年安哥拉黄热病、2017 年圭亚那寨卡和马达加斯加鼠疫等，中国都提供了紧急人道主义援助。2017 年 1 月，中华人民共和国政府和世界卫生组织签署了《关于“一带一路”卫生领域合作的谅解备忘录》，旨在与“一带一路”国家加强卫生应急、传染病防治、传统医学等领域的合作，体现了大国担当②，形成了政府主导、上下联动、多方参与的工作格局，服务六大经济走廊，完善与周边和沿线支点国家的合作③。

---

① http：//www. nhc. gov. cn/wjw/tia/201901/52d3c56f472b48d3adf94d2365723d98. shtml.

② http：//www. nhc. gov. cn/gjhzs/s7952/201701/afac9b9193644ab2989a203c3ecc52d1. shtml.

③ http：//www. nhc. gov. cn/gjhzs/s3582/201705/862119c3357442a9ae66ce998da292da. shtml.

2. 与国际组织合作

与国际组织合作是中国参与全球健康治理的重要路径。北京大学教授王逸舟将中国与国际组织的关系总结为“从拒绝到承认、从扮演一般性角色到争取重要位置、从比较注重国内需求到更加兼顾国际形象”①。以 2001 年加入世贸组织（WTO）为标志，中国参加了全球所有重要的国际组织，与世界各国和相关的国际组织建立了合作关系。除世界卫生组织外，中国还与联合国其他组织，包括世界银行、联合国儿童基金会、联合国人口基金会和联合国艾滋病规划署等，以及联合国体系之外的国际组织如红十字国际委员会、欧洲联盟、全球疫苗免疫联盟、全球基金、比尔与梅琳达·盖茨基金等建立合作关系。合作领域涉及疾病控制、公共卫生政策、卫生改革等，合作方式也从原先的项目、会议等上升到国家战略合作层面。中国参与全球健康治理的范畴不仅限于卫生医疗，在全球健康治理方面的国际合作扩展到联合国大会、联合国经社理事会、WTO、全球抗击艾滋病、GAVI，亚太经合组织、二十国集团和“金砖”国家峰会等组织和机制。

3. 参与全球健康规则体系建设

中国积极参与全球健康规则体系建设，较早签署批准《世界卫生组织组织法》，加入《麻醉药品单一公约》《精神药物公约》，参与制定《阿拉木图宣言》等一系列国际条约和宣言，积极响应《儿童生存、保护和发展世界宣言》。2016 年，在第 69 届世界卫生大会上，中国提出并推动通过“促进创新和获取安全有效可负担的优质儿童药品”决议，得到各方积极回应。加强同世卫组织总部、西太区和驻华代表处三个层级的政策和技术交流，总结提炼中国在上述重点领域的卫生事业发展成功经验，充分利用世卫组织在政策、技术上的优势和国际平台，向“一带一路”国家和国际社会推广。

4. 推动和发展与健康相关的社会运动

中国积极推动与发展健康相关的社会运动，如在国内实施脱贫攻坚、

① 王逸舟：《中国与国际组织关系研究的若干问题》，《社会科学论坛》2002 年第 8 期。

人居环境提升等行动，其中脱贫攻坚行动对全球减贫事业及健康事业贡献巨大，形成了可供借鉴的中国经验。研究表明，贫困与不良的健康状况存在一定的联系，两者之间相互作用，并且很容易陷入“生病－医疗支出增加－收入减少－生活困难－贫困－生活支出减少－营养不良－生病”的恶性循环。消除贫困是全世界的首要目标之一，也是全球健康治理的重要内容。中国自开展脱贫攻坚行动以来，减贫效果明显。根据中国国家统计局的数据，到2018年底，中国已累计减贫8239万人，年均减贫超过1300万人，全国贫困发生率从10.2%下降到1.7%。在推进国内脱贫攻坚的同时，中国在国际层面积极开展健康领域的全球减贫合作，包括援建卫生基础设施、派遣员外医疗队、捐赠医疗设备和药品、帮助受援国开发健康人力资源等。世界卫生组织总干事陈冯富珍表示，中国为全球减贫和卫生事业做出了突出贡献。

5. 发展全球健康合作伙伴关系

发展多元的全球健康合作伙伴关系，一直是中国参与全球健康治理的努力方向。自2000年开始，全球健康治理进入“伙伴关系时代”。中国积极开展卫生外交，在参与全球健康治理的过程中形成健康合作伙伴关系，合作开展集体行动，如开发技术、宣传倡导、建构网络、实施行动等。中国的卫生外交是参与全球健康治理的一部分，将全球治理、国家政策和谈判融合到一起，在艾滋病、结核病、疫苗等领域取得了显著的成果。

（四）中国参与全球健康治理的实践特征、问题挑战与未来展望

随着中国国力的增强、融入全球化脚步的加快，中国与全球健康治理之间关系日益密切，正在为全世界贡献中国智慧和中国经验。中国日益提高的综合国力为参与全球健康治理提供了物质基础，独特的政治理念和实践经验推动着全球健康治理不断向多元化发展。

1. 中国参与全球健康治理的实践特征

中国与世界的关系日益密切，中国参与全球健康治理能力逐渐增强，参与策略和方式带有浓厚的中国特征。

（1）政府为主体的参与体系

虽然中国参与全球健康治理的主体不断增多，但依然是以政府为主、为核心。自新中国成立至改革开放，中国政府通过对外医疗援助来参与全球健康事务；改革开放之初，中国通过积极的政策使自己融入全球化进程；世纪之交，中国政府加大与外国政府、政府间的国际组织、非政府间的国际组织等在健康领域开展合作。与之相对的是，中国的非政府行为体，例如公司、个人等参与全球健康治理的力度较弱，尽管近几年中国国内的健康社会力量不断发展壮大，但是与政府参与全球健康治理的力度相较远远不足。比如，埃博拉爆发后，联合国召开了有史以来第一次卫生紧急会议 UN Mission for Ebola Emergency Response（UNMEER），号召疫情国家、联合国驻地协调员和联合国各国家团队的支持。尽管中国提供了大量资金、专家队伍和基础设施等援助西非疫情，但公益机构中只有中国扶贫基金会一家发起援助，且仅以网络捐款的形式联手联合国世界粮食计划署和腾讯公司一同进行捐款。发展非政府主体的力量，增强非政府主体参与全球健康治理的能力，对于中国参与全球健康治理意义重大。

（2）独特的国内层次全球健康治理

全球健康治理强调全球层次和跨国层次的机制、活动和关系。多年来，中国根据自己的经济实力、政治传统、文化特点，把全球健康治理的一部分内容内化到国家层面，形成了独特的国内层次的全球健康治理。这种国内层次的全球治理有两个层面的含义，第一个层面是将治理中国国内的全球健康问题视为参与全球健康治理的一部分，如中国把在国内开展的减贫行动视为全球减贫的重要组成部分；第二个层面是指国家、政府间组织和全球公民社会三大主体在一国之内开展对话与合作，与经典的全球健康治理的主要区别在于聚焦一国之内而不是全球层面。在中国参与的全球健康治理行动中，大多数行动主要是治理某一国内的全球健康问题，但意义是全球性的。如中国和英国两国政府开展的“中英性病、艾滋病防治合作项目”，该项目是在中英两国内部开展的健康治理行动，但是意义却是全球性质的。最近几年，中国在立足国内层次的全球健康治理的基础上，开始加大参加全球层次的健康治理活动，如在减贫领域提出要“积极参与国际减贫视野，共享先进减贫理念和经验，深化扶贫开发的交流与合作”①。

（3）偏重于医疗援助的多领域参与

中国参与全球健康治理内容不断丰富，范围不断扩大，近年来参与全球减贫行动、传染病治理等，但是与此同时中国对全球健康治理的参与内容依然比较偏重于医疗援助。从新中国成立到改革开放初期，中国囿于经济实力，对全球健康事务的参与主要是以对外医疗援助的方式进行，并且集中于对受援国派遣医疗队与医疗物资。但是随着中国经济的发展、世界格局的变化，中国正在以更加积极、更加主动的姿态为全球提供更加切实的、丰富的医疗援助，在不断增加派出医疗队的同时，根据受援国的需求不断丰富内容，例如帮助建设医院、卫生中心、协助医疗人力资源开发等。此外，还有紧急人道主义援助、人口和生殖健康援助等。可以说，中国正在形成偏重对外医疗援助的多领域参与的全球健康治理体系。

2. 中国参与全球健康治理的问题挑战

中国参与全球健康治理不仅推动了自身的发展，也深刻影响着全球健康治理本身。虽然中国正在努力深入参与全球健康治理活动，但是这些活动依然存在诸多不完备之处。

（1）非国家行为体“缺席”

全球治理不是单一层次的，而是多层次的。② 随着全球化进程和全球健康问题的深度发展，全球健康治理任务日趋艰巨复杂，仅仅以国家行为体参与全球治理的模式已经不能够再继续满足全球健康治理任务的需求。非国家行为体在全球健康治理中的作用日益凸显，各种非国家行为体在全球健康治理中的实际贡献无法忽视。中国一直以来倚重国家行为体参与全球健康事务，局限了中国实现全球治理的宽度、广度和深度，也阻碍了中国参与全球

---

① 中华人民共和国国务院新闻办公室：《中国农村扶贫开发的新进展》，《人民日报》2011 年 11 月 17 日第 23 版。

② D. Held, *Democracy and the Global Order: From the ModernState to Cosmopolitan Governance*, Cambridge: Polity Press, 1995.

治理目标的实现。非国家行为体是对国家行为体能力的补充和拓展，其组织灵活性更高，管理成本更低，开展活动的方式更丰富。从目前来看，中国国内的非国家行为体主要包括跨国公司、研究机构、民间组织等，但是这些组织在参与全球健康治理中发挥的作用并不大。

（2）顶层设计话语权“缺位”

总的来看，目前中国参与全球健康治理的能力依然依托于国家能力。就目前而言，中国影响全球健康治理主题与走向的能力不强，依然是全球健康治理的“被动参与者”，在顶层设计上话语权“缺位”。尽管我们已经摆脱了新中国成立初期“刺激－反应”式的参与逻辑，但是在全球健康治理领域，中国依然扮演配角的角色，在认知、理念、对策、行动上都表现得较为被动，与新兴大国地位不相匹配。另外，中国依然面临着治理能力、治理手段、治理策略等各方面的挑战，尤其最近几年的“中国威胁论”等不利于中国的国际环境，正在考验着中国参与全球健康治理的智慧。例如，在国际上有一种观点认为，中国的对非援助是在推行“中国模式”，是对非洲新的殖民主义。这些挑战，使得中国不得不重新思考参与全球健康治理的方式、方法和策略。

（3）全球健康治理效果反馈机制“缺失”

中国参与全球健康治理是历史发展的必然，但仍需要考虑如何真正有效参与以及效果评估问题。中国派遣了大量的医疗人员、资助了大量的医疗设备，培训了当地医疗卫生人员，建立了医院和医疗中心，但是这些健康援助的效果如何，似乎并没有得到充分的反馈。例如，非洲地区一直是中国健康援助的重点地区，从1963年开始中国就开始向非洲派遣大批医疗队，资助大量资金援建医疗基础设施，但是截至目前，中国并没有收到来自受援国的效果反馈。直到现在，全世界并没有建立起一个良好的反馈机制来评估健康治理的效果。此外，有些怀疑的声音不断出现，质疑对外援助是否真的有效。例如，赞比亚学者莫约认为，对非洲的援助不仅没有帮助非洲发展起来，反而造成了非洲国家不堪重负的债务等一系列问题。这些声音的出现，是全球健康治理效果评估体制“缺失”导致的，这个问题也值得中国思考。

（4）发展健康治理合作伙伴能力“缺乏”

当今人类正处于一个“全球风险社会”① 之中，不仅要面对全球经济、经融、技术风险，而且要面对和处理全球健康风险。过去的十年，是全球健康治理结构被打破，新的治理结构被重建的十年。全球健康治理仅仅凭借政府的参与是不够的，仅仅凭借一国的力量也是不够的，需要全球的合作。全球健康治理合作伙伴有两个层面的含义，第一个层面是指全球健康治理不断涌现出一批新成员，如私人基金、非政府组织、跨国公司甚至具有全球影响力的个人等；第二个层面是全球每一个国家或地区都是中国潜在的健康治理合作伙伴。中国有强烈参与全球健康治理的愿望，但是在全面发展健康治理合作伙伴能力上是缺乏的。一方面，中国参与全球健康治理主要是以政府为主体和主导，非政府组织、民间力量等非国家行为体参与度极小。中国处于“强国家”“弱社会”的发展阶段，对于这些“新型合作伙伴”的整合应用能力较弱，与全球健康治理的多元化趋势相背离；另一方面，中国开展多元卫生外交、建立多元健康合作伙伴的能力较弱，与各个国家之间的健康治理合作还需进一步增强。

3. 中国参与全球健康治理的未来展望

全球有将近 1/5 的人口生活在中国，中国参与全球健康治理意义重大。随着全球化程度加深，全球健康问题“内渗”到中国，中国的健康问题“外溢”到全球，中国参与全球健康治理是“双赢”的选择。在将来，拥有全球治理话语权至关重要，中国加强对全球健康治理的重视成为必然趋势。

（1）立足自身发展，分享中国经验

中国拥有全球 1/5 的人口，处理好国内健康问题即是对全球健康治理的巨大贡献。目前中国正在进行的脱贫攻坚行动、人居环境提升行动、医疗体制改革等都与国内的健康治理密切相关，并且中国减贫行动成效巨大，得到世界卫生组织的认可，形成了可复制的中国经验。未来，中国仍然会在坚持“以为我主”的理念基础上参与全球健康治理活动，将国内的健康治理与全

① 〔德〕乌尔里希·贝克著《风险社会》，何博闻译，译林出版社，2004。

球健康治理相结合，为全球人口健康提供中国智慧。

（2）制定健康策略，顺应全球大势

“以我为主”并不是说自己单打独斗、特立独行，而是要顺应全球健康治理大趋势。深刻并且长远地参与全球健康治理势在必行，中国应根据国情和世情，制定合理的、可操作性的、长远的全球健康治理战略，整合资源，指导参与全球健康治理行动。中国要不断创新参与方式，以全新的视角参加全球健康事务，建立相关学科和研究机构，培养能够推动中国参与全球健康治理的人才，不断增强中国参与全球治理的主动权。

（3）参与规则制定，承担大国责任

全球健康治理理论与实践体系正在形成，未来的几年是中国参与全球健康治理的重要机遇期。“谁制定规则，谁就掌握主动权”，想要深入参与全球治理，就要积极利用国际平台、新型健康合作伙伴关系等有利因素，发挥主动性，积极参与更高层面的全球健康治理规则制定，发挥好中国作用。随着中国成为全球第二大经济体，国际社会对中国的期望不断提高，中国也已经意识到自己在全球治理中所需要承担的责任。目前，中国正在努力承担起大国责任，“健康中国”战略、健康中国 2030 目标的提出，既是对履行国际责任的回应，也是树立负责任大国形象的开始。

B.5 形象与公信力建设之中医药走出去

岑 珏 顾卓敏 朱建辉*

摘 要： 本报告梳理了中医药“走出去”的政策背景、发展现状以及预期展望。从整体上看，中医药发展成为国家战略，中医药进入全面发展新时代。同时随着“一带一路”建设的推进，中医药也在全世界实现更大范围、更高水平、更深层次的大开放、大交流、大融合。但仍存在一些问题：中医药标准化研究、创新发展、产业化等方面仍需加以关注。只有主动争取机会，把中医向外开拓，才能发现自身的不足，同时也要将自身的优势传播开去，更好地塑造自己的形象。让中医药在国际舞台上的角色变得愈发重要和多姿多彩。

关键词： 中医药 “一带一路” 国际化

一 中医药“走出去”的政策背景

中医药是中华文明的瑰宝，也是世界了解中国的一扇窗口。中医药对外交流的历史源远流长，鉴真东渡、玄奘西行、丝绸之路、郑和下西洋等，中国人每次走出去，中医药知识和典籍总是如影随形。

---

* 岑珏，上海市第六人民医院党委副书记，医学硕士，助理研究员，主要研究方向为医院战略规划、绩效考核、医院文化、健康传播的研究和管理；顾卓敏，上海市第六人民医院，宣传文明处副科长，初级职称，研究方向为医院管理、新闻传播；朱建辉，上海市第六人民医院，宣传文明处科员，初级职称，研究方向为医院管理、中医学。

早在20世纪70年代，尼克松访华，打开中美建交大门，如同“乒乓外交”、“熊猫外交”一样，中医的针灸技术也被作为一种外交手段传到美国，盛极一时的“针灸热”从某种程度上就好似中医药“走出去”的“初体验”。

（一）为什么中医药要“走出去”？

不同的国家有不同的传统医药：中国有中医药，印度有阿育吠陀，南非有优那尼……传统医药有着悠久的历史，也是国家文化的重要组成部分。

中医药是古代丝绸之路上重要的中国元素，我们向世界输出了针灸、中医、中药等，从其他国家带回来了南药、阿拉伯医学等。如今，中医药“走出去”更是中国全球化趋势下的顺势而为。自“一带一路”发展倡议提出以来，作为人文交流的重要组成部分，中医药日益得到了“一带一路”沿线国家和民众的认可。

此外，疾病谱的改变也在倒逼中医药加快“走出去”。当下，心血管疾病、肿瘤、糖尿病等慢性疾病成为各国沉重的医疗负担。这些疾病的共同特点是难以治愈，需要长期用药、终身治疗。中医药学已形成了从养生、治未病、早期干预，到辨证论治、扶正祛邪等整体的理论体系和丰富的防病治病方法和技术。在防止慢病井喷，延缓慢病发展，提高病人生活质量等全生命周期内，中医药将大有作为。

（二）凭什么中医药能“走出去”？

中医药学是中华传统文化中的一颗璀璨明珠，是中国卫生事业至关重要的组成部分和世界医学的瑰宝。党的十八大以来，习近平总书记多次对中医药发展做出重要指示。国务院《中医药发展战略规划纲要（2016～2030年）》《中华人民共和国中医药法》相继颁布实施，标志着中医药发展成为国家战略，中医药进入全面发展新时代。2017年，党的十九大报告提出，“坚持中西医并重，传承发展中医药事业”，这既符合民意，也符合国情。

我国已基本建立起覆盖城乡的中医医疗服务体系，截至2016年底，全国有中医卫生机构49527个，中医药从业人员总数超60万人。同时，中医药产业快速发展，当前国产中药民族药批准文号约有6万个；全国生产中成药的制药企业中有2088家通过药品生产质量管理规范（GMP）认证，中药已从传统剂型如散、丸、丹、膏等，发展到现在的片剂、滴丸、胶囊、膜剂等40多种剂型。在2016年，近1/3的全国医药工业主营业务收入由中药工业规模以上企业创造，金额超过8600亿元。

（三）如何让中医药“走得稳”？

“中国的老百姓不能享受很好的中医药服务，就无法让中医药真正地走出去。”——国家中医药管理局局长王国强对于中医药“走出去”有着如上定位。

中医药的源头活水在基层、工作重点在基层、短板弱项也在基层，所以党的十八大以来，各方面、各部委通过落实习近平总书记关于中医药的重要指示，不断推动实施基层中医药服务能力提升工程。在弘扬“预防为主、养生保健”中医文化的同时，总结中医药的理论、方法和技术，从而更多地惠及人民群众的健康与生活。

我国基层医疗卫生机构的中医药服务能力已经得到很大提升。目前，90%以上的社区卫生服务中心、乡镇卫生院、80%以上的社区服务站、60%以上的村卫生室能够提供中医药服务。在此基础上，一方面要继续扩大中医药的覆盖面，把有没有继续做好；在好不好方面，首先要加强基层中医人员的培训，鼓励西医学习中医，另外实施百千万人才工程，要培养1万名以上的基层中医药骨干。同时，还要加强医联体，把城市里的优质医疗资源下沉到基层，认真落实中医药法和国务院关于中医药发展的战略规划纲要。

中医药文化“走出去”，不能仅依靠理念的介绍，更应该创造机会，让各国民众接触中医药，亲身感受中医药的效果。为此，国家中医药管理局、国家发展和改革委员会联合印发《中医药“一带一路”发展规划（2016～2020年）》，目的是加强与“一带一路”沿线国家的交流与合作，开创中医药全方位对外开放的新格局。规划要求，到2020年，与沿线国家合作建设

30 个中医药海外中心，注册 100 种中药产品，颁布 20 项中医药国际标准，建设 50 家中医药对外交流合作示范基地，中医药“一带一路”全方位合作的新格局基本形成。“一带一路”沿线国家民众认可中医药的医疗与养生保健价值，承认中医药的法律地位。中医药的发展与沿线国家合作呈现更高水平、更深层次的发展趋势，深度融合。

二　中医药“走出去”的现状与途径

中医药学是中华民族集体智慧的医学结晶，是中华文明伟大成就的杰出代表，为中华民族的繁荣昌盛做出了重要贡献。近年来，中医热不断掀起新风潮，不仅在中国国内备受推崇，也越来越受到国际社会的关注和认可。相比于传统的“买卖”贸易，现在中医药“走出去”的路径更加多样化。

（一）教育先行，攻“心”为上

1. 中医教育“走出去”

近年来，随着世界范围“回归自然”的热潮及医学模式的转变，传统医学受到高度重视。中医药学因其厚重的历史底蕴、独特的治疗优势而受到国际医学界的关注，中医药国际教育面临前所未有的机遇。

1956 年，中医药教育开启了国际化之路，其间经历了艰难的起步过程，而后再到发展的迷茫期。据统计，全球目前共有 45 个国家和地区在中医药教育方面与中国展开良好的合作，中医药教育机构也因此广泛分布于世界各地，目前已达到 600 余所，其中很大一部分遍布于“一带一路”沿线的国家和地区。

海外中医人不仅担负起在海外传承中医的责任，也培养出一大批所在国的“洋中医”。据不完全统计，仅在欧洲就有 10 万余名中医药人员受过培训。1 万多所中医药诊疗机构，500 多家中药产品进口批发商，300 多所中医教学机构，每年向各国输送的中医药人员数量达到 5000 多名。

各类中医社团也如雨后春笋，蓬勃发展。“全欧洲中医药学会联合会”、“欧洲中药商会”和“全欧洲中医药高等教育学院联合会”等专业组织，成为争取中医药立法道路上的有力支持。

在我国，不仅有设置中医相关专业的综合院校，还有中医药大学24所，是传播中医药文化、学习中医药相关专业知识的最权威基地。中医院校的教师、中医医史文献的工作者、中医文物的收藏者、中医药的大学生（包括国外留学生）都是中医药文化的主要传播者。教师在教学活动中传授中医知识、理论及思维方式等，培养专业化的、未来临床及非临床的中医工作者，而这些未来的国内外中医药工作者在治病救人、进行医疗和科研工作的同时，也将中医药文化传递给了患者。

中医起源于中国哲学，强调整体观，主张天人合一，在中医药“走出去”的过程中我们始终坚持继承并传播着这套辩证思维。目前西医有很多困扰，例如对免疫性、代谢类疾病这种综合性疾病疗效不突出，但中医有很多经验，且药物副作用小，符合人们追求自然的理念。

2. 升级合作请进来

据不完全统计，已有120多个国家、地区设立了中医药机构，全球有1/3的人群采用针灸、推拿、气功、中药治疗。到我国学习自然学科的外国留学生中，学习中医药的人数居第1位。北京中医药大学的国际学院是中国最早接收留学生的高等中医院校，1957年就成立了留学生办公室专门开展对外教育，目前其招收的留学生来自全球80个国家和地区。同样，在上海中医药大学国际教育学院，除招收长期留学生外，每年还接待来自全球几十个国家近千名短期留学生。

在这一来一往间，中医药学在海外发展逐步提升，从简单的教育输出逐步转变为与国际高水平大学的学科专业进行交流合作、优势互补，形成长效、稳定的合作机制。上海中医药大学以中医药传统领域的优势为纽带，通过寻求国际专业“领跑者”，进一步带动和提升中医药核心学科，尤其是健康服务新兴学科建设，弥补学科发展短板，推动国内相关学科的发展。如，在中药学领域，与世界一流的不列颠哥伦比亚大学、巴黎第五大学（巴黎笛卡尔大学）开展中药学—药学层次研究生交流培养项目；在医学人文领域，与美国匹兹堡大学合作建立首个中医医学伦理学联合研究中心，与加拿大渥太华大学、里昂第一大学、上海交通大学医学院合作开展人文医学教育与研究合作项目；在研究型医院领域，曙光医院与400年历史的巴黎PitieSalpetriere医院合作开展营养和代谢病临床科研与人员培养等；在康复医学领域，与美国杜肯大学、克瑞顿大学，日本大阪滋庆学园合作开展康复学研究生培养项目；在护理学领域，与英国诺森比亚大学开展中西医结合护理学高层次专业人才培养项目；在公共健康领域，与新西兰奥克兰大学、日本中村学园合作开展营养学本科专业建设。

（二）文化传导，公“信”为重

中医药蕴含着丰富的中华传统文化内涵，中医药文化的价值不亚于中医药本身。中医药文化走出去，面对文化的碰撞，我们的理念是：注重文化分享，而非文化输出；注重互学精华，而非一决高下；注重润物无声，而非夸夸其谈，鼓噪喧哗；注重形成产业合力，而非中医单打独斗。中医药文化“走出去”，不能只附着于中医药本身，更要借助多元化的力量。

1. 经典书籍的国际传播

中医翻译是世界上难度最大的翻译领域，因为中医根植于中国传统文化，所以在西方各国语言中一般都缺乏中医相关词汇的对应语。20世纪70年代以来，海内外学者开始研究中医英语的翻译问题，特别是对名词、术语的翻译总结，许多建设性的意见被提出，区域性的标准方案应运而生。可是中西方在医学原理、文化、语言等方面存在较大差异，标准化的研究因此变得举步维艰。

1985年，罗希文翻译的《伤寒论》（全英译本，50万字）正式出版，这是全世界第一部中医典籍的全英文译著。著名的英国科学技术史专家李约瑟为《伤寒论》（全英译本）撰写前言，说：“我认为，在此之前，还没有一部以任何欧洲语言译出的在中国医学史上占有重要地位的经典著作的译本。毫无疑问，这部著作的问世，将对那些对中国文化史中国医学部分有兴趣的全世界的学者提供极大的帮助”。在这部著作中，罗希文进行了十分有价值的工作，有助于全世界的学者理解中国医学史，这部著作将使张仲景和他的《伤寒论》“重新活在世界的历史学家的心中”。1990 年，中医典籍译著《金匮要略》（全英译本）出版；2003 年，600 万言、共 6 卷的《本草纲目》（全英译本）全部出版，成为我国学者英译中医典籍的一个里程碑式作品；《黄帝内经·素问》的三卷译本 2005 年出版，《黄帝内经·灵枢》的三卷译本（包括《难经》）于 2008 年出版；2017 年国内第一部完整的英译本《黄帝内经》《难经》和《神农本草经》出版。随着这些由中国人自己完成的中医典籍英译本的相继出版，中外学术文化交流的新领域被开拓，为推动中医走向世界做出了重要贡献；也打破了长期以来被西方汉学界所垄断的汉文经典的英译工作的局面，促进了我国中医典籍的翻译与研究工作的发展，使中国中医理论经典英译的学术传播工作走在前列。

中医经典古籍不断被翻译并在海外出版传播，让全世界逐步理解、掌握中医药学，并且能够让全世界科学家坐在一起，将东西方医学统筹起来研究人类健康的大问题。那么，世界新医学的诞生将包括中国人的智慧。

2. 影视作品的外交力量

2016 年，《本草中国》由上海纪实频道制作播出，这是国内第一部由国家卫生计生委宣传司支持、国家中医药管理局办公室指导、中国人口文化促进会监制的关于中医药文化的纪录片。该片以“本草”为切入口，纪录中医药传承人的故事，深度揭秘中医药的奥秘、精髓和悠久文化。同时，该作品也是中国首部反映中医药文化的系列纪录片，在世界范围内为中医药文化“正本清源”，成为中医药“走出去”的靓丽名片。卫视首播的收视率为 0. 83，35 个城市的平均收视率为 0. 72，打造纪录片 IP。

在《本草中国》中，从南到北、自西向东，从广东化橘红到东北野山参，从西藏红景天到崇明西红花，从新疆红花到内蒙古甘草，摄制组在本草的引领下，探寻隐没于山林、高原、戈壁、沙漠等不同地域的中药人与本草的动人故事。《本草中国》纪录片内容覆盖中国 30 多个省市、地区，寻访、记录近 50 味药材和中药人的故事，从内容到表现形式上都体现出真诚的情感，关注中药、文化，也关注自然、生命。

《人民日报》评论，“《本草中国》浓缩了数千载的国人智慧与自然生息，汲取跨越时空、超越国界的中医文化精髓，以传承和弘扬中医文化作为责任和担当，关注中医药行业传承人的生存状态和乡土情怀，推动中药文明的创造性转化和创新性发展，实现为中华医药文化树碑立传的复兴之义，履行为中医药文化‘正本清源’的崇高使命。”《光明日报》评论，“通过介绍相关中医应用表现中草药背后的中式审美与神韵，令观众充分感受和认识中国传统医药文化的独特魅力，有利于弘扬优秀中华传统文化，具有很强的艺术感染力和外宣价值。”

中医是中国传统文化至关重要的一部分，是中国传统文化中人文精神的生动体现和具体实践。传统文化的道理很抽象，不容易体会，但通过影视作品的客观记录和生动演绎让中医药的价值得以显示，使人们真正体会到中国文化的博大精深。在这点上，韩国政府一以贯之地通过多元产业推广本国文化的态度和做法，值得我们进行思考和整合。例如：韩剧《大长今》将韩国传统美食、服饰和医学完美融合，既有经济效益，更是文化软实力的体现。从这个层面上说，以《本草中国》为代表的影视作品无疑为“中药外交”走出了坚实的一步，通过中医药学传统文化特色展示与中医药国际化并举，为中医药的发展开创了更广阔的天地。

（三）技术立身，创“新”为上

随着时代的发展，传统中医药的中医诊疗、药品生产、体系管理等都在发生着深刻变化。事实上，中医药学从来都不是封闭的，而是与时俱进、不断发展的，吸收不同时代的新认识和技术方法为我所用，中医原创思维和经验结合现代科技就会产生原创性的成果，青蒿素的研发成功就是遵循了这条路径。

1. 不断创新加快中药开发

2016 年底，国产品牌复方丹参滴丸完成美国 FDA 三期临床试验，是全球首个完成三期的复方中药，被评为中医药国际化里程碑事件。从 1996 被选为第一例复方中成药申报美国 FDA 到完成美国 FDA 三期，这个过程，整整花了20年。

同年，美国弗吉尼亚州启动了我国抗流感、治感冒药物连花清瘟胶囊在美国II期的临床研究。这是全球第一个进入FDA临床研究的大复方中药，也是我国第一个进入美国食品药品监督管理局（FDA）临床研究的治疗流行性感冒的中药。

中医药已传播到183个国家和地区。中医药传播愈加广泛，全球业内专家十分关注如何有效、规范、科学地使用中医药的问题。我国正在通过加强与世界卫生组织、国际标准化组织、联合国教科文组织等多边组织合作，稳步提升中医药的国际地位。据世界卫生组织统计，目前有103个会员国对针灸的使用表示认可，其中18个将针灸纳入医疗保险体系，29个设立了传统医学的法律法规。中药逐步迈进国际医药体系，已在阿联酋、俄罗斯、古巴、新加坡、越南等国以药品形式进行注册。此外，中医药已经被纳入我国与14个国家和地区的自由贸易区谈判中，降低中医药市场准入，减少贸易壁垒。

中国中医科学院屠呦呦研究员获得2015年诺贝尔生理学或医学奖，这是中国医学界迄今为止获得的最高奖项，也是中医药成果获得的最高奖项。获颁这个奖项，是因为她“发现了青蒿素，能极大地降低疟疾患者的死亡率，为人类提供了强有力的新武器，以对抗每年困扰着亿万人的疾病。这在提升人类健康和减轻患者痛苦方面的作用是不可估量的”。而在提取青蒿素的过程中，正是受到东晋（公元3~4世纪）葛洪《肘后备急方》中关于截疟的记载——“青蒿一握，以水二升渍，绞取汁，尽服之”——的启发，屠呦呦由此提出在提取青蒿素时应避免高温，改用低沸点溶剂，从而改良了青蒿素提取过程。正如屠呦呦在演讲中所说的那样，青蒿素是传统中医给世界的一份礼物，必须“呼吁更多的人去领略中国文化的魅力，发现蕴涵于传统中医药中的宝藏”。

2. 坚持原创振兴中医技术

20世纪70年代，美国著名记者詹姆斯·罗斯顿在中国针刺麻醉，引发了美国的针灸热。中医针灸从此走出国门，在2010年成功入选联合国教科文组织的“人类非物质文化遗产代表作名录”。

作为中医药的重要组成部分，具有2000多年历史的针灸是我国最有望取得原创突破的学科领域之一并拥有国际话语权。针灸疗法适应证广泛、有显著疗效、方便操作、医疗费用经济、毒副作用少，是被世界各国率先接受的传统医学方法。我国为针灸的学术研究和应用设定好目标和发展路径，以针灸为突破口带动中医药“走出去”。

总部设在中国的世界针灸学会联合会有53个国家和地区的194个会员团体；世界中医药学会联合会亦拥有67个国家和地区的257个国际团体会员，146个专业委员会和13个产业发展（合作）委员会。亚洲、南美洲所有国家均已应用针灸，欧洲、非洲针灸应用国家分别占比98%和93%。截至2017年1月底，世界范围内有38万余名针灸工作者，接受过中医药、针灸、推拿或气功治疗的人数已达世界总人口的1/3以上。除中国外，其他国家中医医疗（针灸）机构达10万多家。针灸的中外传承基地共有6家，涵盖美国、加拿大和澳大利亚。针灸已成为世界上应用最为广泛的替代性医学疗法。

2018年10月，美国总统特朗普签署了一项名为H. R. 6的法案，旨在寻找治疗疼痛的替代性药物和疗法，遏制阿片类止痛药物在美国泛滥。该法案将针灸、医疗按摩等都列入待评估的替代性疗法。这意味着，中国针灸将有望得到美国卫生部的认可，成为联邦保险支付的疼痛替代疗法之一。也就是说美国民众如果以后因为病痛，到医院或者诊所用中医针灸的办法止痛，所产生的费用美国医保部门将会给予报销。据美国的媒体报道称，近年来美国止痛类药物已经泛滥，在2017年就有72000名美国人死于服用止痛药过量。这次特朗普政府将中医针灸疗法列入止痛药的替代疗法方案，可见是对中医针灸疗法的认可，这证明中医的疗效终将慢慢地被西方文化承认和接受。

（四）品牌塑造，转“型”升级

中医药是中华文明瑰宝，是五千多年文明的结晶，其独特的养生理念和治病模式已经成为全人类的需要。伴随着“一带一路”成为世界规模最大的一体化项目，中医药品牌也逐渐走向世界。“品牌”既是一个企业的生命、灵魂，也体现出其在行业中的核心竞争力和国际影响力。

1. 地缘属性匠心独具

众所周知，中医药形成于中国劳动人民与自然灾害和疾病的长期斗争中，是经过反复实践、总结而成的一套理论体系和方法，是中华民族的瑰宝。正所谓“药材好，药才好”。中药，来自自然，取自人心，因严苛的选材和繁复的工艺诠释了中国品牌的“匠心”。

看似天然而成、信手拈来，实则，每一粒药丸、每一颗药片都是经过了一道道严格的制剂工艺生产出来的，每一味药材、每一种饮片也都是经过了一连串完整的炮制工序加工而成的。正是恪守了“炮制虽繁必不敢省人工，品味虽贵必不敢减物力”的祖训，同仁堂才成为“天下第一药店”的金字招牌。也正是因为这份“匠心”，上药神象遍寻老胶师复原南派阿胶炮制工艺，将其与现代化技术相结合，使得退市二十余年的南派阿胶重焕光彩。

中医药走出去，不能仅依靠理念的介绍，更应该创造机会，让各国民众接触中医药，亲身感受中医药的效果。菲尔普斯痴迷于拔火罐，是因为这一传统中医技术显著的疗效彻底征服了这位美国游泳健将。除了拔火罐之外，推拿、针灸等中医疗法已经成为全球体育界在运动康复方面的重要手段。虽然中西方文化存在差异，但有目共睹的是中医神奇的疗效。

2. 企业品牌国际形象

中医药企业是中医药文化的传播者和推广者，如何将传统中医药文化发扬光大，让其走得更远更好，就是中医药企业背负的历史使命。商道有云：“五年的企业靠产品，十年的企业靠品牌，百年的企业靠文化”。这一点，验证到中医药企业与品牌，更可谓至理名言。无论是“清代四大名店”（广誉远、同仁堂、胡庆余堂、陈李济），还是如今国家商务部评定的中华老字号企业，对于技术的传承，对于产品的研发，对于疗效的探索，一批民族企业都在奔跑着前进。

如何让民族品牌走向世界，这不仅仅是企业思考的问题，更是中国政府努力的方向。天士力整整花了20年“走出去”，但幸运的是，他不是一个人在战斗。我国正在通过加强与世界卫生组织、国际标准化组织、联合国教科文组织等多边组织合作，稳步提升中医药的国际地位。以天士力、以岭药业为代表的越来越多的中药企业正在通过西方严格的临床试验证明疗效，并寻求获得海外认证。

然而，我们也必须看到，由于各种原因，不少中医绝技流失国外，成为国际市场治病养生的香饽饽。我国古方“六神丸”被日本拿去研究开发成“救心丹”，风靡全球。在日本，药妆店遍地开花，而其中卖得最火的莫过于汉方药。这一现象提醒我们本土企业，要做精、做细、做好，不仅要做中国老百姓心中信得过的好品牌，总有一天也要让外国游客来购买中国制药。

三　中医药“走出去”的前景与展望

党的十九大报告提出，实施“健康中国”战略，坚持中西医并重，传承发展中医药事业。中医药是我国的传统瑰宝，虽不像传说中的悬丝诊脉、隔空断金那么神奇，但其防病于未然的诊疗手段、化繁为简的诊断方法、适宜的消费价格、用药安全副作用少等特点，正受到国际社会越来越多的关注，并逐渐被全世界所接受。然而，我们也必须清醒地认识到，尽管全球对中医药的需求日益增长，但受制于文化差异等因素，中医药若想真正走出去，并融入国际主流市场并非易事。正所谓“路漫漫其修远兮”，要想让国际社会充分理解并接受中医药，分享中医药这一中华文化的宝贵遗产，是一项长期的工作，任重道远。

（一）从标准化到现代化

当今世界，要掌握一定的技术、经济竞争的主动权，就要先掌握标准的制定权。国际标准化组织（ISO）是世界最大的国际标准制定机构，由其制定的国际标准在世界范围内对经济、贸易、交流合作都产生巨大影响。早在2009年9月，ISO就成立了中医药技术委员会（ISO/TC249），旨在建立中医药标准化新格局。10 年来，随着中医药巨大价值、市场潜力的逐步显现，中医药国际化发展已成趋势、形成规模。目前，已正式发布的中医药国际标准 28 项，正在制定的国际标准 46 项，实现了 ISO 领域中医药国际标准的重大突破。

以《中医药 - 穴位阻抗检测仪》国际标准（ISO 20495：2018 Traditional Chinese Medicine — Skin Electrical Resistance Measurement Devices）为例，该标准于 2015 年提出并立项，在与国际众多对手的激烈竞争中，经过 3 年团队的努力，终于在 2018 年成功发布。至此树立了中国中医在国际经络检测设备中的标准与权威。

2017 年 7 月 18 日，《ISO 18662 - 1：2017 中医药 - 术语 - 第一部分：中药材》国际标准正式出版发布，这是国际标准化组织中医药标准化技术委员会出版的首个术语标准，一举打破了中药材名词术语长期缺乏统一国际标准的僵局。标准研制将不同国家和地区对中药材名称的习惯用法纳入考量范围，在标准文本中除了应用官方语言英文之外，还保留了拉丁文名字、繁简汉字、拼音、繁简汉字，扩展了标准的适用性，这也是中国汉字与拼音首次进入 ISO 国际标准文本。

此外，《中药材术语》是中医药标准化工作的基石，将极大地推动中药材的国际贸易发展。

如果说，标准化是促进中医中药与现代科学的融合、促进其真正走向世界，那么现代化无疑将推动中医药的传承与发展。

很多人对中医药现代化有误解，习惯把中医药现代化等同于传统中医西医化。其实，现代化的含义为“使之达到先进的科学技术水平”。中医的优势在于理念、经验，西医的优势在于技术、数据。国家推动中医药现代化，是要让中国医学达到世界先进的水平，进行中医药现代化，不是为了取消中医或是西化中医，而是为了在继承中医、发展中医方面，更具有科学理性精神。

由于文化背景和理论体系的差异，国际卫生管理模式大部分建立在现代医学体系上，如何组建具有国际竞争力的外向型团队、如何进一步加强中医药基础研究都应成为中医药“走出去”的工作重点。要让中医药走出去，就要推进中医药的现代化，努力实现中医药健康养生文化的创造性发展、创新性转换，发挥中医药在重大疾病、治未病和康复治疗中的作用。

在中医药发展的现代化之路上，还有很多准备工作要做。以知识产权保护为例，就面临诸多挑战和威胁。我国与“一带一路”沿线国家，尤其是南亚、东南亚各国，都拥有独特的治疗方法、传统医学理论体系及传统医学药品。我国对中医药的知识产权重视不够，轻专利、重成果，且现有的法律、法规难以对中医药产业形成全面有效的保护。如何应用现代化的技术手段对传统药物进行解释说明、包装分类，如何申请知识产权保护，避免不必要的法律风险等，诸如此类的问题都将成为中医药走出国门、拓展国际合作的重要考量因素。

（二）从本土化到国际化

2017 年，国务院印发的《“十三五”卫生与健康规划》将“推动中医药传承创新发展”确定为卫生与健康领域重点推进的十大任务之一；《中医药发展战略规划（2016～2030 年）》明确提出将传承与创新作为中医药未来发展的主要思路；《“健康中国”行动（2019～2030 年）》发布，普及中医药知识和推广中药应用成为重点。这一系列的文件出台传递出这样一个信息——中医药知识培训、太极拳等传统健身方法培训等，这些都将在中国本土得到更好的市场机会。

与此同时，有了政策的护航，中医药的传承与创新将迎来新的机遇，中药产品和文化走向世界有了新的重要驱动力。选择中医海外发展模式，是中医药海外发展中不可回避的重要问题。

中医药想要真正登上国际舞台，需要探索兼有商业模式和公益模式优点的新模式。近年来兴起的公私合营模式（PPP，Public-Private-Partnership），就是中医院校着力探索的第三种模式。目前，上海中医药大学与位于地中海的马耳他大学合作建立上海中医药大学海外中心就是借鉴了 PPP 模式，与新加坡的两大合作项目也采取了 PPP 模式。上海中医药大学附属曙光医院与捷克赫拉德茨市医院合作开办的“中国－捷克中医中心”，是学校主动对接“一带一路”建设、稳健拓展中医药海外发展的重要布局。

正所谓“知己知彼方能百战不殆”。国家中医药管理局筹建了“中医药国际化发展研究中心”，依托传统医学领域的相关国际组织和行业专家，围绕中医药国际化发展的若干重大问题，从国家战略的高度，以国际化的视角对传统医学进行有针对性的系统研究，并根据需要进行调研和政策咨询，努力建设成为中医药国际化研究的高级智库。

在体系与模式建设的同时，更应加强中医药国际化人才培养，建立全方位、多层次、综合性的中医药健康服务产业人才培养体系，尤其要注重培养具有中国传统文化背景、采用中医思维方式、熟悉经典文献、专业外语纯熟的专业型国际人才。同时，完善中医药健康服务人才培养政策。从提升发展空间、薪酬回馈等方面入手，吸引校地合作、校企合作、产学研协同创新等多种培养形式。吸收社会各种层次办学资源，创建中医药健康旅游服务人才培训与管理机构，加快现阶段发展急需人才和专业复合高端型人才培养。推进中医药健康服务教育产业的合理有序快速发展。

（三）从产品化到产业化

在中华文明几千年的发展史中，中医药为百姓的健康做出了巨大贡献。特别是改革开放以来，中国中医药行业总体规模不断扩大，已经形成了医疗、保健、科研、教育、产业、文化整体发展的新格局，对经济社会发展的贡献度显著提升。

要推进中医药现代化，要实现中医药走出去，不仅要开发中医药新产品，发展中药产业和中药装备制造业，还要推进中药全产业链标准化和支撑体系建设，提升中医药服务能力和产业技术水平。为此，2017 年国家中医药管理局出台了《国家中医药管理局关于推进中医药健康服务与互联网融合发展的指导意见》，从深化中医医疗与互联网融合、发展中医养生保健互联网服务等方面绘就我国“互联网＋中医药”的发展路线图。

互联网与中医药融合，将有力驱动人工智能辅助诊断、多种生物特征识别、中医专家系统等建设，探索和推广“智慧药房”建设，提供多种药事服务等。通过打造中医健康云，构建开发具备中医健康体检、中医体质辨识、健康风险评估、健康干预、慢性病管理等功能的信息系统和移动终端，实现中医健康数据的采集、管理、应用和评估，建立个体中医健康档案。

中医药“走出去”是中医药国际化的一个方面，把国外消费者吸引到国内来，同样也可以实现中医药国际化，而中医药健康旅游是其重要的“抓手”。医疗旅游是国际上一个新兴的领域，这个领域的产值和规模也不容小觑。很多国家都下大力气发展医疗旅游，比如说韩国的美容整形、日本的癌症体检、美国的重病治疗、瑞士的抗衰老等。中医药文化博大精深，中医药在养生、按摩、推拿、经络、调养方面效果显著。把中医资源和旅游资源结合起来，服务于中外消费者，在休闲、健康调理的同时，体验中医的文化。如果将中医药旅游的特色发挥好，海外的游客会大大提升。从某种程度上说，中医药健康旅游将为中医药国际化打开一个新的窗口。

B.6
我国互联网助力医疗健康的模式及创新实践

邵晓凤*

摘　要： 本文系统分析了互联网助力医疗健康发展的政策、技术、市场环境：医疗健康需求日益旺盛，“互联网+医疗健康”政策红利不断释放，医院信息化建设逐渐完善。归纳梳理了互联网促进医疗健康发展的新模式新实践：提升患者在就医、健康管理各个环节体验感的“智慧服务”，打开信息孤岛、重构医务人员和医院关系的“智慧医疗”，优化医疗全流程服务、医院管理各方面环节的“智慧管理”。提出了互联网助力医疗健康继续深化探索需要关注的问题：从需求侧看，人们的就医习惯、消费习惯仍然没有完全转换；从供给侧看，优质互联网医疗资源、产品的有效供给仍然不足；从技术侧看，行业规范管理力度仍需加强。

关键词： 互联网　医疗健康　智慧服务　智慧医疗　智慧管理

党和国家历来高度重视人民健康。习近平总书记强调，人民健康是民族昌盛和国家富强的重要标志。[①] 没有全民健康，就没有全面小康。新中国成

---

* 邵晓凤，北京大学人民医院宣传处处长，副研究员。

① 《习近平：把人民健康放在优先发展战略地位》，新华网，http：//www.xinhuanet.com//politics/2016－08/20/c_ 1119425802.htm。

立以来特别是党的十八大以来，我国医疗卫生领域改革发展取得显著成就，“健康中国”正式上升为国家战略，公共卫生服务能力稳步提升，人民健康水平显著改善。数据显示，分级诊疗体系初步形成，所有公立医院取消以药养医和药品加成，家庭医生签约服务覆盖4.3亿人，民营医院占比超过57%，个人卫生支出占卫生总费用的比重从新医改前的40.4%下降到30%以下。[①]然而，由于工业化、城镇化、人口老龄化，以及疾病谱、生态环境、生活方式的不断变化，我国仍然面临多重疾病威胁并存、多种健康影响因素交织的复杂局面。[②] 相对于人民群众日益增长的健康需求，我国医疗领域发展不平衡、不充分的问题凸显，尤其是优质医疗资源分配不均、有效供给失衡，已经成为人民群众长期关注的“痛点”。互联网技术的迅猛发展为解决上述问题提供了技术保障，医疗行业各级主管部门、各医院和医疗机构不断探索互联网助力医疗健康的新模式，“互联网+医疗健康”建设逐步加速，且成效显著。

一　互联网助力医疗健康的需求逐步旺盛

新中国成立以来特别是党的十八大以来，在党和国家领导人的高度关注下，在各级医疗卫生行政管理部门和相关机构的共同努力下，在医疗卫生战线全体工作者的辛勤付出中，我国医疗卫生健康事业全面发展，医疗体制改革持续深化，公共卫生服务能力稳步提升，全民医疗保障体系逐步健全，人民健康水平显著改善。国务院新闻办公室《中国健康事业的发展与人权进步》白皮书显示，我国医疗卫生机构从1949年3670个增加到2016年超过98万个，卫生人员从1949年54.1万人增加到2016年超过1100万人，人均预期寿命从1949年的35岁提高到2016年的76.5岁，孕产妇和婴儿死亡率大幅降低（见表1），居民主要健康指标总体优于中高收入国家平均水平，提前实现联合国千年发展目标。

① 《逐梦“健康中国”》，《中国证券报》，https：//www.tlzx.net/guonacaijing/53347.html。

② 《习近平：把人民健康放在优先发展战略地位》，新华网，http：//www.xinhuanet.com//politics/2016－08/20/c_1119425802.htm。

表1 部分主要健康指标变化

指标	1949 年	1981 年	2016 年
人均预期寿命(岁)	35	67.9	76.5
婴儿死亡率(‰)	200	34.7	7.5
孕产妇死亡率(1/10 万)	1500	88.9	19.9

资料来源：《中国健康事业的发展与人权进步》，新华网，http：//www.xinhuanet.com/2017-09/29/c_1121747583.htm；《人均预期寿命、婴儿死亡率和孕产妇死亡率三大指标不断向好》，人民网，http：//health.people.com.cn/n1/2017/0509/c14739-29263366.html。

居民对医疗服务的更高期盼与亚健康、老龄化、慢性病等现实状况变化，催生了医疗健康的广阔需求空间。随着生活水平提升和消费结构升级，人民群众更加向往美好生活，期盼更高水平的医疗卫生服务，特别是随着“健康中国”战略的提出，居民健康意识不断提高，已经逐渐从以治病为中心转变为以健康为中心，预防为主、防治结合、中西医并重成为健康管理新理念，健康医疗的消费意愿日益增强。国家统计局数据显示，社会消费品零售总额已经从 1952 年的 277 亿元跃居 2018 年的 38 万亿元，年均增长 11.6%①；2019 年上半年，全国居民人均医疗保健支出增长 9.5%，高于人均消费支出增速 2 个百分点。中国银保监会数据显示，2005 年至 2015 年，商业健康险的年均复合增长率超过 22.7%，占人身保险的份额也由 2005 年的 8.5% 增加至 2015 年的 14.8%。② 另一方面，随着工业化、城镇化、人口老龄化进程加快，我国居民生产生活方式和疾病谱不断发生变化，加之居民健康知识知晓率偏低，吸烟、过量饮酒、缺乏锻炼、不合理膳食等不健康生活方式比较普遍，由此引起的疾病问题日益突出，对健康医疗的需求也日益增大。国家统计局数据显示，2018 年末与 2017 年末相比，老年人口增长明显（见表 2），人口老龄化程度继续加深。③

① 国家统计局贸经司：《消费市场日益强大 流通方式创新发展》，《中国信息报》2019 年 8 月 5 日。

② 张姜欣：《“可穿戴设备 + 健康险”的需求分析和应对策略研究》，东北财经大学硕士学位论文，2016。

③ 《李希如：人口总量平稳增长 城镇化水平稳步提高》，国家统计局网站，http：//www.stats.gov.cn/tjsj/sjjd/201901/t20190123_1646380.html。

表 2　全国 60 岁及以上人口数主要指标变化

指标		2018 年	比 2017 年增加
全国年龄 60 岁及以上	人口数(万人)	24949	859
	人口数占比(%)	17.9	0.6
全国年龄 65 岁及以上	人口数(万人)	16658	827
	人口数占比(%)	11.9	0.5

资料来源:《王有捐:上半年全国居民收入稳定增长　消费结构进一步改善丨国家统计局司局长解读“半年报”》,国家统计局网站,http://www.stats.gov.cn/tjsj/sjjd/201907/t20190717_1676897.html。

目前,心脑血管疾病、癌症、慢性呼吸系统疾病、糖尿病等慢性非传染性疾病导致的死亡人数占总死亡人数的 88%,导致的疾病负担占疾病总负担的 70% 以上。①《2018 年中国国民健康与营养大数据报告》显示,我国主流城市的白领亚健康比例高达 76%,处于过劳状态的白领接近六成,真正意义上的健康人比例不足 3%。② 有数据显示,2015 年,国内化学药物销售额达到 8880 亿元,中成药总体市场规模约为 3379 亿元,生物药物的销售额为 1095 亿元,医疗器械市场规模 3000 亿元,医疗服务市场规模超过 2.2 万亿元。③

目前,人民群众医疗健康需求的范围不断扩展,涉及就医、购药、保健、营养、休闲、健康咨询和管理等与自身健康相关的多个方面,逐渐由单一的医疗救治需要延伸为“防、治、养”一体的大健康服务需求。与需求相比,全国健康医疗有效供给仍然不足,尤其是优质医疗资源分布不均。以三级医院为例,国家卫生健康委员会统计数据显示,2019 年 5 月末,全国医疗卫生机构数达 100.4 万个,其中三级医院数量只有 2608 个,占比不到

① 中华人民共和国国务院:《国务院关于实施“健康中国”行动的意见》,《人民日报》2019 年 7 月 16 日,第 7 版。

② 陈靖:《“互联网 +”背景下健康医疗信息化发展决策建议》,载《第十六届沈阳科学学术年会论文集(经管社科)2019 年》,2019,第 5 页。

③ 武文韬:《“互联网 +”环境下医疗健康行业的现状与创新分析》,《经济研究导刊》2016 年第 23 期,第 20 ~ 22 页。

0.3%，而且这些三级医院大多分布在直辖市、省会城市、计划单列市和较为发达的地级市，顶尖医疗专家也大多数集中于此，三级医院特别是三甲医院人满为患，专家号一号难求，医生资源有限、医院床位有限、三甲医院有限的“看病难”呼声持续存在，“黄牛党”号贩子屡禁不绝。同时，在前往医院就诊过程中，挂号时间长、候诊时间长、取药时间长、就诊时间短所谓的“三长一短”的问题仍被患者诟病，患者就医体验差，伤医事件时有发生，和谐的医患生态尚未形成。简言之，传统医疗模式满足不了人民群众日益增长的医疗健康需求，通过改进传统就医模式来改善医疗健康服务供给能力的边际效应逐渐递减，迫切需要新技术、新模式、新业态来改善医疗健康供给水平。

互联网与医疗领域的融合发展为医疗健康行业发展注入了新动能。医疗健康行业借助互联网，通过云计算、物联网、大数据等信息通信技术与医疗健康服务的深度融合，正在创新传统医疗管理模式，改善人们就医方式和就医体验，提高医疗服务效率，重构医患生态，改变健康管理方式，提升健康管理能力，不断增强人们医疗服务的获得感、幸福感、安全感。2018 年，《关于促进“互联网 + 医疗健康”发展的意见》的出台，描绘出互联网助力医疗健康发展的新蓝图，“互联网 + ”公共卫生服务、家庭医生服务、药品保障服务、医学科普服务等新型服务体系不再遥远，预约诊疗、候诊提醒、在线医疗、导医分诊、健康管理、智能可穿戴设备等举措日臻完善。目前，全国已有 158 家互联网医院，更多病人通过互联网医疗下沉到基层和社区①；5G 医疗实验网络已在河南建成，远程医疗、慢病管理和智慧药物配送等更多智慧应用已经成为可能。互联网助力医疗健康的便捷性、超越时空性、促进资源共享性等优势将逐渐发挥，这对解决医改难题、建设“健康中国”具有重大意义。

---

① 《国家卫健委：全国目前已有 158 家互联网医院》，新华网，http：//www.xinhuanet.com/2019 - 05/08/c_ 1124466930.htm。

二　互联网助力医疗健康的环境日趋优化

随着互联网助力医疗健康的重要性日益凸显，其面临的政策环境、技术环境、市场环境也逐步优化，各方面条件不断成熟。

一方面，顶层设计日益完善，政策红利不断释放。2014 年，为加强互联网食品药品经营监督管理，原国家食品药品监管总局就《互联网食品药品经营监督管理办法（征求意见稿）》公开征求社会意见，对从事互联网食品药品经营活动、提供互联网药品信息服务、提供第三方交易平台服务等内容提出管理要求。2015 年 3 月 5 日，李克强总理在《政府工作报告》中首次提出制定“互联网 +”行动计划，3 月 6 日国务院办公厅印发《全国医疗卫生服务体系规划纲要（2015 ~ 2020 年）》，明确提出要积极推动国家移动互联网和远程医疗服务等发展，加快发展基于互联网医疗、健康、养老、社会保障等新兴服务，创新政府服务模式。① 同年 7 月 4 日，国务院印发《关于积极推进“互联网 +”行动的指导意见》，提出包括“互联网 +”益民服务等 11 项服务计划，推广在线医疗卫生新模式。②

2016 年，中共中央、国务院印发《“‘健康中国’2030”规划纲要》，明确了推进“健康中国”建设是一项重要的国家战略；提出发展基于互联网的健康服务，探索推进可穿戴设备、智能健康电子产品和健康医疗移动应用服务等发展；要求建设健康信息化服务体系，规范和推动“互联网 + 健康医疗”服务，创新互联网健康医疗服务模式③。这项健康领域的国家中长

---

① 《国务院办公厅关于印发全国医疗卫生服务体系规划纲要（2015 ~ 2020 年）的通知》（国办发〔2015〕14 号），中国政府网，http：//www. gov. cn/zhengce/content/2015 – 03/30/content_ 9560. htm。

② 《国务院关于积极推进“互联网 +”行动的指导意见》（国发〔2015〕40 号），中华人民共和国中央人民政府网站，http：//www. gov. cn/zhengce/content/2015 – 07/04/content _ 10002. htm。

③ 《中共中央　国务院印发〈“‘健康中国’2030”规划纲要〉》，中华人民共和国中央人民政府网站，http：//www. gov. cn/zhengce/2016 – 10/25/content_ 5124174. htm。

期规划为互联网助力医疗健康指明了发展方向，为进一步完善互联网助力医疗健康的顶层设计夯实了基础。2018 年 4 月 25 日，国务院办公厅印发《关于促进“互联网 + 医疗健康”发展的意见》，鼓励“互联网 + 医疗健康”发展，提出健全“互联网 + 医疗健康”服务体系，包括“互联网 + ”医疗服务、公共卫生服务、家庭医生签约服务、药品供应保障服务、医疗保障结算服务、医学教育和科普服务、人工智能应用服务等，指明了互联网助力医疗健康的重点领域和支撑体系①。同年 7 月 12 日，国家卫生健康委、国家中医药管理局联合发布配套文件《关于深入开展“互联网 + 医疗健康”便民惠民活动的通知》，要求在全行业开展“互联网 + 医疗健康”便民惠民活动②。2018 年 7 月 17 日，国家卫健委发布了《互联网诊疗管理办法（试行）》、《互联网医院管理办法（试行）》、《远程医疗服务管理规范（试行）》三个文件，明确了“互联网 + 医疗服务”的分类、监管方式及法律责任关系，根据使用的人员和服务方式将其分为远程医疗、互联网诊疗活动和互联网医院③。2019 年，国务院成立“健康中国”行动推进委员会，出台《关于实施“健康中国”行动的意见》，印发《“健康中国”行动（2019 ~ 2030 年）》，再一次将“促进‘互联网 + 医疗健康’发展，创新服务模式”作为实施“健康中国”战略的重要保障措施。至此，顶层设计释放的政策红利为互联网助力医疗健康营造了良好的发展氛围。

在互联网助力医疗健康发展政策的牵引下，各级医疗卫生主管部门、医院和有关机构积极开展行动，不断进行探索。目前，国家卫健委正在会同国家有关部门制定远程医疗专网建设工作方案和区域中心医院设备配置工程实

---

① 《国务院办公厅关于促进“互联网 + 医疗健康”发展的意见》（国办发〔2018〕26 号），中华人民共和国中央人民政府网站，http://www.gov.cn/zhengce/content/2018-04/28/content_5286645.htm。

② 《两部门关于深入开展“互联网 + 医疗健康”便民惠民活动的通知》（国卫规划发〔2018〕22 号），中华人民共和国中央人民政府网站，http://www.gov.cn/xinwen/2018-07/13/content_5306149.htm。

③ 《关于印发互联网诊疗管理办法（试行）等 3 个文件的通知》（国卫医发〔2018〕25 号），国家卫健委网站，http://www.nhc.gov.cn/yzygj/s3594q/201809/c6c9dab0b00c4902a5e0561bbf0581f1.shtml。

施方案，建设覆盖全国的医疗专网、远程医疗云服务平台以及视频云服务平台；各级医院，尤其是大型医院，都在积极探索运用互联网技术拓展服务空间和内容，国家卫健委统计数字显示，目前有3300多家公立医院出台了信息化便民惠民服务措施，4000多家二级以上医院提供分时段预约诊疗、候诊提醒、检验检查结果查询等线上服务；国家卫健委还将总结、分析、推广有益经验，深化“互联网+”惠民应用，丰富医疗服务供给，推动优质资源下沉，提升人民群众的幸福感、获得感。①

另外，信息技术蓬勃发展，增强互联网助力医疗健康的新动能。当前，随着以互联网、大数据、人工智能为代表的新一代信息技术蓬勃发展，新技术和新服务模式快速渗透到预防、诊断、治疗等医疗健康各个环节，给就医习惯、就医方式等带来巨大变化。一是重塑了就医服务流程，提升了就医体验。随着各类手机App的开发和医疗机构“两微一端”的建设加速，患者和医生可以通过网络环境实现无缝对接，预约诊疗、候诊提醒、划价缴费、诊疗报告查询等传统服务几乎全部能够在互联网上实现，优化了医疗服务流程，缓解了传统医疗服务模式下“三长一短”的现象，改善了医院与患者的互动氛围。二是优化资源配置，提升了就医便捷性。借助互联网开展的在线咨询和远程医疗，突破了传统的现场服务模式，实现了有限医疗资源的跨时空配置，使医疗资源匮乏得以缓解，特别是借助远程医疗协同服务平台的医联体，让患者可在基层医疗卫生服务机构享受大型综合医院的优质医疗资源服务，有效促进了优质医疗资源的纵向流程，推动了分级诊疗的实施。三是创新新型服务模式，满足个性化健康需求。智能可穿戴设备和物联网的发展，有效利用互联网大数据的优势，使贯穿全生命周期的健康监测成为可能，使疾病预测和预警得以实现，使慢性病管理效能得以提升。此外，健康咨询、基因检测等新型医疗健康服务也开始走进人们视野。特别是5G商用布局加速，移动传输速率不再成为互联网应用瓶颈，各行各业紧随“互联网+医疗

① 《“互联网+医疗健康”发展驶入快车道》，国家卫生健康委网站，http://www.nhc.gov.cn/xcs/s7847/201904/d393ec7eb46d47f4b49f1b9a72df9367.shtml。

健康”发展新趋势，纷纷调整发展模式，主动进入医疗健康产业。腾讯入股东华软件，阿里入股卫宁健康，互联网巨头加速在医疗健康领域布局卡位；主业为“互联网 + 医疗服务”的平安好医生成功在港股上市并获得高估值，总市值一度超过 500 亿港元，阿里健康业绩爆发式增长，2017 年收入增速超过 400%，互联网助力医疗健康获得资本市场青睐，迎来发展新时期。

此外，医院信息化建设逐步加速，带动了互联网和医疗健康领域的融合发展。医联体、信息互联互通等政策驱动医疗信息化建设由点到面推进，医院信息系统建设逐渐加速，各级医院分别进行系统升级改造、信息集成平台、临床大数据平台建设，这些不仅夯实了互联网助力医疗健康的环境土壤，而且带动医疗 IT 行业景气度回升。从东北证券数据来看，2017 年卫宁健康、创业软件等医疗 IT 行业领军企业订单数量增长 40%。

三　互联网助力医疗健康的模式不断创新

互联网对医疗健康行业的创新改善是全方位的。按照对象类型来说，覆盖到行业主管部门等行业管理者、医疗机构和医生等服务提供者、医药设备等行业参与者、病患等医疗服务接受者等方方面面；按照就医环节来说，覆盖到挂号问诊、医药电商、健康管理、医生工具等方方面面。表 3 列出了《互联网周刊》&eNet 研究院排行的 2018 年中国排名前 20 名的互联网医疗企业。

表 3　2018 年互联网医疗排行榜

排名	名称	主营业务
1	平安好医生	家族医生与专科医生的在线诊疗服务
2	微医	在线问诊、预约挂号、健康咨询
3	好大夫在线	医疗信息查询、咨询、转诊、分享
4	健康之路	专业就诊服务、移动健康管理
5	春雨医生	用户自诊、健康咨询、医患互动
6	丁香园	医疗领域连接者、数字化领域专业服务提供商

续表

排名	名称	主营业务
7	阿里健康	医药服务和智慧医疗服务平台
8	医护到家	移动健康信息服务平台
9	健康160预约挂号	预约挂号、导医、咨询点评
10	健客网	查药、问诊、买药、送药上门
11	七乐康	在线问诊、买药
12	叮当快药	提供O2O医药服务的产品
13	杏仁医生	医生业务经营平台
14	掌上药店	买药、送药、用药指南
15	微糖	专业的糖尿病全程管理平台
16	贴心医生	垂直社交的健康管理服务
17	青苹果健康	熟人医患沟通、预约加号、配药服务
18	强森医疗	社区诊疗和家族医生服务
19	寻医问药	健康资讯、寻医、问答、药品器械导购
20	茉莉健康	预约挂号、智能导医、专家问诊

互联网影响渗入到就医、行医、医疗管理等医疗全过程，关系重构成为互联网医疗发展的核心，本文从患者角度、医生角度、医院角度切入，综合几种分类维度，结合一些实际案例，提出一些互联网助力医疗健康发展的新模式。

第一，面向患者的“智慧服务”——从患者角度出发，提高患者在求医问药和健康管理各个环节的体验是互联网医疗的重要价值所在。各种商用的互联网医疗平台纷纷建立，针对医疗信息获取和沟通交流等痛点，帮助解决在线咨询、健康管理等现实问题。这一类平台和模式，解决的实质是患者逐渐增长的自我健康管理的需求，可减少大量不必要的面诊，有效缓解医院尤其是三级医院门诊服务压力，降低病人医疗费用支出。

一是互动医疗健康信息咨询服务/在线问诊模式。搭建医患沟通平台，患者通过在线网络平台，对病情进行描述，与医生进行线上就医交流及咨询，包括春雨医生、好大夫在线、丁香医生等。春雨医生2011年7月上线，据说是中国最大的移动医患交流平台，提供健康咨询、家庭医生、预约挂号、健康资讯等功能，以医生个人网络诊所为主。用户以图片或语音方式咨询病情，医生进行专业解答。目前已经开始走向线下，改为线上私人医生+线下诊所的模式，线上私人医生长期服务用户，建立用户健康档案，提供电话咨询，必要时转诊线下诊所，提供分诊、预约专科专家服务。①

二是非互动医疗健康信息服务模式。不同于用户与医生的互动，此模式主要是人与机器、数据库之间的互动，针对普通用户的移动医疗种类较多，如39健康网，以互联网为平台，整合优质的健康资讯，传播健康理念，月度覆盖用户数过亿人②。

三是健康监测管理模式。通过实时监测血糖、血压、心率、血氧、体温、呼吸频率等人体健康指标，可穿戴设备让生命体态数据化③，并通过网络到达云端管理平台，管理平台智能分析体征数据，云端专家系统可实时获取数据，对异常数据以预警形势通知患者及家人，也依据动态实时监测数据为每位咨询者制定精细的营养食谱，提供个性化营养食谱建议与中医药材食谱膳食，可根据远程人体数据、图像、视频等做远程诊疗，为用户提供多元定制服务。例如九安医疗推出iHealth品牌，从传统的血压仪、血糖仪产品转型到涵盖体脂、血糖、血压、血氧和运动5个维度的互联网健康管理平台。

四是医药电子商务服务模式。医疗机构、医药公司、医药生产商、医药信息服务提供商、银行、第三方机构等市场主体，通过互联网等现代信息技术，进行医药产品交换，提供相关健康服务。④包括叮当快药、掌上药店、天猫医药馆等，美团、百度等外卖平台也积极投身医药电子商务。用户购买药物可通过手机定制，根据送达位置，智能药房会选择最短路径智能配送，用户可以第一时间获取药物。医药电商模式打破了药品信息交易壁垒，用户

① 陈琳琳：《春雨医生移动医疗公司发展战略研究》，哈尔滨工业大学硕士学位论文，2015。

② 叶玲莉报告主笔：《互联网医疗治未病，简就医》，《计算机世界》，2015年11月9日。

③ 石用伍：《可穿戴医疗设备的研究进展》，《医疗装备》2018年第5期，第193~195页。

④ 晏茜勤：《我国互联网医疗运作模式比较研究》，《齐齐哈尔大学学报》（哲学社会科学版）2015年第10期，第56~58页。

可以在平台上比较价格，实现更方便、快捷、便宜的购买药品，同时在隐私药、短缺药、新特药购买上也更加便利。具体的商业模式包括自营式 B2C 模式，如 1 药网自营医药企业对消费者；平台式 B2C 模式，如阿里健康医药平台对消费者；医药电商 O2O 模式，如叮当快药与外卖平台的合作、快方送药等，网上药店与线下实体药店结合各自发挥优势；外卖 O2O 模式，如京东的健康到家业务，京东 + 药企，线上 + 线下；医疗资源整合 B2B2C 模式，服务供应商到电子商务企业到消费者，如医联。①

此外，随着线上社交网络服务的兴起，针对患者的医疗社交网站也应运而生，如“和你在一起”是为慢性病、罕见病病友提供交流和分享的垂直化社交网络，致力于建设病友与病友、病友与组织的生态网络，实现病友的关怀与勉励。②

第二，面向医务人员的“智慧医疗”——从医生角度出发，打开信息孤岛，联通医生使用的各个信息系统，打造移动医疗平台，重构医生医院关系。目前针对医务人员的移动医疗平台多样，以临床决策工具和医医社交网站为主流，如丁香园的用药助手、丁香医生、杏树林网站、移动医生等。传统的医生记录和查询病历行为是用计算机录入病历及检查，效率低，查看不便；传统的医生沟通模式主要为院内邀请、学术会议等，成本高、机会少。“智慧医疗”典型代表之一是智能手机移动医生站查房系统，整合电子病历、医嘱、护理、检验、检查等信息系统，实现对不同信息系统资料的实时调阅，医务人员可随时随地掌握患者诊疗信息，还能进行录音、拍照和笔迹书写等，提高医生查房效率。③ 另一类是为医生提供专业信息查询工具，比如丁香园。丁香园成立于 2000 年，最初是以医生为核心打造学术交流的专业平台，2011 年推出“丁香园用药助手”——专门的药物信息专业查询工

① 于保荣、杨瑾、宫习飞、杨茹显：《中国互联网医疗的发展历程、商业模式及宏观影响因素》，《山东大学学报（医学版）》2019 年第 8 期，第 39 ~ 52 页。

② 周海玲、魏雪怡、耿劲松、施李丽、吴辉群、董建成、陈亚兰：《糖尿病患者实现自我管理的新兴途径及管理模式》，《中华医学图书情报杂志》2017 年第 1 期，第 40 ~ 45 页。

③ 《佛山市第一人民医院智能手机移动医生站查房系统上线》，《中国信息界（e 医疗）》2014 年第 11 期，第 16 页。

具，满足医生随时随地查询医药信息的需求，帮助医生更安全准确的用药，为临床决策提供参考。[①]

第三，面向医院管理的“智慧管理”——从医院角度出发，针对医疗服务的全流程服务和管理的各方面各环节进行优化。打通最后1厘米，连接患者与信息化，服务主要集中在就医移动信息化和远程医疗方面。

一是院内全流程信息化服务。服务平台提供一站式移动医疗便捷服务，比如通过手机应用程序（App）或微信平台，开展涵盖智能导诊、在线预约挂号、在线支付挂号、候诊提醒等诊前环节，在线咨询、在线支付检验、查看检查检验结果、在线诊断、预约会诊或转诊、预缴住院押金、办理住院结算等诊中环节，以及在线支付药品、在线预约取药、随访管理、就医满意度调查等诊后环节在内的全流程服务，实现从门诊到住院的全程无纸化医疗健康服务，有效缓解了“三长一短”的问题，优化了就医流程，改善患者就医服务体验，提升医院服务和管理能力。[②]

二是远程医疗及互联网医院。远程医疗服务是医疗机构运用信息化技术，为医疗机构外的患者提供技术支持的医疗活动，包括远程病理诊断、远程医学影像诊断、远程监护、远程会诊、远程病例讨论等。[③] 远程医疗具有资源共享特性，跨空间调配优质医疗资源，可以充分发挥大医院或专科医院医疗中心技术和医疗设备优势，对医疗条件较差地区患者进行诊疗，降低医疗成本。[④]

远程医疗的进阶版是应用“互联网+”技术的“云医院”、互联网医院、网络医院。患者在“云诊室”中与在线医生进行视频问诊或线上问诊，

---

① 于保荣、杨瑾、宫习飞、杨茹显：《中国互联网医疗的发展历程、商业模式及宏观影响因素》，《山东大学学报》（医学版）2019年第8期，第39~52页。

② 吴颖敏、何应强、张媚：《我国公立医院在移动医疗中的服务供给变革——来自我国科技影响力前100家医院的实证研究》，《中国医院管理》2017年第8期，第42~45页。

③ 《卫生计生委关于推进医疗机构远程医疗服务的意见》（国卫医发〔2014〕51号），中华人民共和国中央人民政府网站，http：//www. gov. cn/gongbao/content/2014/content_ 2792664. htm。

④ 王晶：《互联网医疗改善医疗资源配置和整合》，《互联网经济》2016年第7期，第38~43页。

医生根据患者病情开处方、检查、检验等诊疗意见，患者通过移动支付系统完成费用支付，影像检查或检验可在线下实体检验检查中心完成，药品可选择药店取药或者邮寄到家。[①] 除在线问诊、开具电子处方、在线配药等诊疗服务，互联网医院也提供预约挂号、在线购药、健康咨询、健康知识普及等服务，可满足人民群众多样化的医疗健康服务需求。包括“阿里健康”、“好大夫在线”、“微医”、“丁香园”、“春雨医生”等在内的几十家互联网医疗企业与实体医院、政府合作，在全国各地建立了众多互联网医院。

远程医疗和互联网医院促进医疗服务便捷化，助力分级诊疗高效运转。互联网医院借助拓展了医疗服务空间与服务范围，患者足不出户即可享受优质医疗服务。同时，互联网可以引导居民合理利用医疗卫生资源，并通过医联体信息平台或区域全民健康信息平台、医保支付等管理方式，推进“基层检查、上级诊断”远程医疗协作服务模式的建设，有效促进了优质医疗资源纵向流动与共享，促进“基层首诊、双向转诊、急慢分治、上下联动”的分级诊疗模式落地。

三是基于物联网促进管理改善的互联网医疗。互联网助力智慧医院建设，使临床诊疗和医院管理逐渐趋向智能化、便捷化。利用物联网技术以及智能移动终端实现移动查房、移动护理、ICU 患者监护管理等功能，既减轻了医务人员工作量，又降低了医疗差错发生率。如 PDA 移动护理系统，以患者腕带条形码对患者身份进行快速识别，一旦执行护理操作出现错误 PDA 系统自动报警，同时可查询未执行治疗，避免遗漏执行医嘱。[②]

互联网技术不仅对临床诊疗发挥着重要作用，对药房管理、医疗垃圾管理、设备和人员管理等也具有重要意义。虽然大多数医院已采用药品管理信息系统，但是药品数据仍是先纸张记录、再手工录入的方式，这样不仅造成

① 章勇涛：《“宁波云医院”实体运营系我国首家云医院》，《宁波通讯》2015 年第 14 期，第 41 页；《阿里大健康——开始抢占医院的地盘!》，《领导决策信息》2015 年第 18 期，第 20～21 页。

② 谭微：《儿科优质护理中应用 PDA 移动护理系统的效果探究》，《世界最新医学信息文摘》2017 年第 17 期，第 217 页。

了人力资源浪费，而且由于人为因素，数据录入慢、准确率低，采用电子标签技术整个过程可直接扫描标签完成。在医疗垃圾、设备和人员管理方面，通过物联网系统可实现医疗垃圾、设备、人员的识别、定位、跟踪、监控与管理，有利于医疗垃圾规范处理、设备资产清点、不同权限人员进出不同区域（感染病房、手术室等）的管理。比如依托物联网技术对设备的标识、管理、监控、定位，彻底改变手工“盲目”管理的方式，完成对设备的增加、调拨、借出、归还、维修等日常管理工作，反映设备增加、减少及变动情况，实现单品的全生命周期跟踪管理，提高管理人员工作效率，降低运营成本，提高运营效率。①

此外，互联网医疗模式还包括区域卫生信息平台和基于云计算技术的医疗大数据应用平台等。区域卫生信息平台建设可实现数据资源交互与共享、综合查询、统计报表、为决策支持提供综合分析等功能。② 临床大数据平台在个体化医疗中的应用是实现精准医疗，提供精准诊断、精准治疗和精准药物。③

互联网医疗模式不断创新发展，业务范围不断扩大。2019 年 4 月 1 日，国家卫健委召开新闻发布会，介绍“互联网 + 医疗健康”发展及便民惠民服务工作进展，这也是继 2018 年 4 月国办印发《关于促进“互联网 + 医疗健康”发展意见》以来的首次成果呈现。经统计，1273 家三级医院初步实现院内医疗服务信息互通共享，28 个省份开展电子健康卡试点，144 个地级市实现区域内医疗机构就诊“一卡通”。覆盖全国的医疗专网、远程医疗云服务平台及视频云服务平台基本建成，各地二级以上医院均可利用互联网或专网开展远程医疗服务。④ 作为互联网 + 医疗健康的深度合作伙伴，互联网

① 钟晓茹：《基于物联网的医院设备管理系统的设计与应用》，《中国医疗器械信息》2012 年第 9 期，第 47 ~ 51 页。

② 潘硕：《大庆区域卫生信息平台设计与实现》，东北石油大学硕士学位论文，2015。

③ 范美玉、陈敏：《基于大数据的精准医疗服务体系研究》，《中国医院管理》2016 年第 1 期，第 10 ~ 11 页。

④ 《“互联网 + 医疗健康”发展驶入快车道》，国家卫生健康委网站，http：//www. nhc. gov. cn/xcs/s7847/201904/d393ec7eb46d47f4b49f1b9a72df9367. shtml。

企业也发挥重要作用，比如此次发布会上频频亮相的微医平台。微医创建于2010年，其商业模式是通过互联网和人工智能技术，帮助医院、医生、药企、险企等产业链主体实现云化与智能化，为用户供预约挂号、智能导诊、在线咨询、远程会诊、电子处方、慢病管理、健康消费、全科专科诊疗等线上线下结合的健康医疗全流程服务。①

四　互联网助力医疗健康的探索还需深化

随着发展环境不断优化、发展模式不断完善，互联网助力医疗健康发展的积极作用逐渐显现。但无须讳言，“互联网＋医疗健康”在融合发展中也曾出现过一些问题，诸如“黑”医院、“黑”诊所的虚假宣传由线下电线杆上的广告变成线上互联网的门户网站，互联网广告竞价排名机制带来的莆田系医院的泛滥等。这些曾经出现的问题以及目前面临的新的困境，仍然给互联网助力医疗健康探索带来着诸多挑战。

从需求侧看，目前人们的就医习惯、消费习惯仍然没有完全转换，互联网助力医疗健康发展的市场仍然需要进一步培育。尽管目前互联网助力医疗健康服务模式的优势已经逐步被人们接受，但是部分人群尤其是老年群体更愿意去医院实地就诊、找专家面对面问诊的就医习惯仍然没有完全转换，实体医院就诊患者人数仍然在不断增长。另外，老年人群、受教育程度较低的人群也存在不懂如何使用互联网、不习惯网络消费等实际问题，互联网消费习惯仍然没有完全培育成熟。这些都阻碍了互联网医疗健康服务更加快速的发展。

从供给侧看，优质互联网医疗资源总量有限，医疗产品、服务能力尚不能适应多样化医疗健康需求，即整体上互联网医疗有效供给还是不够的，同时阻碍有效供给的体制机制问题仍未完全消除。目前，互联网医院等线上优

① 宋依岑：《中国互联网医疗平台商业模式与发展策略分析》，《现代商贸工业》2019年第3期，第52～55页。

质医生人数仍然较少。尽管法律法规对互联网就医行为做出不少利好突破，但是实地就诊患者人数较多、医疗工作压力较大，加之线上问诊的激励机制尚未完善、互联网医疗纠纷法律责任尚未明晰，优质医生资源仍集中在公立医院体制内，通过互联网诊断的积极性主动性尚需提升。同时，目前互联网医疗产品同质化严重、应用功能较差、市场定位不清晰、宣传推广不明确，导致用户黏性不强、消费意愿有限。更有甚者，不少 App 等互联网医疗产品受利益驱使，盲目选取医疗水平参差不齐的医生线上问诊，拉低了整个新生行业的水平和口碑，使得很多好医生更不愿进驻互联网医疗，引发恶性循环。此外，互联网医疗健康与医保接续的问题仍未全面铺开、商业保险又未能覆盖全部医疗服务，这也影响了互联网医疗健康服务的发展。

从技术侧看，医疗机构信息化建设不完善、互联网信息安全仍存隐患等现实状况也阻碍了互联网医疗健康的快速发展。这些年医疗卫生机构的信息化建设投入加大、进程加速，但整体上，信息化软硬件基础设施建设情况与期望仍有较大差距，后台硬件设备支撑能力不足，健康数据采集、传输、开发的标准不够规范统一、结构化程度不足，信息分析、共享、利用水平低下，没有有效对接医疗资源，“信息孤岛”仍然不同程度存在，“智慧应用”更多是理念上的设计，远远达不到患者满意、行业满意的服务水平。此外，在互联网时代，用户的隐私安全仍然是一大难题，泄露、侵犯用户隐私的案例时有发生，尤其是针对个人健康信息这些重要隐私，如何有效防范还未在技术上、机制上完全解决。

从监管侧看，互联网助力医疗健康的行业规范管理力度仍需加强。互联网助力医疗健康的政策导向已经明晰，但是配套政策尤其是监管政策仍在探索。对互联网企业投资医疗行业行为的事后监管、对在线问诊处理不当造成医疗纠纷的监管处理、对医疗健康 App 等行业应用的知识产权保护、对医疗健康用户隐私数据泄露的管理等方面问题，还未出现具体的行之有效的配套监管政策措施，这些都为互联网医疗健康发展增加了诸多不确定性。

沉舟侧畔千帆过，新生事物的发展总是需要一定的过程，互联网助力医疗健康发展方兴未艾，也需要一定的过程。尽管互联网医疗健康仍然存在着上述风险挑战，但是不可否认，互联网医疗健康服务平台和产品正在通过聚集优质医生资源、优化经营服务方式等举措，满足了患者多层次、个性化的医疗服务需求，节省了就医成本，发挥了优质医疗资源效用。随着医疗行业主管部门不断深入推进“放管服”改革和供给侧结构性改革，医疗机构不断创新服务模式、产品形式和运营方式，社会公众不断转换就医行为和习惯，整个社会的医疗健康服务水平正在不断提升、医疗环境正在不断优化，互联网助力医疗健康的未来值得期待。

健康传播篇

Health Communication

B.7
中国健康传播报告（2013 ~2018）

王 宇　刘婷婷*

摘　要：　2013 ~2018 年，健康传播研究呈现以下几个特点：论文类研究成果丰硕，研究主阵地逐步从医学卫生领域向新闻传播领域转换；研究内容“传承有余、创新不足”，仍集中在效果研究、特殊议题研究等几个领域；以学科门类为区隔逐步深入，涉及糖尿病、乙肝、肺结核等多个领域，但艾滋病、抑郁症等疾病传播研究仍然为研究热点。

健康传播研究存在问题及改进方向：应进一步加大对健康传播研究的资金支持力度，加强健康促进的研究，强化健康传播理论运用，研究要从“病本位”向“人本位”转变，加强医学、公共卫生、新闻传播学者跨学科研究合作，进一

* 王宇，中国传媒大学教授，研究方向为新闻实务、健康传播、风险沟通；刘婷婷，中国传媒大学博士研究生，研究方向为广播实务、健康传播。

步拓展跨学科交叉广度及深度。

关键词： 健康传播 健康促进 病本位医患关系 公共卫生

2013年，国务院发布关于促进健康服务业发展的若干意见，提出到2020年，基本建立覆盖全生命周期的健康服务业体系。2014年，第三届中国健康生活方式大会召开，提出要加快推进全民健康生活方式行动，应对慢性病挑战。2015年，党的十八届五中全会公报，将建设“健康中国”上升为国家战略。2016年10月，全国卫生与健康大会召开，成为21世纪最高规格的全国性卫生健康会议；同年10月，中共中央、国务院印发《“健康中国2030”规划纲要》。2017年，习近平总书记在党的十九大报告中指出要“实施‘健康中国’战略。”[①] 2018年，中国国家卫生健康委员会主任马晓伟在第71届世界卫生大会上做了“人人享有健康：承诺实现全民健康覆盖”的主题发言，表示中国将全民健康覆盖放在优先发展的战略地位。

接连出台的健康政策，充分展现党中央对我国人民群众健康的高度重视。“健康中国”战略的实施，既是经济发展和产业改革的需要，更是普惠社会和人民福祉的企盼。在“健康中国”战略背景下，健康传播与健康传播研究具有非常重要的意义。

本文中的健康传播指以传播健康信息为目的的社会实践活动，涵盖公卫宣传、医患交流等。随着互联网时代的到来，其内涵逐渐扩展为“在互联网时代，健康传播既包括健康信息的传播，也包括健康服务的匹配”。[②] 健

① 《习近平：决胜全面建成小康社会　夺取新时代中国特色社会主义伟大胜利——在中国共产党第十九次全国代表大会上的报告》，央广网，2017年10月27日，http：//news. cnr. cn/native/gd/20171027/t20171027_ 524003098. shtml。

② 曾祥敏、王孜：《健康传播中的虚假信息扩散机制与网络治理研究》，《现代传播（中国传媒大学学报）》2019年第6期，第34~40页。

康传播研究即专家学者围绕健康传播活动所做的相关研究，研究成果包括（书籍）专著、报告、硕博士论文、学术辑刊、期刊论文、会议论文等。

一　健康传播研究现状

（一）论文类研究成果丰硕

截至2019年7月底，在CNKI中国知网跨库检索2013～2018年发表的主题包含“健康传播”关键词的中文文献，得到检索结果911条。

从资源类型来看，研究成果涵盖期刊论文、硕士论文、国内会议、年鉴、博士论文、国际会议、学术辑刊等十余个类目，数量较为突出的是期刊论文（556篇）和硕士论文（205篇），占比分别高达61.03%和22.50%。

从关键词来看，研究成果覆盖了健康传播、新媒体、微信公众平台、健康教育、医患关系、内容分析、社交媒体等多个领域。被提及频次最高的关键词为“健康传播”（460次）；系统筛选出的其余14个关键词被提及的频次，均在60次以下。具体来看，从“新媒体（57次）”“微信公众平台（42次）”“微博场域（17次）”“社交媒体（15次）”等关键词反映出，2013～2018年的健康传播研究紧跟新媒体传播变革步伐，展现出“因时而变”的特性。如胡百精在《健康传播观念创新与范式转换——兼论新媒体时代公共传播的困境与解决方案》中所述，社交媒体的爆炸式增长为个体生活方式和生命价值层面实现了“元创新”和“微变革”，进一步敦促健康传播等公共传播事业接受新媒体时代的科学检验和民主训练。该研究分析了公共传播在新媒体传播环境下“信息飞沫化”“传者去中心化”等困境，提出了从宣传到对话、从信息流到关系网等应对方案，[①] 表现出健康传播研究正在积极拥抱新的媒介环境。

① 胡百精：《健康传播观念创新与范式转换——兼论新媒体时代公共传播的困境与解决方案》，《国际新闻界》2012年第6期，第6～10页。

“医患关系（26次）”“畜牧兽医（17次）”“传播策略（16次）”等关键词则展现出这一阶段的健康传播具有较强的现实关切。如姚杰的《健康传播在畜牧兽医实践中存在的问题及对策》，分析了我国在畜牧兽医健康传播领域方面的不足，提出了“加强畜牧兽医行业的健康传播理念的推广和宣传”“在农业学院开设健康传播专业课程”“开通专业媒体和大众媒体的融合渠道”等对策，推动了健康传播理念的运用研究向更深层次发展。①

从发表年度来看，2013年128篇，2014年130篇，2015年137篇，2016年144篇，2017年164篇，2018年184篇，系统未判定的24篇。总体来看，健康传播研究成果稳步增长（见图1）。

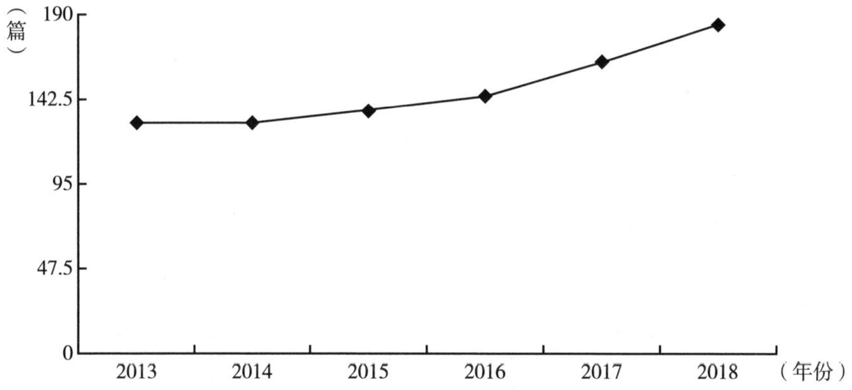

图1　中国知网2013～2018年收录的健康传播研究论文数量走势

从文献来源来看，数量排在前列的分别为《中国健康教育》（43次）、《新闻研究导刊》（22次）、《健康教育与健康促进》（18次）、《青年记者》（20次）、《今传媒》（15次）、《东南传播》（13次）、《国际新闻界》（12次）、《现代传播》（11次），呈现健康教育类、新闻传播类“多点开花”的可喜态势。根据韩纲的研究，1991～2002年我国大陆的健康传播研究论文，

① 姚杰：《健康传播在畜牧兽医实践中存在的问题及对策》，《现代农业科技》2013年第15期，第343页。

只有两篇刊登在新闻传播学类刊物《新闻大学》上，其他多发表在卫生系统的学术刊物《中国健康教育》上。[①] 根据商丽娜的研究，2003～2013 年发表在新闻传播学类期刊的健康传播论文数量占比达 38.29%，期刊种类超过 20 种。[②] 本次统计发现，2013～2018 年，《新闻研究导刊》、《青年记者》、《东南传播》等新闻传播类刊物刊载的健康传播论文数量呈现波动上升趋势，如图 2；而《中国健康教育》、《健康教育与健康促进》等健康教育类刊物上刊载的健康传播论文数量则呈现波动下降趋势或基本持平，如图 3。数据表明，健康传播研究的主阵地，正在从医学卫生领域向新闻传播领域转换。

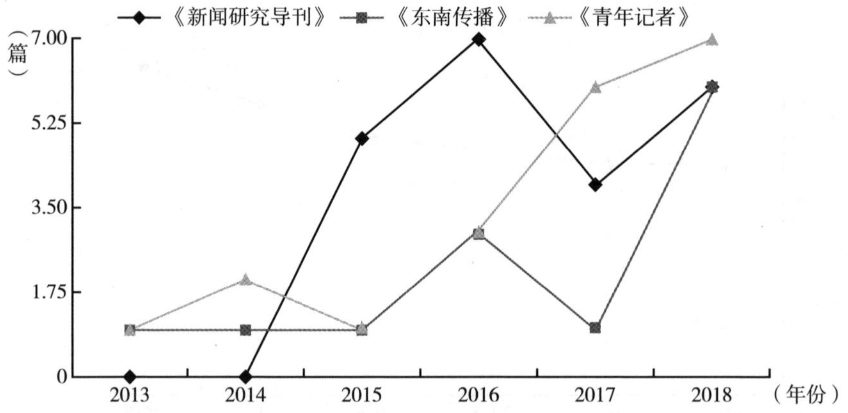

图 2　新闻传播类刊物 2013～2018 年刊载的健康传播研究论文数量走势

从研究层次来看，911 篇论文中，基础研究 313 篇，行业指导 125 篇，基础与应用基础研究 84 篇，行业技术指导 83 篇，工程技术 80 篇。除以上五个研究成果较为丰硕的层次外，还涉及大众文化、大众科普、高等教育、经济信息、政策研究（社科）等 12 个研究层次，研究跨度广且层次丰富。

① 陈虹、梁俊民：《风险社会背景下中国大陆健康传播研究的历史、现状与发展趋势》，第八届中国健康传播大会优秀论文集，2013，第 88～105 页。

② 商丽娜：《中国大陆健康传播研究评析》，重庆大学硕士学位论文，2014，第 11 页。

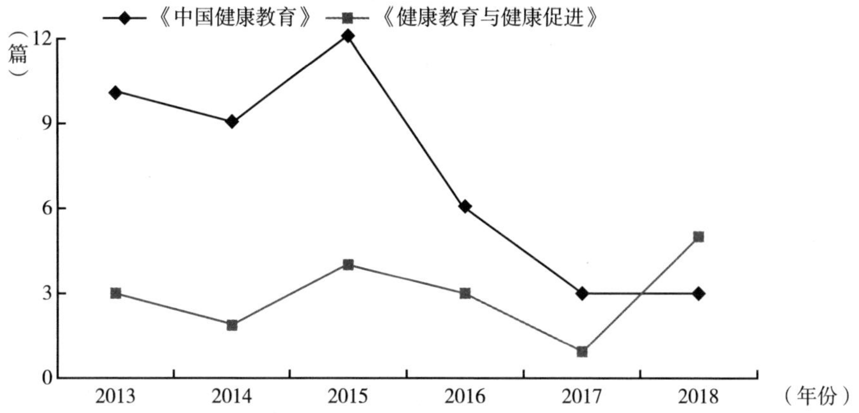

图3　健康教育类刊物2013～2018年刊载的健康传播研究论文数量走势

从作者来看，2013～2018年发表的主题含“健康传播”的文献达4篇及以上的作者共有18位，5篇及以上的作者有6位，分别为王立祥（8篇）、王亿本（6篇）、杨金侠（5篇）、苏婧（5篇）、于云辉（5篇）和陈甜甜（5篇）。

王立祥所属单位为武警总医院，主要关注领域为急救医学、临床医学和心血管系统疾病，2016～2018年，他累计在《中国研究型医院》发表了8篇健康传播研究文章，7篇文章的标题格式均为《关于精准健康传播×××的探讨》，按发表时间顺序依次为关于“原则”、“原理”、“七母”、“七质”、“七素”、“七生”、“七归”的探讨。上述文章通过分析精准健康传播的影响因素，分析提升传播效能的可能性，作者在文章中提出一些较为特别的概念，如“七素”指传者、受众、内容、形式、渠道、数据、场景，“七质”指健康知识科学性、适用性、针对性等，“七生”指健康创生、健康仁生、健康养生等。

王亿本所属单位为南昌大学，其关于健康传播研究的6篇论文中有5篇发表于2015年，如《新浪健康微博的文本分析》[王亿本，《广西师范学院学报》（哲学社会科学版）2015年第3期]、《中国健康传播网站的互联网思维运用研究——以中国卫生部网、万方医学网、健康报网等为例》（王亿本、罗宝勇，《新闻界》，2015 年 4 月）、Medline Plus 网站的互联网思维运用（王亿本、罗宝勇，《青年记者》，2015 年 6 月）等。

从所属机构来看，产出研究成果达 5 篇及以上的机构共 40 个，除中国疾病预防控制中心、武警总医院、中国健康教育中心、上海市健康教育研究所、北京市疾病预防控制中心五个单位外，其余均为国内高等院校。上述 40 个机构中，按数量排名位居前十的分别是：中国传媒大学（44 篇）、南昌大学（18 篇）、中国人民大学（16 篇）、吉林大学（14 篇）、复旦大学（13 篇）、中国疾病预防控制中心（13 篇）、清华大学（13 篇）、新疆财经大学（13 篇）、暨南大学（12 篇）和上海交通大学（12 篇）。排名靠前的单位多为有核心骨干教师长期关注该领域，并带领硕博士研究生从事相关研究。

研究成果高居榜首的中国传媒大学，有张国涛、王宇、曾祥敏、柯妍、熊皇、甘罗嘉、牟文婷①等多名中青年骨干教师开展健康传播研究，研究领域覆盖健康传播中的媒介角色、健康传播运动、健康传播的电视剧实践、健康传播中的舆论引导及健康传播发展的理论维度等。南昌大学的王亿本、林中华，中国人民大学的喻国明、胡百精、刘双庆、匡文波、涂光晋，复旦大学的傅华、孙少晶、王帆、郑频频、曾艺，中国疾病预防控制中心的晋菲斐、田向阳，清华大学的李彬、苏婧等中青年学者，均为国内健康传播研究做出较大贡献。②

（二）博士论文及专著等深入研究贫瘠

在对同一议题的研究方面，中国知网收录的论文能在一定程度上反映研究者的热情，但真正体现研究者研究深入程度、学术水平及创造力的，则是博士论文和研究专著。

在 CNKI 中国知网检索 2013 ~ 2018 年收录的主题包含“健康传播”的

---

① 本文中作者对应单位均为文章发表时的署名单位。

② 上述排名为 CNKI 中国知网自动统计排名，不含学者专家发表在国外会议论文集或国外期刊上的研究成果。

博士论文，仅有6篇，分别为复旦大学田向阳《中国农村健康教育与健康促进策略与模式研究》（2013），武汉大学王洁《中国媒体癌症新闻报道的内容分析》（2013），华东师范大学厉国刚《中国当代广告“健康”话语变迁研究（1979～2014）》（2016），华东师范大学高云微《埃博拉危机中的话语权生产机制》（2016），北京体育大学王兴一《健康类平面媒体的议题变迁与启示》（2016），中国社会科学院研究生院曹昂《流动女工健康话语的建构与传播研究》（2017）。解除“2013～2018年”这一时间限定后再次检索，也仅得到检索结果16篇，除上述6篇外，还有2006年2篇，2010年2篇，2011年3篇，2012年2篇，数量仍处于较低水平。

截至2019年7月底，通过中国国家图书馆数字图书馆检索2013～2018年出版的图书专著，得到检索结果17条，2013～2018年出版数量分别为3本、2本、1本、2本、4本和5本，数量整体保持稳定。

上述著作中，既有独立谋篇布局阐述想法的专著，也有汇集多个研究报告或多项研究结果结集成册的作品：前者如杜建波的《健康传播策略研究》，立足中国国情，为健康传播实践提供方向性策略；后者如罗小萍、李韧主编的《生态环境与公共健康领域的传播机制研究》，收录了《医患纠纷报道中医院媒介形象呈现研究》《我国大众传媒在环保传播中的角色研究》《网络新闻媒体对公共健康议题的报道风险研究》《论十八大以来我国环境报道研究》等文章，集中展示了生态环境与公共健康领域的前沿研究成果。

此外，李希光、苏婧所著《科学与新闻之争》，从疫苗接种出发，梳理分析十余年来发生的“疫苗事件”，探索总结各个事件中媒体的作用与传播的规律。阙岳、王臻所著《健康传播：方法与案例》，采用案例研究方法，从“信息、消费与健康传播”和“卫生政策与健康传播”等方面，全面分析蕴含于健康传播的复杂社会现象。刘娟出版的《疫病防治与健康传播——重庆的天花灭绝实践（1891～1952）》，在挖掘大量民国时期原始材料的基础上，从阶级基础、社会组织、文化建构及行为模式等方面，以19世纪以来天花防治为背景，截取重庆开埠直至宣告天花灭绝为时间切片

(1891～1952年)，描述牛痘接种的信息从传播到扩散，最终改变民众防疫行为的过程。中国传媒大学“中国电视健康传播”课题组2016年7月出版《2015年中医健康节目调研分析：现状、问题及对策》，通过对国内各电视台录播的中医健康节目现状的调研，分析中医健康节目的创作背景、社会需求、节目形态、节目类型及存在问题，探讨发展对策。

2013～2018年唯一一位出版2本书的作者为田向阳，2013年他从复旦大学毕业的博士论文为《中国农村健康教育与健康促进策略与模式研究》，此后继续延续在健康传播领域的研究。2017年出版《健康传播学》和《健康传播理论与实用方法》。这两本书系统梳理健康传播多个领域，前者从健康传播与其他领域的交叉内容出发，阐述了医患传播、叙事医学、新闻健康传播等基本概念及现实情况；后者则参照传播学的分类维度对健康传播学进行分类，逐一阐释了“健康传播概述、健康传播学基本理论、大众健康传播、群体健康传播、组织健康传播、人际健康传播”等内容，这两本书覆盖范围广、基础概念多，宜作为教材，供健康传播研究入门使用。

（三）研究内容继承式发展

2005年，我国著名健康传播研究学者张自力提出了健康传播研究九大领域，2013～2018年健康传播的研究仍沿着健康传播效果研究、特殊议题研究、突发公共卫生事件研究等九个领域进行继承式发展，“传承有余，创新不足”，未取得显著研究进展。

部分议题在此前研究基础上取得一些进展。如健康传播学视野下的医患关系研究，从以对媒体报道的内容分析和框架分析为主，扩展至对健康传播模式的探索，对医患互动策略的探析，对医患沟通问题的研究等多元化议题。对媒体报道的内容分析和框架分析仍占主流地位，多采用内容分析或计量分析等方法，拆解典型案例，剖析、评鉴、反思媒体对医患关系的报道，提出有助于建构良性医患关系的意见和建议。如熊珍珍的《健康传播视域下〈人民日报〉医患关系报道框架分析（1985～2016)》，王宇、孙鹿童的《责任与过失：医患关系中的媒体角色》，刘畅的《〈赫芬顿邮报〉健康新闻报道的研究》，史公军的《〈长沙晚报〉健康报道研究》等。苏春艳的《当“患者”成为“行动者”：新媒体时代的医患互动研究》，以近年来网络上出现的充满争议的健康传播事件（“未知病毒感染”传播事件）为例，讨论了网络空间对医患关系尤其是患者健康态度和健康行为的影响，得出了“新媒体为患者交流和分享患病经历提供了空间，为形成病人联盟提供可能”，“多样化的论坛和自媒体环境赋予患者前所未有的健康话语权，成为‘外行专家’，并拥有和医生讨价还价的权力”，“患者同时倚重医生并不断努力让医生接受他们自我医学化结果”① 等可供研究者和从业者参考借鉴的结论。此外，张瑶的《健康传播视野下医患互动策略探析》，潘建清的《打造三甲医院“熟人医疗”健康传播模式》，张茜的《基于健康传播视角的医生—患者沟通研究》，黄斌的《网络环境下医患认知差异研究》等文章，超越了内容和框架分析方法，围绕医患关系这一议题拓展角度，启发更多研究者从个人层面反思患者的问题、交流方式的问题，从社会层面反思医生和患者所处的社会环境、面临的社会问题，为解决医患矛盾提供了新方法，贡献了新知识。

二　健康传播研究特点

（一）作者特色鲜明，研究垂直性强

通过对研究者的分析发现，部分研究者以工作属性为区隔，对健康传播的研究垂直性及延展性较好。如解放军原济南军区联勤部的于云辉及其团队成员，将研究焦点锁定在与部队相关的健康传播需求、策略及效果分析上，如《济南战区部队健康传播影响因素调查》《济南战区部队官兵健康教育需求调查分析》《两种健康传播方式对士兵预防艾滋病教育效果的对比》等。

① 苏春艳：《当“患者”成为“行动者”：新媒体时代的医患互动研究》，《国际新闻界》2015年第11期，第48～63页。

中国传媒大学甘罗嘉主要研究与控烟议题相关的健康传播。新疆财经大学的陈甜甜与刘红主要研究新疆乡镇居民健康信息传播，突出地域特色。武汉理工大学的黎在敏和王林主要研究与体育相关的健康传播研究，如体育社交媒体的健康传播话语危机与应对策略，健康传播视域下体育社交媒体的现实进路。

（二）艾滋病、抑郁症等疾病传播研究仍为健康传播研究热点话题

与疾病相关的研究是当前健康传播研究中的重点。研究者对戒烟、癌症、糖尿病、乙肝、肺结核等多个领域均有关注；研究对妇女、儿童、老年人、农民等各群体均有涉及。但与艾滋病和抑郁症相关的研究最为集中。

据中国疾控中心等部门联合评估，截至2018年底，我国估计存活艾滋病感染者约125万人；估计新发感染者每年8万例左右。[①] “防艾”报道持续处于高位，与之相关的研究也多点开花。陈孝柱、张芳的《健康传播视角下的艾滋病人媒介形象研究——以〈南方周末〉为范例》，对艾滋议题报道进行内容分析和文本分析，研究艾滋病人的媒介形象呈现，得出“大众议程与媒体议程是互相建构的，随着社会大众对艾滋病及其患病群体正确认知的加强，媒体对艾滋病人的形象也给予正面、积极的呈现，同时媒体也影响了公众的认知”的结论。邱鸿峰、彭璐璐的《集体主义文化与艾滋歧视报道的第三人效果》，使用实验法，检验了集体主义文化中关于艾滋病歧视的新闻报道是否唤起有关羞耻与恐惧的第三人感知偏见，以及这种感知偏见对安全性行为的预测效应。得出“个体对自我与父母之间的羞耻感知差异越小，越倾向于减少性伴或保持单一性伴，而个体的纵向集体主义倾向是两者之间的中介变量”的结论，并据此提出“促进亲子沟通”等艾滋传播干预战略。很多硕士毕业论文也将研究焦点锁定在“艾滋病”相关研究上。湖南大学邓旺强的《科学传播视野下我国报纸艾滋病报道研究》，通过对

① 《国家卫健委：我国艾滋病全人群感染率约万分之九》，新华网，2018年11月26日，http：//www. xinhuanet. com/health/2018 - 11/26/c_ 1123765288. htm。

《人民日报》《科技日报》《大河报》14 个年度内（2000～2013 年）有关艾滋病报道的内容分析和文本分析，从科学传播的视角考量媒体的艾滋病报道，提出建立常态化科普机制、严格遵循科学严谨原则、创造理性舆论环境、在文本语言上消解传媒与受众隔阂、创造宽松和谐防治环境等应对策略。

随着社会节奏的加快，抑郁症成为广受公众关注的疾病。世界卫生组织曾做出专业推断，到 2020 年，抑郁症将会成为第二大常见病，以抑郁症报道为研究对象的相关成果也渐渐增多，董禹含的《健康传播理念下的抑郁症患者形象呈现研究》（2018），李媛媛的《国内报纸抑郁症议题报道研究》（2018）等，均从健康传播视角出发，采用文本分析、内容分析等方法，分析典型媒体或账号对抑郁症的报道，揭示媒体在抑郁症报道方面存在的问题并提出对策建议。

三　健康传播研究存在的问题

我国当前的健康传播研究尚处于发展初级阶段，还存在很多不完善的地方。很多研究者都从现实问题出发，将研究焦点放在对健康传播问题的研究，试图沿着“发现问题—分析问题—解决问题”的思路解决传播问题，走出传播困境；仅有极少数研究者关注健康传播研究现状及问题。闫婧、李喜根的《健康传播研究的理论关照、模型构建与创新要素》[①] 指出，目前国内的健康传播研究还停留在描述现象、个案讨论和概括此领域宏观特征的初级阶段，主张健康传播研究要致力于理论指导下人的观念和行为的探索，致力于研究课题、方法、研究结果的创新。商丽娜的《中国大陆健康传播研究评析》回顾了 2003 年以来大陆健康传播研究发展历程，选取知网学术期刊网络出版总库 2003～2013 年收录的健康传播研究论文为样本，进行数据

① 闫婧、李喜根：《健康传播研究的理论关照、模型构建与创新要素》，《国际新闻界》2015 年第 11 期，第 6～12 页。

统计和探讨，归纳总结国内健康传播研究的发展现状、特点、趋势和问题。分析发现，国内健康传播研究虽正在积极与国际主流研究接轨，但仍存在不少来自外部和内部的问题。

（一）有基金支持的研究项目占比过低

在中国知网检索出的911篇文献中，有基金支持的仅有46篇，仅占研究总量的5%；其中获得国家社会科学基金支持的达27篇，占比58.70%。此外，支持2篇及以上研究的基金还有跨世纪优秀人才培养计划（3篇）、国家自然科学基金（2篇）、广东省软科学研究计划（2篇）、湖北省教委科研基金（2篇）。

基金支持的健康传播项目呈现逐年增多趋势。46篇获得基金支持的文献按年度统计，分别为：2013年（1篇）、2014年（5篇）、2015年（4篇）、2016年（7篇）、2017年（17篇）、2018年（12篇）；29篇均集中于2017年和2018年，占比高达63%。

（二）关于“健康促进”的研究不足

美国健康传播分为健康服务传递和健康促进两大分支，前者关注医患关系和人际传播，后者关注媒介和大众传播。2013～2018年，健康传播研究以媒体报道框架分析为主，较少关注组织健康传播、健康促进等。[①] 虽已涌现出不少与热点紧密结合的，关于突发公共卫生事件、食品安全等问题的研究，但研究不够深入，难以起到“健康促进”的作用。在健康促进方面，美国实施“斯坦福心脏病预防计划”（1971年）成功经验，通过一系列干预活动，居民心脏病发病率明显降低；芬兰和美国使用大量实验仪器来测定个人行为改变和心血管、高血压等疾病之间的关系；菲律宾等国家关注母乳喂养、控制饮酒、预防接种等父母行为对

① 喻国明、路建楠：《中国健康传播的研究现状、问题及走向》，《当代传播》2011年第1期，第21页。

于低收入国家儿童死亡率的影响作用；美国实施“真相—禁烟运动”和“国家青少年禁毒媒介运动”，减少了青少年吸烟行为。我国的健康传播学研究学者要多借鉴国内外健康促进传播活动成功经验，汇聚更多跨学科门类、跨行业类型的精英力量，将健康传播学理论充分运用到健康促进运动实践中。

（三）“病本位”研究导向严重

这一阶段的健康传播研究将侧重点放在对各类疾病的报道的研究上，并呈现“病本位”研究倾向。胡百精认为，健康传播应有机融入人们生活图景，而不单以疾病为中心。以控烟传播为例，“病本位”的目的是以恐吓的方式诉诸恐惧，越传播，吸烟者越回避，越传播，吸烟者越逆反；而“人本位”的目的则是通过循循善诱诉诸教化，在潜移默化中帮助吸烟者形成替代性生活方式、情境和状态。除控烟传播外，2013～2018 年的糖尿病、高血压、艾滋病、抑郁症等各类病症的传播研究，也都存在“病本位”倾向，下一步，健康传播研究与健康传播都需要寻找新的研究议题，逐步实现“去病化”和“去‘病本位化’”。

（四）对健康的认知存在偏差：健康传播研究“治”多“防”少

丁香医生与健康报移动健康研究院联合出品的《2019 国民健康洞察报告》显示，对公众健康影响最大的疾病排名前十位分别是：颈痛、腰痛、听力损失、重度抑郁症、偏头痛、糖尿病、缺血性脑卒中、其他肌肉骨骼疾病、精神分裂症和骨关节炎。2013～2018 年媒体报道和学术研究，都未对排在前三名的疾病展现出足够的重视。究其原因，排在前三名的疾病都并非常规意义上的“大病”或“急症”，所以没有引起足够的重视。但按照世界卫生组织的定义，健康包括身体、心理等多个维度的健康。因此，健康传播和健康传播研究应该树立“向前站一步”理念，将更多精力从“治疗”转换到“预防”领域，在“小病”发展成“大病”前多关注颈痛、腰痛、听力损失、减重、睡眠等相关问题。

（五）研究“被动获取”行为多，研究“主动搜索”行为少

随着移动互联网时代的加速发展，越来越多人通过“搜索”“订阅”等主动行为获得健康知识。根据丁香医生的调查，99%的公众会主动搜索健康知识①，他们获得健康知识的主要渠道按重要性排序依次为微信公众号、微信群或朋友圈分享、微博、健康类App或网站、电视节目、新闻资讯类App、报纸或杂志、短视频App、视频网站、户外媒体及其他。随着移动互联网的发展、5G时代和场景时代的到来，健康传播研究者需进一步适应公众媒介使用习惯，关注其“主动搜索”行为，将研究对象从报纸、电视等传统媒体切换至微信公众号、微信朋友圈、短视频等。

（六）医学、公共卫生、新闻传播学者均从事相关研究，但跨学科合作不足

健康传播学属于社会科学，与社会学、医学、心理学、传播学等学科有机统一、密不可分。2013～2018年，我国健康传播研究的跨学科互动主要集中在与医学和公共健康学的互动，鲜有关注其他学科或尝试与其他学科开展合作，学科融合度较低导致研究的广度、深度及锐度不足。全新媒体环境下的健康传播学研究，应进一步深化跨学科视野，吸纳融合多个学科的研究视角、研究方法和学科知识，从而增强研究可行性、可用性及可持续性。

---

① 丁香医生&健康报移动研究院：《2019国民健康洞察报告》，https：//max. book118. com/html/2019/0117/6214241122002002. shtm。

B.8
卫生典范宣传策略调研报告

王一方　甄橙*

摘　要： 典范引领一直是医药卫生界弘扬正能量，践行医生职业精神的重要形式。本文聚焦新时期卫生典范遴选活动的价值定位，典型人物的类型意义，社会与同行的认同趋新，媒介宣传的策略及路径，为创新典型人物的甄选与宣传（宣讲）提出一系列建设性的政策建议。本文通过在北京大学医学部的三个年级的医学生中展开的卫生典范适宜性调查，把握新时期社会呼唤、接纳卫生典范的社会文化心理要素，分析了卫生健康行业典型宣传（宣讲）实践中的突出问题，并针对问题提出政策建议、改进思路和措施。本文还就利用叙事医学、传记创作、纪录片制作等形式，开辟卫生典范培育与挖掘的创新轨道提出建议设想，希望由此提升卫生典范宣传的境界。

关键词： 卫生典范　职业精神　叙事医学

卫生健康典型人物甄选、表彰、宣传（宣讲）的过程是形象演绎习近平总书记“敬佑生命、救死扶伤、甘于奉献、大爱无疆”卫生健康执业精神的主要形式，是卫生健康界重新激发庄严感、神圣感、崇高感等职业信仰的道德仪式，也是重新唤起共情、悲悯、敬畏、关怀等职业情怀的舞台。通过典

---

* 王一方，北京大学医学人文学院教授，研究方向为医学哲学、健康传播；甄橙，北京大学医学人文学院教授，研究方向为医学史、健康传播。

型的内涵创新和甄选、表彰、宣传（宣讲）的流程优化，开启有情有义、有声有色的典型人物甄选、表彰、宣传（宣讲）活动，大力弘扬社会主义核心价值观，校正可能被个人主义及功利主义思潮扭曲的人生观、世界观，增强广大医护工作者的职业荣誉感，焕发医护工作者的敬贤向善之心与看齐意识，维护整个行业蓬勃向上的道德引力，筑就生命关怀领域里的人文高地。

如何理解典型人物内涵创新：经过一定范围的调研，卫生健康战线的受调查者一致认为，把握好崇高信仰、坚定信念、高风亮节、潮头挺立与甘居平凡、技术精进、情趣盎然、联系群众的内在张力，通过叙事内容与形式的创新，培育、发现一批“可敬也可爱，可慕也可学”，既有精神高度又接地气的典型人物，尝试打造一批与新时代相适应的青春型、网红型、仁慈奉献与市场经营兼顾型，擅长叙事、具有较强表现力的典型人物。

一　“卫生健康界先进典型人物适宜性调查问卷”分析

样本描述如下。

本次“卫生健康界先进典型人物适宜性调查问卷”目标调查人群300人，现采集样本234份，均为北京大学医学部18～27岁的在校本科生、硕士研究生和博士研究生，男女比例均衡，所调查的学院涉及基础医学院、公共卫生学院、药学院、护理学院和医学人文研究院在内的5个学院，专业涵盖临床与非临床共7个专业。

表1　类别：先进典型

类别 \ 先进典型		劳模型	专家型	社会活动	均衡型	争议型	青春阳光	合计
临床	计数(个)	10	40	9	19	8	2	88
	类别中的(%)	11.4	45.5	10.2	21.6	9.1	2.3	100.0
非临床	计数(个)	15	37	11	13	7	4	87
	类别中的(%)	17.2	42.5	12.6	14.9	8.0	4.6	100.0
合计	计数(个)	25	77	20	32	15	6	175
	类别中的(%)	14.3	44.0	11.4	18.3	8.6	3.4	100.0

其中在医学人文研究院，共选择了2012级、2013级和2014级三个不同年级的医学英语专业本科生（以下分别简称12级、13级、14级）。

通过临床与非临床专业学生的比较，两者在先进典型中更倾向于专家型人物，且具有高度一致性，对于青春阳光型均体现出不认同的态度，占比最低。

除了专家型，受医学生关注的先进典型特征还有均衡型和劳模型。

临床学生比非临床学生对先进典型的特征更倾向于专家型和均衡型，而非临床学生则更倾向于专家型和劳模型。

表2　年级：先进典型

年级（本科）医学英语专业 \ 先进典型		劳模型	专家型	社会活动	均衡型	争议型	青春阳光	合计
12级	计数(个)	8	13	5	6	2	2	36
	年级中的(%)	22.2	36.1	13.9	16.7	5.6	5.6	100.0
13级	计数(个)	5	21	5	4	5	2	42
	年级中的(%)	11.9	50.0	11.9	9.5	11.9	4.8	100.0
合计	计数(个)	13	34	10	10	7	4	78
	年级中的(%)	16.7	43.6	12.8	12.8	9.0	5.1	100.0

注：12级为毕业年级，已参加过临床实习。

通过年级对比发现，12级本科生更倾向于专家型，而13级本科生更倾向于专家型，总体差异不显著。

表3　类别：精神气质

类别 \ 精神气质		职业操守	职业共情	开放性	外圆内方	合计
临床	计数(个)	32	17	19	15	83
	类别中的(%)	38.6	20.5	22.9	18.1	100.0
非临床	计数(个)	39	16	28	9	92
	类别中的(%)	42.4	17.4	30.4	9.8	100.0
合计	计数(个)	71	33	47	24	175
	类别中的(%)	40.6	18.9	26.9	13.7	100.0

临床专业学生更倾向于职业操守，处事具有协调性和平衡感的精神气质，非临床专业学生在开放性与职业操守方面倾向更明显，而对于职业共情，临床与非临床学生差异不显著。

表4　年级：精神气质

年级（本科）医学英语专业 \ 精神气质		职业操守	职业共情	开放性	外圆内方	合计
12 级	计数(个)	11	10	6	8	35
	年级的(%)	31.4	28.6	17.1	22.9	100.0
13 级	计数(个)	9	7	9	5	30
	年级的(%)	30.0	23.3	30.0	16.7	100.0
14 级	计数(个)	16	3	8	3	30
	年级的(%)	53.3	10.0	26.7	10.0	100.0
合计	计数(个)	36	20	23	16	95
	年级的(%)	37.9	21.1	24.2	16.8	100.0

通过对比医学英语专业本科生对精神气质的倾向性，我们发现：14 级学生在职业操守与开放性方面具有较高的倾向，14 级学生经过不到 3 年的专业学习，是样本中专业学时最少、专业实习经历几乎为零的年级，而 12 级作为毕业年级，专业实习经历最为丰富，则在职业操守与职业共情方面更具倾向性。

在职业共情与外圆内方倾向性中，医学英语本科生随着年级的升高均表现出认同感的增长。

表5　类别：特质

类别 \ 特质		有血有肉	青春靓丽	朴实有华	值得景仰	引领风尚	合计
临床	计数(个)	27	6	14	33	23	103
	类别中的(%)	26.2	5.8	13.6	32.0	22.3	100.0
非临床	计数(个)	23	7	18	29	11	88
	类别中的(%)	26.1	8.0	20.5	33.0	12.5	100.0
合计	计数(个)	50	13	32	62	34	191
	类别中的(%)	26.2	6.8	16.8	32.5	17.8	100.0

临床学生倾向于先进典型人物具有有血有肉、值得景仰的特质，能够引领风尚。而非临床学生注重先进典型人物值得景仰与有血有肉的特质，对于青春靓丽特质，两者均表现出低倾向。

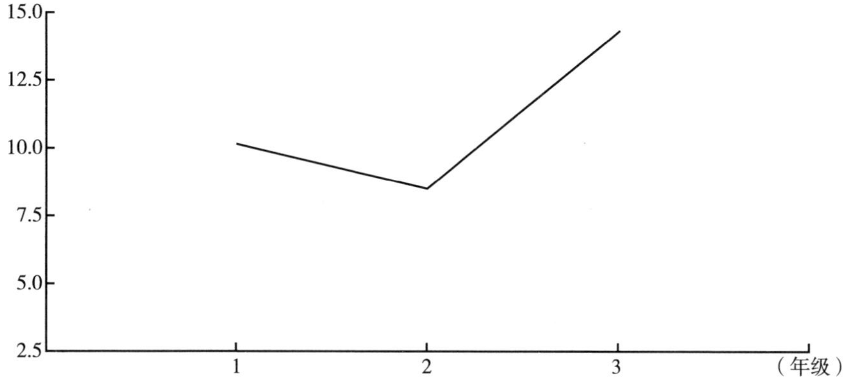

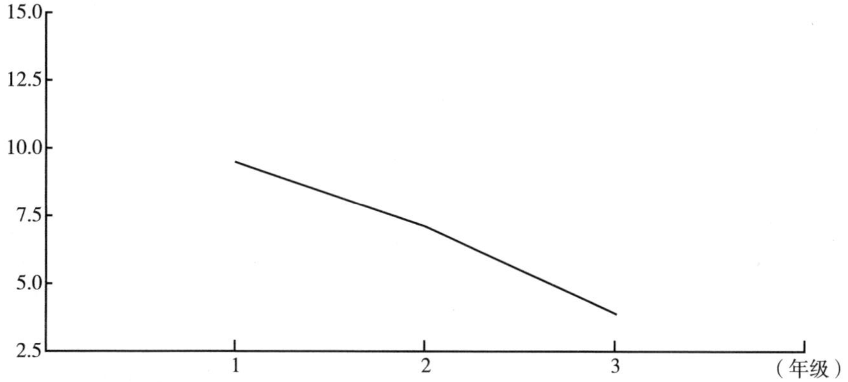

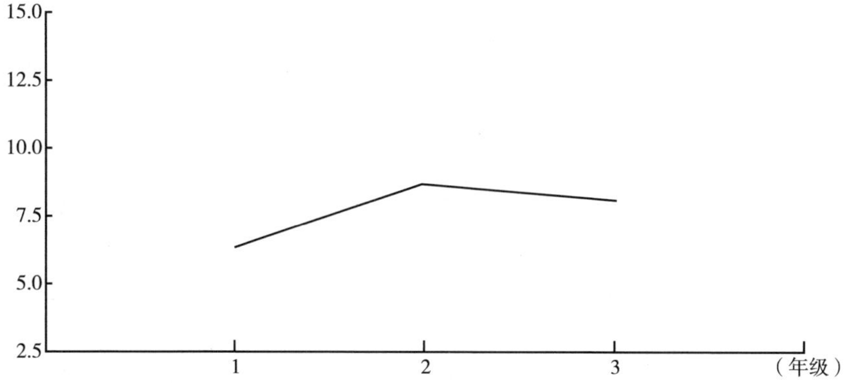

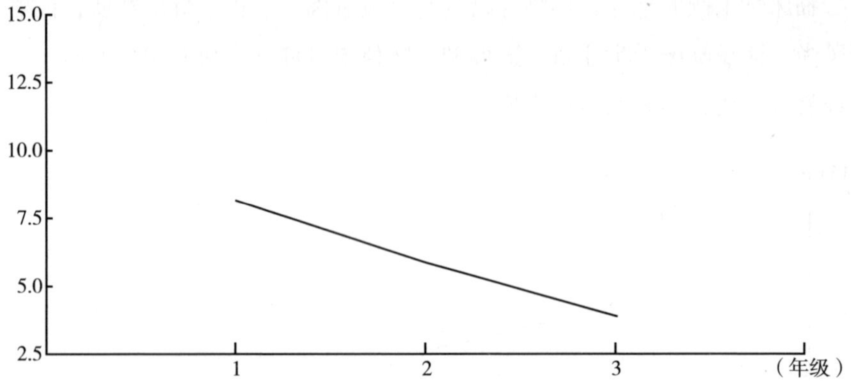

图1　不同年级医学生的典型类型认同变化

注：年级：1.00＝12级，2.00＝13级，3.00＝14级；
倾向：1＝职业操守，2＝职业共情，3＝开放性，4＝外圆内方。

表6　年级：特质

年级＼特质		有血有肉	青春靓丽	朴实有华	值得景仰	引领风尚	合计
12级	计数(个)	8	2	5	13	7	35
	年级中的(%)	22.9	5.7	14.3	37.1	20.0	100.0
13级	计数(个)	8	2	4	12	9	35
	年级中的(%)	22.9	5.7	11.4	34.3	25.7	100.0
合计	计数(个)	16	4	9	25	16	70
	年级中的(%)	22.9	5.7	12.9	35.7	22.9	100.0

通过对比发现，12级与13级医学英语本科生在典型人物特质方面的倾向不显著，相关性大。

表7　类别：忌讳特质

类别＼忌讳特质		高大全	形象萎靡	不接地气	抄袭文件	认同度低	其他	合计
临床专业	计数(个)	23	10	29	15	8	1	86
	类别中的(%)	26.7	11.6	33.7	17.4	9.3	1.2	100.0
非临床专业	计数(个)	23	9	14	21	11	0	78
	类别中的(%)	29.5	11.5	17.9	26.9	14.1	.0	100.0
合计	计数(个)	46	19	43	36	19	1	164
	类别中的(%)	28.0	11.6	26.2	22.0	11.6	.6	100.0

临床专业学生最忌讳的特质是不接地气，而非临床专业最忌讳高大全与抄袭文件，两者均对于高大全的特质表现出反感倾向。

表 8　年级：忌讳特质

年级 \ 忌讳特质		高大全	形象萎靡	不接地气	抄袭文件	认同度低	其他	合计
12 级	计数(个)	13	2	17	6	1	1	40
	忌讳形式的(%)	32.5	5.0	42.5	15.0	2.5	2.5	100.0
13 级	计数(个)	7	7	11	8	4	0	37
	忌讳形式的(%)	18.9	18.9	29.7	21.6	10.8	.0	100.0
合计	计数(个)	20	9	28	14	5	1	77
	忌讳形式的(%)	26.0	11.7	36.4	18.2	6.5	1.3	100.0

医学英语 12 级和 13 级本科生对于不接地气特质最为忌讳，两个年级的医学生在抄袭文件、认同度低等特质的忌讳比重相似性大，差异不显著。

二　直面卫生健康行业典型宣传实践中的突出问题

一是典型人物高大全，多为传统劳模的吃苦耐劳型或不爱思考的盲目顺从型，模式化、脸谱化，缺乏类型突破。且典型人物年龄普遍偏大，青春清纯的中青年面孔不足，可敬不可爱，可敬不可学，缺少有魅力、接地气、平民化的身边典型，社会存在一定的审美疲劳。

二是典型人物的生命境遇大多不佳（或极度清贫；或为病人医生，早已病魔缠身；或病入膏肓，不久即夭亡）。造成凡做典型必然受穷、必遭厄运的印象。未能展现典型人物高尚人格与蓬勃生命力、优雅人生统一的特征。典型人物宣传过于渲染清贫，普遍忌讳谈论典型的社会激励（事实上大多也都不到位），造成典型人物奉献（吃亏）太多，奖励（回报）太少的印象，宣传中悲剧气氛太浓，喜剧形式不足，难以形成“一花引来万花开”的社会群体效仿引力。

三是典型人物培育与宣传依从自然律（自生自灭），典型事迹发布的周期较短，频次较密，精神发育的开掘不够，使得学习、消化、吸收进程难以深入、透彻。留在人们心中的还是千锤百炼的老典型、老故事（如张孝骞、林巧稚等先进典型）。

四是典型人物宣传与某一时期职业精神研究理论脱节，医学现代性及医改困境的回应相匹配，典型人物的人格魅力必须与时代精神、职业精神高度契合（价值对标），相互映衬，真正成为时代楷模，才能取得良好的社会反响。

五是典型人物事迹的经典化程度不够，震撼当下、魅力常在的精品力作不多，名记者、名作家、名编导参与卫生计生典型宣传项目不多，典型宣传的故事与脚本雕琢不力，叙事手法陈旧，故事（传记）平实，修辞不力，缺乏语言感染力，无法走出传统典型宣传的审美疲劳，也未能打开人们心中的道德纠结。

六是相对于平面媒体的橱窗效应，典型人物的巡回报告形式有强烈的剧场效应，但有待吸取流行的 TED 模式的优点，增加典型报告的感染力与穿透力。

七是网络时代开启新阅读模式（碎片化阅读、影像化阅读）、典型宣传的形式创新（典型人物的纪录片、微电影、短信形式的微报道、微评论）跟不上步伐。

八是部分网络场域及机构正能量不足，充斥着戾气，怀疑主义、功利主义、利己主义盛行。排斥利他，诋毁崇高，消解神圣。

九是医疗剧（美剧《豪斯医生》《急诊室故事》《实习医生格蕾》，国剧《医者仁心》《青年医生》《急诊室故事》等）角色类型潜在地参与定义（隐形）医学典型的类型与现象，不时地颠覆传统的典型形象，重新回答什么是正义与正确，世俗与神圣，质朴与崇高，平凡与非凡，不完美的可爱与真实性的笨拙，提出阳光大男孩、妩媚女郎能否进入典型人物行列的新命题。

三　探索典型宣传创新的内涵、方法、路径

卫生健康典型宣传创新必须“理直气壮、字正腔圆、有板有眼”，做到以下四个创新。

（一）关键在观念创新

时代特征 + 楷模，耳目一新。遴选先进典型不能比惨、比累、比苦，更应该展现他们人格的强大与阳光，执业的快乐与幸福，这样的典型人物才既可敬又可学。典型人物在甄选过程中不仅要比社会主义核心价值观的践行，比思想修养、道德境界、职业精神，同时也比学术水准、生命活力，比酷，比靓，比生活情趣，防止陷入比苦、比累、比惨的怪圈，既展现人道情怀，又凸显生命活力、生活品位。

（二）重点在形式创新

典型人物遴选规定动作要做好，更要发掘各个单位的自选动作，遴选中运用叙事医学，TED 演讲等新理论、新模式，尤其要引入微电影 - 微传播。运用微视频（微电影），微报道，微评论，实现微互动，微对话，力求立碑、立传，入手机，实现观感性与精神性统一，彰显信仰的力量：揭示精神发育的路径。强化细节的力量：力求小中见大，纤中见强。

（三）核心在内容创新

典型人物的内核力求鲜活，真实，形象、故事感染人，信念激励人，鼓舞人，有亲和力，先进事迹有泪点。这就需要运用叙事医学的理论与方法，寻找生命书写之笔。强化每一位典型人物的传记风格，素材的朴中见奇，故事的生动、灵动，结构舒朗，详略得体，语言的美感、韵致，凸显生命境界的提升，精神意向的开合，人性的温度，人格的绽放。

（四）重视典型人物甄选机制创新

既要发挥各级党政工团等组织的传统优势，也要注意发挥专业学会、协会的积极性，邀请他们参与推荐，有条件的地方可以适当开放公众参与、网络海选的通道，动员患者组织、志愿者组织参与推荐，扩大发现典型人物的视野。卫生健康典型人物甄选有党委、政府和社会多个层次、渠道与序列，存在交叉、重叠情形，如部分卫生健康典型人物入选国务院表彰的“全国劳动模范”，中宣部表彰的“时代楷模”，中组部表彰的“全国优秀共产党员”，中央文明委表彰的“全国道德模范”，CCTV 发布的“感动中国”年度人物，全国妇联表彰的“全国三八红旗手”，共青团中央表彰的“青年文明号”、“全国优秀共青团员”，全国总工会表彰的“五一劳动奖章”得主，也有些入选国家卫计委表彰的“白求恩奖章”得主，中国医师协会评选的“中国医师奖”、“白求恩式的好医生”以及寻找“最美医生”、“最美乡村医生”活动产生的年度人物，中国医院协会评选的“全国优秀医院院长”等，建议在内部建立通约机制，将这些表彰在卫计委人事司、宣传司层面打通，做到分级、分类规划宣传规格，使得有限的宣传资源和观众热情得到有效分配，防止宣传资源被稀释，观众热情被分散。

（五）积极探索表彰、宣传（宣讲）流程的优化与创新

其一，表彰仪式是典型人物事迹传播的舞台，要运用艺术聚光灯充分展示典型人物的“三观”（人生观、世界观、价值观）与奋斗乐趣（平凡劳作中凸显愉悦感，即心理学所揭示的沉浸效应、心流效应），揭示典型人物成长的社会生态与精神发育。CCTV“感动中国”年度人物的发布仪式是一个成功且成熟的范例，在这个颁奖仪式上，典型人物的事迹被浓缩为一句朗朗上口、入眼入心的隽语或格言，典型人物的 VCR 短片感人至深，出自著名文化人或意见领袖的颁奖词文采飞扬，主持人的现场采访声情并茂、妙语连珠，让人们泪水奔涌、热血沸腾，营造了神圣、庄严、崇高、向上向善的道德氛围，值得借鉴。

其二，典型人物的生命力、影响力、感染力流淌在优秀事迹的宣讲与社会传诵，因此，优化宣讲品质至关重要，传统的宣讲模式注重内容的真实性与道德高度，但形式创新仍有不足，需要从公众的接受美学及大众传播学的角度予以提升，要引入新闻包装的理念对现行的典型事迹内容和形式进行一次全方位、全流程的提升。在新一轮全国巡回演讲中创造新高度、新境界。近年来流行的 TED 模式值得学习与借鉴。TED 将主题演讲与话剧艺术的台

词功夫结合起来，在18分钟里，通过视觉、声音调度，做到话题布局、故事起承转合、观点收放的和谐统一，短时间内将听众的意念与情绪推送到一个很高的水准，唤起十分强烈的共鸣效应。

其三，重视融媒体格局下的典型人物宣传与传播的创新，智能手机的普及带来资讯传播的革命性变迁，微传播成为新时期传播的新格局。卫生健康典型人物的宣传要适应这一新变化，充分运用微电影、微视频、微故事、微评论，高水准、高强度、高频度地推送承载着正能量的先进典型人物的事迹与思想境界。

（六）如何组织一场有品质的典型人物先进事迹演讲

一是把握好演讲艺术的几个基点（四好）：锤炼一个好标题，书写三两个好故事，塑造一个好形象（人设），凝练几条好金句。

二是营造到位的演讲气场，开场时一定要找准感觉，首先是神圣感、庄严感、崇高感，其次是平衡感，使得演讲内容在科学与人文、技术与道德、学术与奉献的关系上有张力、不偏颇。

三是设计好演讲的基调与氛围，力求五有：有温度、有魅力、有气势、有境界、有亮点，既催人泪下，也催人奋进。

四是防止老鸟变菜鸟，对于老典型，要着力克服重复演讲带来的审美疲劳和品质下降，做到熟悉的话题陌生化，陌生的环境熟悉化，力求把每一次演讲都当作首秀。

四　卫生健康宣传工作者的文化自信与理论修养

独上高楼，方能望尽天涯路，卫生健康宣传工作要跃上新台阶，承担这项工作的卫生健康宣传工作者的文化自信与理论修养至关重要。这项工作不是简单地为他人作嫁衣，推送几位年度先进人物，挖掘一些感人故事，而是为这个时代立传，为民族精英、行业翘楚树立道德丰碑。因此，宣传工作者的理论修养、思想境界有多高，他们笔下的人物就有多丰满、多厚重、多共情，切实解决道德境界无法真正融入医疗实践之中的两张皮问题。为提升卫生健康宣传工作者的理论修养，建议国家卫健委宣传司组织一些针对宣传干部的系统培训，研讨以下学科的知识与方法。

（一）叙事医学

这是一种全新医学认知模式与叙事路径，把医患共情与职业反思融入知识、技术铺陈之中，叙事医学尤其重视“医生患者”（既是病人，也是医生，具备双重角色）的道德“日全食”效应，这对于开掘典型人物道德养成的内在根脉具有十分重要的作用。通过叙事医学原理（身－心－社－灵的全人医学）讲好典范人物的平凡故事，阐释好典范人物的精神气质，让他们的形象更丰满，事迹更感人，更接地气，更能被社会接纳。

（二）传记创作

传记是人物隐秘的内心世界和外在的功德修为的系统文学表达，从典型材料到传记作品，不仅是文章篇幅和故事的扩充，也是思想、学术、人格开掘深度的飞跃，传记创作训练有助于典型人物刻画水准与境界的提升，应列为卫生健康宣传工作者的基本功。

（三）纪录片创作

当下流行的典型人物 VCR 与微电影、抖音都是纪录片的初级形式，要提升典型人物宣传的影像展示水准和力度，必须从更高的艺术修养层面来发力，纪录片创作的训练显得十分重要，也应列为卫生健康宣传工作者的应知应会能力。

总之，卫生健康宣传工作是一项充满理想激情、饱含生命活力的朝阳事业，务实与创新是这项事业的主旋律，需要每一位卫生健康宣传工作者以最大的热情、最开放的心态、最扎实的努力投身这项日作日新的事业之中，开创一片卫生健康典型宣传的绚烂天空。

参考文献

David Thomas Stern 主编《医生职业素养测评》，邓洪、熊婉、万学红主译，四川大学出版社，2008。

Wendy Levinson、Shiphra Ginsburg、Frederic W Hafferty、Catherine R Lucey：《领悟医学职业素养》，潘慧、罗林枝、赵峻、管远志译，中国协和医科大学出版社，2016。

李霞主编《职业心理与测评》，北京师范大学出版社，2018。

Rita Charon：《叙事医学：尊重疾病的故事》，郭莉萍等译，北京大学医学出版社，2015。

附：卫生健康先进典型人物适宜性调查问卷

一　单选题：

1. 您最认同下面哪一类先进典型？（　）

A. 劳模型（兢兢业业，吃苦耐劳，默默无闻）

B. 专家型（在某些领域有突出造诣和贡献）

C. 社会活动家型（有强大的社会光环和影响力、号召力）

D. 均衡性（各方面都比较平均）

E. 争议型（业绩、学术比较突出，但不够均衡，常常招惹争议）

F. 青春阳光型（年轻有朝气，富有正能量，在成长中，不一定有特别突出的贡献）

G. 其他（请补充：________________________）

2. 您认为下面哪一项精神气质是先进典型人物最应该具备的？

A. 职业操守，神圣感与崇高感（理想）

B. 职业共情，悲悯感与敬畏感（情怀）

C. 开放性，激越感、机敏感与创新性

D. 外圆内方，处事的协调性与容涵感、平衡感

E. 其他（请补充：________________________）

3. 您认为宣传先进典型人物要挖掘如下特质：（　）

A. 有血有肉，有理想、有情怀，有瑕疵

B. 青春靓丽，寓崇高于平凡之中，是我们中的一员

C. 事迹朴实有华，有内涵，耐咀嚼，不加炫耀

D. 有思想、有境界，在道德和学术方面都值得景仰

E. 居高而不离地，感染、感动、引领身边的道德风尚，而不是离群孤高

F. 其他（请补充：____________________）

4. 您认为宣传先进典型人物最忌讳以下哪种形式：（　）

A. 高大全，没有缺点，没有瑕疵

B. 故事干瘪，形象萎靡，贫病交加

C. 演讲口若悬河，夸夸其谈，不接地气

D. 演讲公共语言，抄袭文件，没有展示个性与温度

E. 远处芬芳，近处非议，身边百姓认同度不高

F. 其他（请补充：____________________）

二　开放式问题：

1. 您认为先进典型人物最不应该有的品行是什么？

____

____

____

2. 您心目中的先进典型人物是怎样的形象？

____

____

____

B.9
新媒体环境下公立医院形象传播研究报告

王 宇　孙 熙　房 琳　邵晓凤*

摘　要： 本文重点关注新媒体环境下公立医院形象传播的理论、现状及发展建议。界定研究对象公立医院的特点，总结当前国内新媒体发展现状及媒体环境变化；分析近年来媒体对公立医院的相关报道，探讨新媒体对公立医院形象传播带来的突出挑战和机遇；通过列举一些公立医院在新媒体时代做好传播工作的实践案例，为新媒体背景下构建公立医院形象提供对策与建议。

关键词： 公立医院　形象传播　新媒体

2016年8月，习近平总书记在全国卫生与健康大会上发表重要讲话，提出没有全民健康，就没有全面小康。同年12月，中共中央、国务院印发《“健康中国2030”规划纲要》，“健康中国”建设上升为国策。党的十九大报告指出，人民健康是民族昌盛和国家富强的重要标志，要进一步实施“健康中国”战略，为人民群众提供全方位全周期健康服务。2019年7月，国务院发布《关于实施“健康中国”行动的意见》，提出了“健康中国”建设的目标和任务，要“建立并完善健康科普专家库和资源库，构建健康

---

* 王宇，中国传媒大学教授，研究方向为新闻实务、健康传播、风险沟通；孙熙，中央民族大学教师，中国传媒大学博士研究生，研究方向为新闻实务、民族传播；房琳，首都医科大学附属北京安贞医院宣传中心副主任；邵晓凤，北京大学人民医院宣传处处长，副研究员。

科普知识发布和传播机制。强化医疗卫生机构和医务人员开展健康促进与教育的激励约束。”

在我国，医疗服务体系的主体是公立医院，承担着保障人民健康的重要责任，公立医院在“健康中国”的大背景下承担着重要角色。随着国家经济水平的发展和人民生活水平的提高，大众对健康的重视程度越来越高，也对公立医院提出了更高的要求。大众不仅仅满足于患病时得到及时正确的诊断和治疗，更加期待良好的服务、有序的就医环境、有效的医患沟通和合理的医疗服务价格，因此大众越来越高的就医需求和优质医疗资源不足之间的矛盾逐渐凸显，并且体现在就医过程的各个环节，使医患关系受到影响。

公立医院的形象是医疗话题在社会舆论中的直接投射。近年来，医疗事故频发、医患关系紧张等问题仍然在抹黑医院形象，公立医院的形象传播已成为一项系统工程。

根据中国互联网络信息中心（CNNIC）发布的第43次《中国互联网络发展状况统计报告》①，截至2018年12月，我国网民规模达8.29亿人，其中手机网民规模达8.17亿人，网民通过手机接入互联网的比例高达98.6%。智能手机已成为不可或缺的娱乐和生活方式，也使新媒体影响力、传播力不断扩大。

新媒体的出现使信息传播得更广、更快，具有更强的舆论影响力和冲击力，放大了医患之间的矛盾。医学是一门复杂的科学，涉医新闻的报道需要专业的知识和公正客观的调查。医患关系的紧张、不实报道的出现使公立医院的形象受到较大损害。新媒体的发展也为公立医院形象的塑造带来了机遇，公立医院一方面应该借助媒体监督发现自身不足，改善医疗服务，另一方面也可以借助新媒体平台，积极争取话语权，对医院形象进行自塑。

本文重点关注新媒体环境下公立医院的形象传播问题，分析当前公立医院形象传播的路径和效果，研究公立医院利用新媒体推进宣传载体和宣传内

① 中国互联网络信息中心（CNNIC）：第43次《中国互联网络发展状况统计报告》，http://www.cnnic.net.cn/hlwfzyj/hlwxzbg/hlwtjbg/201902/t20190228_70645.htm。

容的创新，探讨公立医院如何利用新媒体高速高效、覆盖面广、聚焦社群传播等特点搭建医患沟通的新平台，建构更加优质的公立医院形象。

一　新媒体时代媒体环境的变化

（一）新媒体概念及特点

关于新媒体，不同的专家有不同的定义。早期，联合国教科文组织对新媒体下过一个定义：新媒体就是网络媒体。与之类似的就是把新媒体定义为“以数字为基础，以网络为载体进行信息传播的媒介”。[①]

新媒体的特点可以概括为以下几点。一是传播速度快、范围广。新媒体可以实时发布，实时更新，不受印刷、发行等因素的影响，传播速度远远高于以往任何一种传统媒体。二是信息量大、形式内容丰富。新媒体可以容纳海量信息，可以以图像、文字、视频等各种形式，不限时、不限量地实现各种信息的存储和传播。三是互动性强。新媒体使传播方式由单线传播变为双向互动，传播主体更加多元化，任何人都可以成为信息的发布者。

（二）新媒体发展现状

中国互联网络信息中心（CNNIC）发布了第 43 次《中国互联网络发展状况统计报告》（以下简称《报告》）。《报告》显示，截至 2018 年 12 月，网民规模达 8.29 亿人，全年新增网民 5653 万人，互联网普及率为 59.6%，较 2017 年底提升 3.8 个百分点。截至 2018 年 12 月，手机网民规模达 8.17 亿人，全年新增手机网民 6433 万人。网民使用手机上网的比例达 98.6%，使用台式电脑、笔记本电脑上网的比例分别为 48.0% 和 35.9%，使用电视上网的比例为 31.1%。即时通信用户规模达 7.92 亿人，网民使用比例为 95.6%；手机即时通信用户达 7.80 亿人，占手机网民的 95.5%。网络新闻

① 匡文波：《新媒体概论》（第二版），中国人民大学出版社，2017，第 3 页。

用户规模达 6. 75 亿人，较 2017 年底增长 4. 3%，网民使用比例为 81. 4%；手机网络新闻用户规模达 6. 53 亿人，占手机网民的 79. 9%，年增长率为 5. 4%。短视频用户规模达 6. 48 亿人，网民使用比例为 78. 2%。①

（三）当前新媒体环境特征

移动用户的数量持续增长，全面渗透改变人们的生活。新媒体背景下，媒体环境呈现以下特点。

1. 媒体融合持续向纵深推进

2014 年 8 月，习近平总书记主持召开的中央深改组第四次会议审议通过了《关于推动传统媒体和新兴媒体融合发展的指导意见》，意味着“媒体融合”上升为国家战略。2018 年 3 月，中央印发《深化党和国家机构改革方案》，提出在中央电视台（中国国际电台）、中央人民广播电台、中国国际广播电台基础上组建中央广播电视总台。在 2018 年召开的全国宣传思想工作会议上，习近平总书记就县级融媒体中心建设做出重要指示。广播电视等传统媒体适应发展需要和传播规律进行自我调适，与新媒体融合发展。

2. 微信微博依然占据优势地位

作为国内最大的两大社交媒体平台，微博和微信的优势地位依然显著。截至 2017 年 9 月，微信日登录用户 9. 02 亿人，较 2016 年增长 17%；公众号月活跃账号数 350 万个，同比增长 14%，月活跃粉丝数 7. 97 亿人。而微博月度活跃用户数为 3. 76 亿人，其中移动端占比达 92%。至 2017 年 11 月，微博全站头部用户规模达 41. 8 万人，较 2016 年增长 23%；其中，大 V 用户达 2. 5 万人，较去年增长 67%。②

3. 短视频领域持续火爆

截至 2018 年底，抖音国内 DAU（日活跃用户数）突破 2. 5 亿人，MAU

---

① 中国互联网络信息中心（CNNIC）：第 43 次《中国互联网络发展状况统计报告》，2019 年 2 月。

② 黄楚新、王丹丹：《2017 年中国新媒体发展状况、特点和趋势》，《新闻战线》2018 年第 1 期。

(月活跃用户数)突破5亿人。1.9亿用户在快手发布作品,超过1600万用户在快手平台获得收入;其点赞数逾1400亿次,使用总时长突破500万年。短视频平台成为政务和媒体信息传播的新途径,抖音上有政务账号5724个,发布了25.8万个短视频,累计获赞43亿次,有1344个媒体号,发布超过15.2万个短视频,累计获赞超26亿次。2018年抖音政务号排名前五的领域分别为:法院(16.6%)、公安警察(11.4%)、文化旅游(9.8%)、交通警察(9.2%)、地方发布(7.7%)。[①]

二 中国公立医院形象分析

(一)公立医院的重要作用

公立医院指政府为体现其社会职能兴建的医院,在一些国家和地区,公立医院也作为政府体现其福利政策机构,这些国家一般通过政府预算支付公立医院的成本支出,以维持公立医院的运行。[②] 公立医院是我国医疗服务的主体。为进一步优化配置医疗资源,解决"看病难"问题,我国一方面不断深化公立医院改革,推动分级诊疗,另一方面出台政策鼓励社会资本办医,不断扩大医疗资源供给。自2010年开始,相继印发《关于鼓励和引导民间投资健康发展的若干意见》(2010年5月)、《关于促进健康服务业发展的若干意见》(2013年)、《关于加快发展社会办医的若干意见》(2014年)、《关于促进社会办医加快发展若干政策措施的通知》(2015年)、《医疗机构设置规划指导原则(2016~2020年)》(2016年)等政策。根据国家卫生健康委对全国医疗机构的统计信息,从2013年到2018年,公立医院的数量逐年降低,民营医院的数量逐年上升,但公立医院依然是我国医疗服务供给的绝对主体。

截至2018年11月底,全国医疗卫生机构数达100.0万个,其中医院

① 《抖音快手发布2018大数据报告,两大短视频平台总日活已超4亿》,网易,http://dy.163.com/v2/article/detail/E720JA8J05148MKI.html,访问时间:2019年8月5日。

② 周子君:《医院管理学》,北京大学医学出版社,2003,第4页。

3.2 万个，公立医院 12072 个。截至 2017 年 11 月底，全国医疗卫生机构数达 99.3 万个，其中医院 3.0 万个，公立医院 12181 个。截至 2016 年 11 月底，全国医疗卫生机构数达 99.2 万个，其中医院 2.9 万个，公立医院 12747 个。截至 2015 年 11 月底，全国医疗卫生机构数达 98.7 万个，其中医院 2.7 万个，公立医院 13177 个。截至 2014 年 11 月底，全国医疗卫生机构数达 98.5 万个，其中医院 2.6 万个，公立医院 13343 个。截至 2013 年 11 月底，全国医疗卫生机构数达 96.2 万个，其中医院 2.4 万个，公立医院 13441 个。

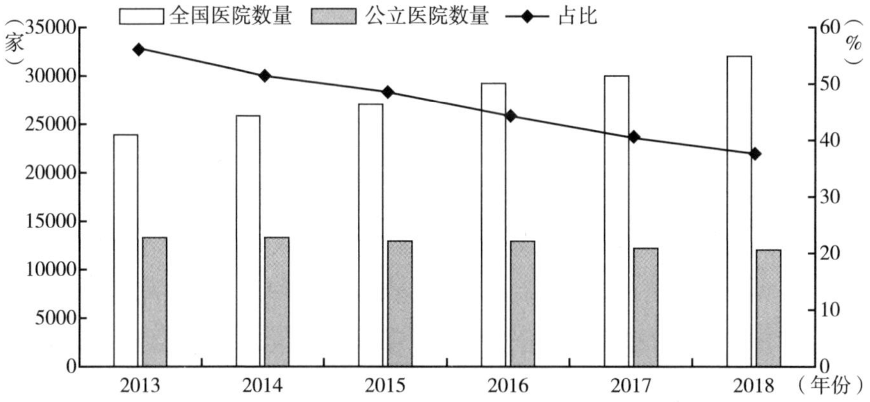

图 1　2013～2018 年全国医院及公立医院数量

资料来源：中华人民共和国国家卫生健康委员会网站。

根据统计数据，2018 年 1～11 月，全国医疗卫生机构总诊疗人次达 75.4 亿人次，同比提高 3.2%。医院 32.3 亿人次，其中公立医院 27.6 亿人次，民营医院 4.7 亿人次。在所有医院中，公立医院的比重为 37.73%，诊疗人次占所有医院诊疗人次的 85.45%。

（二）公立医院形象的内涵

对于医院形象的研究并不是太多，有学者认为，医院形象是指医院在长期的历史发展和为社会服务的实践过程中，逐步形成的社会地位和给予人们的总体印象。因此，医院形象是公众对医院的总体评价，是医院的特征与表

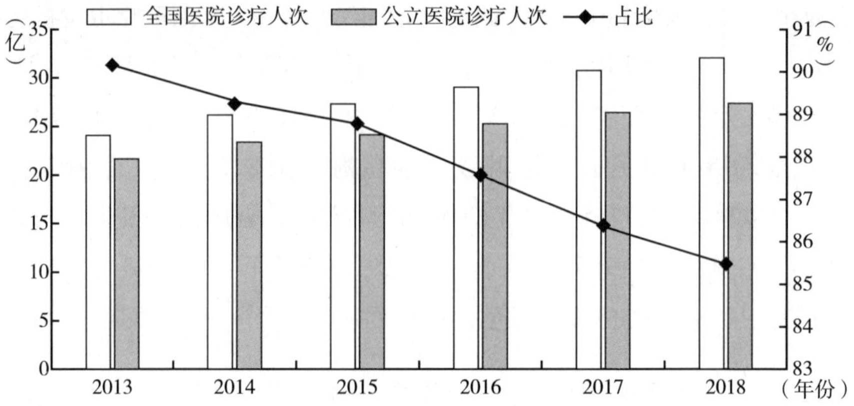

图2　2013～2018年全国医院及公立医院诊疗人次

资料来源：中华人民共和国国家卫生健康委员会网站。

现在公众心目中的反映，是医院的医疗水平、人员素质和综合能力在社会公众中获得的认识与评价，是公众对医院综合认识后形成印象的总和。①

医院形象是社会公众对医院的总体的、概括的、抽象的认同度和评价，是医院占地面积、外在物理空间、医疗设备等硬件与医院办院理念、医德、医术等软件整体融合的形象外化，是医院文化在传播媒介上的映射。医院形象包括公众情感、认可度及医院自身声誉、威望在内的社会公众心目中的形象。按照医院的社会功能和属性，医院形象主要由以下元素构成（见图3）。

公立医院是我国医疗体系的主体，作为重要的民生项目，医疗与人民密切相关，公立医院天然具有公益属性。因此，公立医院的形象传播有着区别于其他市场化机构的公共性特征。

这种公共性还体现在它不是一个消费逻辑下营造或虚构的形象。公立医院形象的显著特征在于医疗治疗。医疗质量是公立医院形象的基础、保证和关键。当一种医疗新技术或专科问世时，质量是创造优良形象、塑造良好医院形象的基础。当一种医疗技术或专科已是成名形象、医院已有良好信誉

① 桂永浩、孟建：《医院形象与危机公关》，复旦大学出版社，2007第4页。

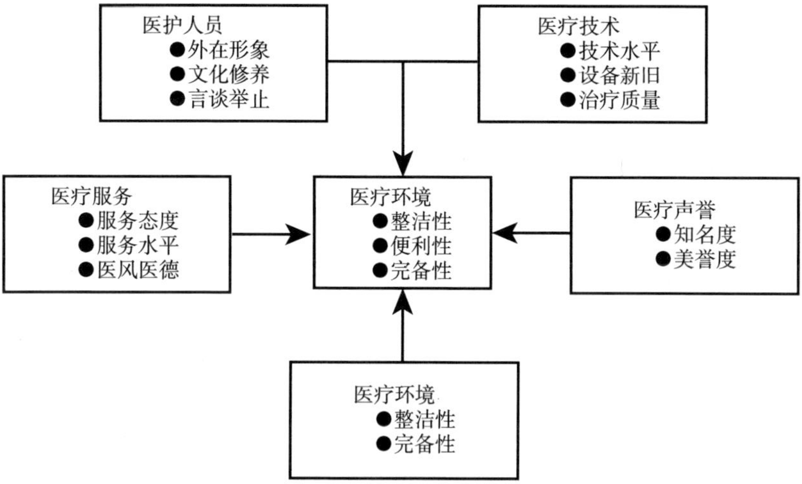

图3　医院形象的构成要素

时，质量是维护医院形象和信誉的保证。当医院形象不佳、医疗质量印象不好时，提高质量是扭转印象、重塑形象的最为重要的手段。医疗质量是医院形象的源泉，病人信誉的保证，医院只要不断提高质量，在同行业中居于领先地位，才会赢得赞誉。相反，如果医院的医疗质量下降，即使原有形象十分美好，也会很快失去光彩。

2019年1月，国务院办公厅发布《三级公立医院绩效考核工作的意见》。意见的考核体系中就包括满意度评价。并规定“医院满意度由患者满意度和医务人员满意度两部分组成。患者满意度是三级公立医院社会效益的重要体现，提高医务人员满意度是医院提供高质量医疗服务的重要保障。通过门诊患者、住院患者和医务人员满意度评价，衡量患者获得感及医务人员积极性”。这项满意度指标在某种程度上说明了公立医院的形象传播已经成为重要的医疗发展指标，是医疗话题在全社会的投射。

医院形象具有独特性，由于各个医院发展历程、管理模式、特色专业等定位的不同，拥有自己独有的风格与特色，也形成不同类型的医院形象。例如协和医院有“协和三宝”，培养造就了张孝骞、林巧稚等一代医学大师和多位中国现代医学的领军人物，是人们心中的“医学圣地”；北京大学人民医院是中国人自行筹资建设和管理的第一家综合性西医医院，拥有百年历史积淀；北京安贞医院虽然建院时间只有短短三十多年，但心血管科居于国内领先地位。

为了对医院形象的概念有更加深入的认识，在此将对其进行分类阐述。

1. 公共关系的视角

可以分为常态的医院形象和非常态的医院形象。常态的医院形象传播是指公立医院在日常运营中，通过政府、媒体、专家和公众等各种渠道与社会建立传播与沟通，树立良好形象，使患者对医院产生好感与信赖，实现相互理解、相互支持的双赢局面。保持与政府的良性互动，在政府的支持和指导下不断提升医疗技术水平；提升医院的知名度和学术影响力，吸引更多的优秀人才；维护与媒体的良好关系，通过媒介传递信息，提升社会的知晓度；增强医院的竞争优势，为社会提供更优质的医疗服务，谋求长远发展。

非常态的医院形象维护是指医院舆情发生时开展的公共关系活动，积极主动的公共关系行为可以及时消除社会公众对医院的不良情绪，将危机消灭在萌芽状态，避免对医院形象产生不良影响。

2. 传播学视角

可以分为医院的客体形象、医院的媒介形象和医院的认知形象三种类别。

医院的客体形象是医院的实际情况，包括医疗技术、医疗质量、人才队伍、医院环境、医院管理、医院文化等各个方面的总和。比如医院有多少张床位、占地面积有多少、医院拥有多少高级职称的专家、医院的优势学科、医院科室设置、公益活动等，这些都构成了医院形象的客观基础。公众可以通过自己的直接经验来获得对医院客体形象的认知，例如根据自己到某家医院就医的体验产生的对医院的直接印象，但由于人的实际活动范围、精力等存在局限，因此这种认知是有限的、不完整的。

医院的媒介形象。美国著名学者李普曼提出“拟态环境”的观点，认为“拟态环境”并不是现实环境的镜子式的再现，而是传播媒介通过对象征性事件或信息进行选择和加工、重新加以结构化后向人们提供的环境。由于这种加工、选择和结构化活动是在一般人看不见的地方进行的，所以人们通常意识不到这一点，而往往把“拟态环境”作为客观环境本身来看待。[①]“拟态环境”下，传播媒介通过文字、图像、声音等对医院的客体形象进行反映，形成了医院的媒介形象。医院媒介形象来源于医院客体形象，但并非医院客体形象的“镜式反映”，而是存在一定偏差。随着信息化程度的不断加深，人们越来越依靠媒介来提供信息，并通过媒介报道构建自己心目中的医院形象。

医院的认知形象是大众融合自己的直接经验和间接经验而形成的对某医院的总体认知。认知形象不等同于媒介形象，大众不会完全相信医院的媒介形象，会根据自己的经验进行加工，大众自身的生活背景、文化水平等都会影响认知，对医院认知形象的形成产生影响。例如某公立医院的媒介形象为综合实力强，为患者提供优质医疗服务。大众会根据自己或他人在就医流程、医院环境、等候时间、医疗水平等方面的就诊经验，结合媒体报道中呈现出来的医院形象，最终形成自己对医院的认知形象。

（三）近年来公立医院媒体形象的特点

5G、大数据等技术的发展深刻影响着大众的生活方式、生产模式，也带来了媒体环境的巨大变化。随着信息化程度的不断加深，人们越来越依靠媒介来提供信息，并通过媒介报道构建自己心目中的医院形象。报纸、广播、电视等传统媒体逐渐式微，网络、微信、微博、短视频等新媒体逐渐占据优势地位，因此研究公立医院的媒介形象尤其是新媒体构建的公立医院形象，更加全面客观，也更加具有实际意义。

近年来，媒体对医疗行业的关注程度不断增加。其中人民日报官方微博所有发布中，2015 年涉及医院的微博为 49 条，2016 年为 131 条，2017 年为 62 条，2018 年为 76 条。

新京报官方微博所有发布中，2015 年涉及公立医院的微博为 23 条，2016 年为 70 条，2017 年为 57 条，2018 年为 85 条。

---

① 郭庆光：《传播学教程》，中国人民大学出版社，2014，第 113 页。

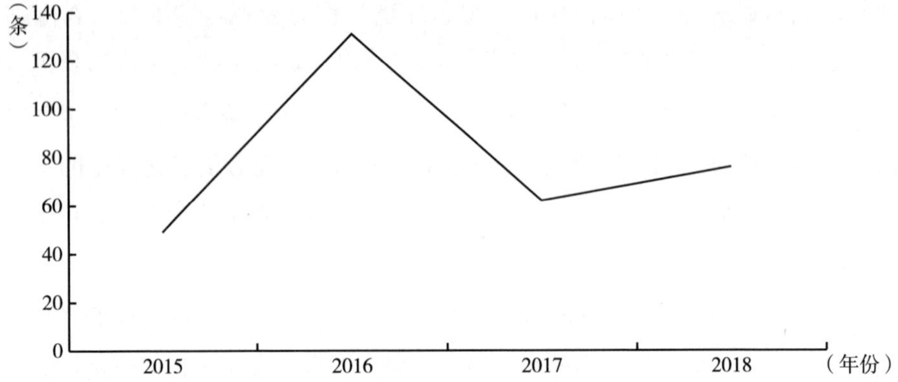

图4　2015～2018 年人民日报官方微博公立医院相关报道数量

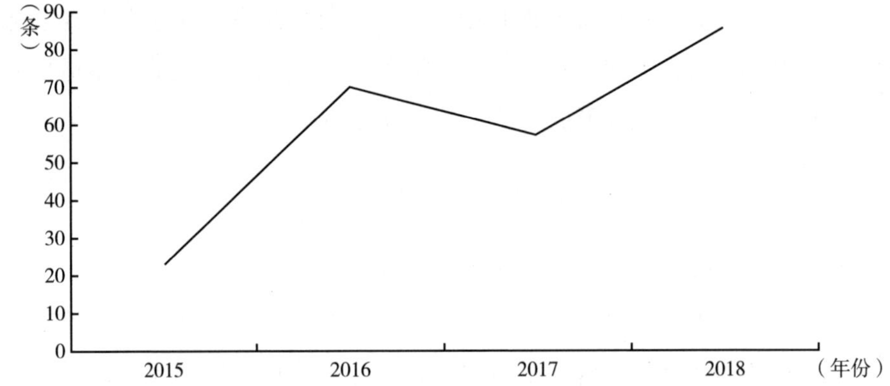

图5　2015～2018 年新京报官方微博公立医院相关报道数量

通过微博报道可以发现，媒体对医院的报道聚焦在以下几个方面：医疗服务、医疗技术、医疗纠纷、医学科普、典型人物、医德医风、医院管理、医疗质量、伤医事件、和谐医患关系、公立医院改革等几个方面。

人民日报和新京报官方微博在新浪微博的排名中位列前十，在新闻的权威性和全面性上具有代表性。通过对 2015～2018 年人民日报、新京报官方微博进行分析，对涉及公立医院的微博进行筛选，通过人民网、搜狐网、网易、凤凰网等网站进行检索补充，最后对数据进行录入分析，借此勾勒出公立医院的媒介形象。

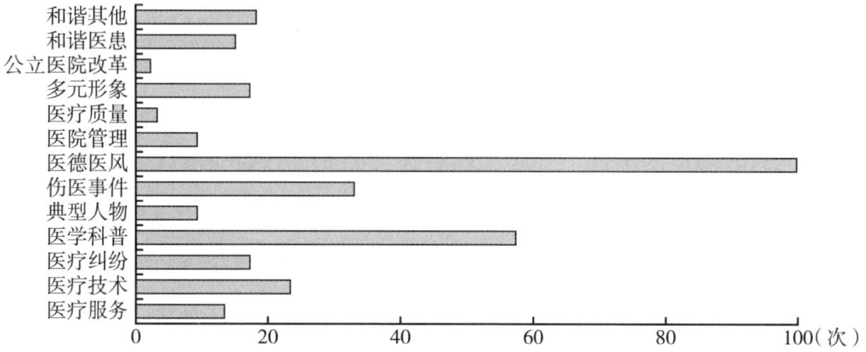

图6　人民日报官方微博2015~2018年报道类别汇总

1. 优质医疗资源集聚公立医院

根据数据统计，公立医院尤其是大型三甲医院依然是患者就医的首要选择。优质医疗资源体现在很多方面，包括医疗技术、医疗服务等。“医生8千里外精准指挥手术：距离将不再是医疗面临的问题”讲述了上海国家儿童医学中心的专家通过远程医疗，指导新疆乌鲁木齐的医生完成了一例儿童先天性心脏病的微创手术，展示了互联网+医疗取得的成就；“我国首例！母亲捐子宫给女儿：帮她圆当妈梦”，西京医院11个学科协作，完成了中国首例人子宫移植手术，标志着我国在该领域取得了突破性进展；“厉害了！外科医生用肋骨再造耳朵”，西安交大第一附属医院完成的耳朵再造手术，医生将患者的肋软骨取出雕刻成耳支架并埋进患者右臂，生长完备后再移植于缺损位置。公立医院尤其是大型三甲医院汇集着中国最优质的医疗资源和最顶尖的医疗技术。

公立医院的医疗服务也不断得到改善，以患者为中心，提供人性化的服务措施。“浙大儿院用玩具套路孩子，自己开敞篷车去手术室”，报道了浙江大学医学院附属儿童医院医疗服务的新举措，手术前让孩子自己开着玩具敞篷车进手术室，最大程度降低孩子的恐惧感；“人性化！河南一医院建胶囊宾馆，ICU病人家属可免费住”，河南科技大学第一附属医院外科重症监护室为患者家属提供一种类似“胶囊宾馆”的陪护床，病人家属免费使用，既能随时听到医院的通知，又大大减轻了经济负担。

2. 公立医院普遍拥有良好的医德医风

医德医风涵盖医生的职业素养和道德水平，一直是大众关注的焦点，公立医院具有救死扶伤的公益属性，与生命息息相关，而公立医院在市场化的大环境中不可避免地出现了一些趋利行为，因此大众对于医院的医德医风有着更加严格的要求和更高的期望。公立医院的医德医风主要体现在以下几个方面。一是救死扶伤的人道主义精神，如“8 岁男童心脏停搏，30 多名医护 5 小时轮流按压 3 万次抢命”，“母亲做手术，女儿手术室外心脏骤停，医护拼命抢救”，“云南旅游遇车祸，四川 7 医护组急救小组，15 分钟救 7 人”，报道了公立医院的医务人员在不同场合救治生命的场景；二是无私忘我的敬业精神，“心疼！医生通宵达旦做 5 台手术，累瘫席地而睡”，“救护车遭车祸，女护士口鼻流血救病人”，“致敬！52 岁女医生离世：把能用的器官都捐了吧”，“身穿 30 斤重铅衣，医生边吃辐射边救人”，可以看到公立医院的医务人员恪尽职守，对职业的热爱；三是对患者全方位关怀的人文精神，如“医师给自己做肠镜：想知道怎么才能减轻病人痛苦”，“暖心！聋哑妈妈剖宫产女，医生全程文字鼓励”，“暖心！医生抱小患者看动画片转移注意力”，体现了对患者的关怀和呵护。

此外，公立医院涌现出一批具有重要影响力的典型人物。如上海东方肝胆医院被称为中国肝胆外科之父的吴孟超，从医 75 年，使我国肝脏疾病的诊断准确率、手术成功率和术后存活率均达世界领先水平，把近 16000 名病人从死亡边缘拉回来。北京大学人民医院黄晓军教授，他开创了单倍型移植技术（配型非完全相合的骨髓移植），被国际同行称为“北京方案”，为众多白血病移植患者带来生的希望。北京安贞医院孙立忠教授将主动脉夹层的死亡率由最初的 20% 下降到 5% 以下，发明的主动脉弓替换 + 支架象鼻手术成为复杂型主动脉夹层的标准手术方式，得到了世界同行的关注和认可。

3. 医患纠纷及伤医事件频发

根据国家卫生健康委员会的统计数据，占全国医院 37.73% 的公立医院，承担了 85.45% 达到 27.6 亿人次的诊疗工作。因此公立医院也成为医疗纠纷及伤医事件的高发地。有学者对2000~2015年发生的暴力伤医事件进行了统计，研究显示，暴力伤医事件总体呈上升趋势，其中2005年和2013年是两个爆发性增长的高峰，其中2005年发生27例，占总数的9.3%，2013年发生59例，占总数的20.3%。2013年发生的暴力伤医事件是2012年的4.5倍。2014年和2015年的暴力伤医事件较2013年有所减少，呈下降趋势。就暴力致医生死亡的案例而言，各年数量相当，均在4例以下，无明显增长的趋势。三级医院是暴力伤医事件多发医院，共196例（67.6%），二级医院发生69例（23.8%），一级医院发生12例（4.1%）。医院等级越高，规模越大，其报道的暴力伤医事件越多。① 百度指数显示，自2013年至2018年，关于“暴力伤医”的搜索量在2016年10月达到峰值，对应的事件为山东莱钢医院李宝华医生被砍伤不治身亡，而此前5月份广东省人民医院陈仲伟医生也被砍身亡，在全国造成很大影响。根据人民日报官方微博相关报道统计，2015年报道的医疗纠纷有两起，2016年报道的医疗纠纷4起，其中“北医三院产妇事件”、安徽“丢肾门”事件引起全国广泛关注，2017年报道医疗纠纷2起，“陕西产妇跳楼事件”及“摇头爷爷”事件，均引起较大关注，2018年报道医疗纠纷1起。

4. 公立医院坚持公益性

公立医院本身具有公益属性，主要体现在承担国际医疗援助、各项突发事件的医疗救治工作、针对边远贫穷及少数民族地区的医疗援助、疾病的预防科普工作等。1963年中国派出第一批援非医疗队，至今已有56年历史，从最早到达阿尔及利亚至今，超过两万人次的中国医务人员在非洲48个国家救治患者超过2亿人次。② 2014年西非埃博拉疫情暴发后，中国派出了1200多名医护人员和公共卫生专家赴疫区工作，成为“新中国历史上规模

① 《暴力伤医的大数据分析》，搜狐网，https：//www. sohu. com/a/219805832_ 728681，访问时间：2019年8月6日。

② 《大爱无疆命运与共——献给中国援非医疗五十六载非凡岁月》，新华网，http：//www. xinhuanet. com/politics/2019 - 08/19/c_ 1124892745. htm，访问时间：2019年8月7日。

最大的对外医疗援助”。[①] 自中国组建援非医疗队以来，中国的公立医院承担了重要的医疗援助任务。在突发事件的医疗救助中，公立医院也扮演了重要角色，各种地质灾害，如地震、泥石流等，突发事件如重大车祸、爆炸等，公立医院迅速组建并派出医疗队，第一时间开展医疗救治。公立医院还承担着重要的援疆、援藏等对口支援工作，根据《西藏日报》报道，自2015 年中央正式做出医疗人才组团式援藏部署后，至 2018 年，北京、上海、重庆等 7 省市医院，先后选派 3 批 519 名优秀医疗人才进藏工作。[②] 据有关部门报告显示，目前我国已有 2.6 亿慢病患者，其中慢病导致的死亡占我国总死亡人数的 86.6%，导致的疾病负担占总疾病负担的 70%。[③] 因此，科普也成为公立医院承担的一项重要工作，在“健康中国”的大背景下，以预防为主，将关口前移，向大众普及健康知识，提升大众的健康素养。

5. 公立医院的管理和医疗质量仍需持续提升

为提升患者的满意度，提供更加优质的医疗服务，公立医院积极投身医改，在医联体建设、分级诊疗、取消药品加成、自助挂号、医耗联动综合改革等方面取得了一定成绩，但在医院管理和医疗质量方面仍存在一些问题。根据媒体报道，由于管理不当，2016 年湖南武冈人民医院给患儿注射过期生理盐水，最长过期时间已达到 1 年；2017 年城阳区人民医院血液透析室违反院感操作规程，发生严重院内感染，9 名患者感染乙肝病毒；2017 年引起广泛关注的陕西孕妇坠楼事件，也暴露出医院在管理中的问题，人员调配、病人监护、医疗安全管理上存在疏漏。2017 年陕西广播电视台记者赴周至县人民医院调查太平间停尸费过高的问题，采访过程中受到阻拦和殴打。这些事件暴露出医院管理和医疗质量中存在的问题，经媒体报道后广泛传播，对公立医院的形象造成严重伤害。

---

① 《〈大国外交〉披露：抗击埃博拉是新中国规模最大的对外医疗援助》，凤凰网，http：//finance.ifeng.com/a/20170831/15632503_0.shtml，访问时间：2019 年 8 月 7 日。

② 《医疗人才组团式援藏三年工作评述》，搜狐网，http：//www.sohu.com/a/242609578_160909，访问时间：2019 年 8 月 7 日。

③ 《让预防医疗成健康新理念》，中青在线，http：//news.cyol.com/content/2017-09/09/content_16485052.htm，访问时间：2019 年 8 月 7 日。

三　新媒体环境下公立医院的形象传播现状

（一）新媒体时代公立医院面临的挑战与机遇

在新媒体时代，媒体和社会比以往任何时候都更加关注医院形象。公立医院作为具有事业单位属性的特殊公共服务行业，我国公共医疗资源尤其是以三甲医院为代表的优质医疗资源还处于紧缺阶段，公立医院在运营过程中难免会出现患者对看病过程、服务态度、诊疗费用、治疗效果等多个环节的疑惑或不满。可以说，公立医院的形象本就受到多种个人或群体因素的影响。而个人参与度高、传播自主性强的新媒体传播，给公立医院形象传播带来了颠覆性的影响。

首先是带来传播主体的迁移。传统的宣传部门曾是各类医疗报道的唯一“把关人”，经过传统媒体或医院宣传机构的过滤和筛选，不符合群体规范或价值标准的内容被筛选掉。而在新媒体环境下，任何个人都可以通过各类自媒体凭条进行大众传播，这些信息由于与普通人生活贴近，又很容易形成裂变性群体传播，甚至引发所谓的“舆论事件”。这些消息鱼龙混杂、真假难辨，影响医疗机构在公立医院形象建构中的主体地位和传播效果。

其次是传播对象的分化。新媒体的崛起有力推进了全社会的思想多样化浪潮，不同年龄阶段、不同文化族群、不同职业属性的受众对媒介的选择出现明显的差异化，并且呈现不断扩大的趋势。这种分众化，使公立医院形象传播的对象和渠道不断增加，且每一部分受众都需要有针对性的传播内容和语态，给形象传播的执行带来较大挑战。

再次是公立医院的舆情应对难度大增。新媒体的交互性、开放性、匿名性，以及网民社会心理的需要和传播技术的更新，使得网络信息传播出现“舆论化”的趋势。例如，2019 年 6 月，引发社会广泛关注的医院感染事件，通过自媒体等渠道在网络迅速传播，引起各界广泛关注。6 月 18 日，国家卫生健康委发布《关于南方医科大学顺德医院发生医院感染暴发事件的通报》和《关于江苏省东台市人民医院发生血液透析患者感染丙肝事件有关情况的通报》，撤销了两家公立医院的三甲资格，对感染暴露出的问题限期整改。这样的突发公共卫生等危机事件，对于公立医院的形象传播是致命一击。如果不能做出迅速反应并采取正确的引导措施，很容易陷入被动境地，也是对公立医院形象传播的极大考验。

另外，新媒体的广泛应用也给公立医院的形象传播带来了前所未有的机遇。

公立医院的形象传播方式大大丰富。新媒体表现形式多样，可以是文字、图片、声音、视频，或者几者结合；表达更亲民，无论是文字还是视频语言，都没有太多限制，可以很接地气；发稿灵活，不受时间空间限制。新媒体平台包括微博、微信、直播平台、App、H5 等，每一类平台在对外传播中都有独特的优势。通过新媒体的有效应用，能够更有针对性地宣传健康知识，服务患者，宣传展示医院不同的维度，共同塑造并强化医院的形象。

同时，公立医院形象传播的语态从生硬走向柔软，努力体现人文关怀。公立医院的形象传播正在改变过去传统的宣传思维，展示医院的医疗专家、技术设备等，普通患者的接受程度有限。而新媒体时代各类传播新形态的出现，让公立医院的社会形象更加柔软、多面、有温度。公立医院的形象传播在通过多种手段传达医疗质量的同时，为普通患者就医提供指导，并反应医院的各类人文关怀，有效拉近了医院和患者之间的距离，改变了公立医院千篇一律的社会形象。

（二）公立医院形象传播的新媒体实践

近年来，公立医院的新媒体宣传在渠道、平台、内容、形式、手段、体制、机制等方面均有创新，各大医院已经开始利用新媒体宣传规律打造以官网、微信、微博为阵地的多内容、多角度的宣传矩阵，逐渐呈现医疗领域的全媒体生态。尤其是以四川大学华西医院为代表的知名三甲医院，在公立医院形象传播领域走在全国的前列。

1. 官方网站

官方网站建设是各家公立医院起步最早、持续时间最长、耗费精力最大、最能集中展现宣传能力的工程，起着展示医院形象的作用，是公立医院形象传播的重要平台。但到了新媒体和移动互联时代，很多公立医院官网整体在宣传理念和形式上不能适应新需求、新趋势，出现重视度和关注度双重下降，网站建设迟滞等问题。

从官网内容上看，存在千篇一律的问题。在医院官网的版块设置中，医院概况、媒体视角、科室及专家介绍、科研成果展示、健康教育是常见的外宣版块，医院动态、党群工作、院务公开、护理园地以及院报院刊则是内宣的主要内容。绝大多数医院网站涵盖了以上常见版块内容，可见公立医院网站布局存在固定通用的版块架构，虽然保证了展示内容的丰富性和完整度，但也削弱了位于不同地域、拥有不同优势科室的医院在对外展示形象上的特色和差异性。例如，知名的上海瑞金医院的官网和地处西部的四川省绵阳市中心医院的官网，在官网内容的构成中就有很大的重合。

图7　上海瑞金医院官网首页和绵阳市中心医院官网首页

从更新维护方面看，存在形象传播能力不一的问题。按照医院层级划分，三级甲等公立医院在网站内容完整度和各版块更新频次上优于较低级别的医院，同时省会城市医院页面设计的美观度均高于非省会城市；按宣传内容划分，大多数医院的官方网站对医院动态、媒体聚焦、信息公开、党建团建等具备时效性和功能性的版块维持较高频次的更新，对健康教育、医院文化、院报院刊等人文科普类内容的更新频率相对较低。因此科普文化类的内容成为一些医院网站宣传的亮点内容。

例如，广州医科大学附属第二医院设置“医患故事”版块，随时保持更新，发现并讲述或争分夺秒紧急救援，或医患友好相处和谐的故事，增加网站的人情味儿。这些来自医疗一线的真实故事，体现了该医院服务大众的意识，医生救死扶伤的职业操守，是优秀的公立医院形象传播素材。

和 PC 端官网的丰富内容相对应的是，各家公立医院的手机版网站的数量极少。这些优质的官网内容无法适应手机的窄框显示模式。在我国已全方位进入移动互联网的当下，网站因其与手机端的不适应性，信息获取复杂、页面显示亲和力低使得医院 PC 端官网建设错失移动互联网带来的红利，未能给患者提供随时随地的便捷。

网站建设的热度已经褪去，但从患者的角度来看，面临决定健康乃至生

图 8　广州医科大学附属第二医院“医患故事”版块

死抉择的时候，依然会希望全面了解就医医院的相关信息，权衡做出就诊决定，查阅医院科室、专家介绍了解医资力量，翻看医院新闻掌握最新动态，查找便民服务获取就医途径，了解医院文化建立最初印象等，获取信息的便捷途径都指向网站，网站依然是内外宣把总的出口。

值得欣慰的是，大多数医院正在整合同样的传播内容，多途径进行传播，同时在不同传播形式间搭建桥梁引流，扩大传播声量。从渠道来看，医院在官方网站和官方微信公众号、官方微博之间互留入口，起到了一定的引流效果。如广州医科大学附属第二医院等微信服务号和订阅号二维码放置在网站 banner 栏醒目位置，将网站用户导向微信，融合多种途径传播医院信息。上海瑞金医院同时建立自己的 App，并在网站上设置了 App 导流二维码。

图 9　官方网站和官方微信公众号、官方微博、App 之间互留入口

与微信微博传播碎片化以及 App 搭建、维护成本高相比，网站内容的长期沉淀则有利于知识和信息的及时、全方位获取。官方网站应该从宣传属性到宣传 + 服务属性，打造网站传播新理念。从宣传思维到产品思维，挖掘网站建设新驱动，在传播内容上更加趋向网络化的话语形态，融合多媒体乃至360全景、VR等技术，同时增强传受的互动性。

2. 微信公众号

在当下的传媒新生态中，微信已经成为媒体移动化、服务化、商业化转型的重要阵地。大部分公立医院已经慢慢掌握并运用新媒体手段进行医院宣传，并逐步树立了形象意识，正在走向形象建设的常态化运营之路。

各地公立医院在微信公众平台进行新媒体宣传时，巧出妙招，善于从排版上美观简洁，选题和内容关切用户痛点，语言幽默风趣、富有亲和力，增强与用户的互动性，塑造亲和形象，蹭热点，讲究讲故事的技巧，推出图文视音频相结合的多媒体传播手段等方面提升微信平台的传播效果和粉丝关注度。

有学者认为，当前传媒新生态呈现三大发展态势：一是用户获取信息的边界不断弱化，新媒体跨屏使用行为普遍，多屏互动有较大发展；二是以图像、视频为主的融合新闻产品逐渐占据新生产和传播的主体地位；三流媒体（视频直播）是未来新闻传播业发展的重要趋势。① 这三大趋势在公立医院的新媒体形象传播中都有体现。

公立医院微信公号的内容推送呈现七大特点：一是精简推送量、注重文章质的提升；二是排版基本美观简洁，采用图文和视音频相结合等多媒体传播手段进行医院宣传已经成为共识；三是善于讲故事，文风亲民，语言幽默、亲和力十足，干货多，成为吸引公众关注的重要特质；四是内容推送以科普文章为主，选题和内容逐渐关切用户痛点；五是开设视频直播和健康云课堂等传播医学科普，丰富了传播形式；六是内容推送设置专题系列报道，条理清晰，题材丰富；七是通过多种手段塑造亲民形象，关注“人”、关注人性，展现公立医院人文风采是公立医院宣传表现出的新态势。

但在同时，公立医院微信公众号的内容推送仍存在一些缺点，例如，标题过长，有的甚至采用夸张、惊悚的标题吸引用户的关注；排版美观度欠

① 李良荣、袁鸣威：《中国新闻传媒业的新生态、新业态》，《新闻大学》2017年第3期。

缺，色彩使用杂乱；还有相当一部分微信公众号版块和题材过于固定化，内容多为院部活动、人物宣传和医疗技术展示，行文枯燥、语言生硬，造成该医院微信公众号可供关注价值不高。

用微信公众号讲好医院故事是当前公立医院形象传播的重要着力点。一些公立医院通过建立微信矩阵全方位地展现医院样貌，一些医院坚持制作医护专题栏目、发布各类塑造公立医院温情形象的文章，还有医院同相关媒体合作，多维度跟踪式地报道该院人文故事，专业化高，可信度强。

综合起来，使用微信讲故事较好的医院及其特点如下。

四川大学华西医院：在内容上：设置有《医患小故事》，体现了人性的温暖。在呈现方式上，多使用四川口语、方言，幽默风趣；采用对话式（问答）；多有问号和感叹号，引起警醒，吸引人们关注。在拉近和用户距离上、为用户着想上也颇费心思，如汇集人气问题，在公众号中解答，增强双方互动性和人们的参与度。新增智能搜索功能（即用户进入该医院的微信公众号主页，在对话框内输入想知道的科普内容关键词，即可弹出相应的文章），减少了读者获取信息的时间成本。

广东省中医院：自定义菜单中有“广东省中医患者满意度调查”，能够及时进行医患沟通，减少医患冲突的发生；与广州新闻频道合作，“健康100FUN”栏目；科普文章都有当值医生，用户可留言提问，有效增强了用户的使用黏性。

北京协和医院：推送消息里设“医学人文”类目，有患者投稿，以患者的角度赞颂医院先进人物；也有本院医生稿件：写自己的治疗经历与从医感悟，较质朴可读（如品读《一个医生的故事》、《协和从医札记》等），具有浓厚的人文气息。

大连医科大学附属第一医院：设有“院报品读”，“视觉空间”是该院制作的“大医一院·新闻锋线”节目，主要由主持人播报该院新闻；“要闻聚焦”主要是本院撰稿；“外媒关注”则是其他媒体对本院相关新闻的报道。这样展示本院人文及新闻动态就较为全面了。

南京鼓楼医院：“鼓医有爱”、“难忘鼓医”、“鼓医担当”等类目则是对该院先进、典型人物的宣传，“鼓医动态”中有鼓楼医院集团报，全面展示了医院的各方面信息，点面结合，有较强的传播力。

东阳市人民医院：在自定义菜单栏中的“互动”版块开设直播栏目，是与东阳市广播电视台合作所办的栏目，上面有很多歌舞、走秀、小品等节目，表演者都是各科室的医护人员还有患者，特色突出，具有很好的宣传效果。

北京大学第三医院：邀请相关明星制作医护专题节目，在地方卫视播放；在合适的契机，做系列专题栏目，如《北医 105 周年 · 讲述/北医三院刘忠军：做撑起中国脊梁的北医人》、《花好月圆 · 岗位上最美三院人》、《援藏故事/记西藏自治区人民医院的第一次产儿联合查房》；转载其他媒体跟踪采访和报道本院医生的新闻，如《记者蹲点记/麻醉医生的 24 小时》。

河南省人民医院：电子院报（一年 24 期）在微信客户端呈现。第四版即是“人文”，文章采自各科室医护，基本是医患治疗故事的文字呈现，从某种程度上减除医生惯常的“失语”现象，是对医患关系中话语权的软维护；微信矩阵的采用；推送消息里专设“省医人文”一栏，以医护或患者的口吻讲述医患之间的温情故事，配有大量真实图片，增强了文章阅读的真实度，偶有卡通动漫动图等增加阅读的趣味性，粉丝互动良好，后台对粉丝留言的回复率高；省医福音书吧将医院实体中的闪光点通过微信公众号的推送而放大。

在公立医院通过微信公众平台进行形象传播的具体实践中，很多已不仅仅局限于微信平台，而是通过制作 MV、视频、直播、改编医院之歌、建设医院 App 等多种方式来实现对医院形象的宣传。但仍然有一部分公立医院的微信公众号还仅仅停留于更新院部活动、新闻资讯、健康科普知识等阶段。未来公立医院在微信平台建设方面，在如何利用微信平台讲好医院故事上还有很大的提升空间。

3. 微博

公立医院官方微博开通率远低于官方网站和官方微信公众号的开通比例，三级医院官方微博的建设率也远远高于二级医院的建设率。但在突发性医疗传播领域，微博仍然有着其他平台难以比拟的优势。而公立医院在官方微博的维护和运营上确实存在明显的差别，具体表现如下。

公立医院官方微博拥有的粉丝数量差别巨大，例如，同是湖南省的三甲医院，中南大学湘雅医院官方微博的粉丝数量为 10.8 万人（截至 2019 年 7 月），而湖南省第二人民医院的微博粉丝数仅为 1303 人（截至 2019 年 7 月），类似的差距其他地区也广泛存在。大部分公立医院并未形成定期更新微博的习惯。而定期更新的医院的粉丝活跃度明显高于不定期更新的医院，即微博更新的频率越高，粉丝相对更为活跃。

公立医院官方微博多以原创为主，内容主要涉及医院动态、健康科普、新闻资讯、治病救人等几大方面。在原创的同时，也伴随着内容的转发，转发的微博则多与本院动态、健康科普、政府新出台的政策相关。其中，在原创微博内容中，我们还特别注意到：一些公立医院在发布形式和借用事件（突发事件、影视剧、热点事件）进行医院宣传、利用官方微博对突发事件进行回应等方面，有所作为并有所突破。例如，北京协和医院官方微博在线发布有关电视剧《急诊科医生》的剧本审改，还配合剧情发展，对剧中提及的与疾病相关的医学小常识进行专业的讲解，为网友答疑解惑，引起粉丝和其他网友的高度关注和积极互动，对协和医院与时俱进、与年轻人贴近的医院形象有很大的助力作用。

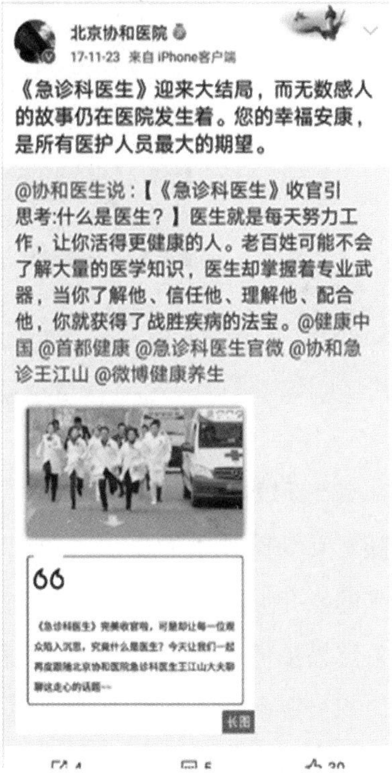

图 10　北京协和医院官方微博关于电视剧《急诊科医生》的互动

同时，在舆论应对中，微博也

为公立医院的形象扭转发挥了很大作用。以中南大学湘雅医院、榆林市第一医院的官方微博为例，2016 年 2 月、8 月、11 月，中南大学湘雅医院分别发生了“患儿向宇晨事件”、“衡阳 4 岁女孩 2 天花费 20 万”、“民警李某扰乱医疗秩序事件”三起医患纠纷，事件发生后，中南大学湘雅医院第一时间通过官方微博进行“强势回应”，公开医院采取的治疗措施，表明对事件的态度，有效澄清了事件真相，控制了舆论走向。

图 11　湘雅医院官方微博的回应

4. 其他新媒体业态的形象传播

随着互联网技术的发展，短视频、直播、视频博客（Vlog）、VR 等各类新兴的媒介形态层出不穷，给公立医院塑造引领社会风尚、贴近时代潮流的形象传播提供了广阔的平台。各家公立医院也在常规的官网、微博、微信之外，积极探索利用这些新兴的媒体技术和形式来提升形象传播能力。其中社会影响力最大的公立医院之一便是四川大学华西医院。华西医院探索“大文章 + 小科普”模式，打造“华西辟谣小分队”科普形象。这一形象通过趣味科普，向公众输出健康知识，在微信、抖音短视频等平台播出。同时还打通线上线下，出版了《华西医院辟谣小分队医学科普读本》等书籍，获得了广泛的社会影响。再如，北京医院举办微电影节，用影像记录北京医院人对红色历史的“基因自信”和文化自信，制作了反映全科医生工作生活的电影《你若安好》，在十九大前夕上映，取得了较好地传播效果。

图 12 《你若安好》电影海报

各家公立医院正在不断摸索，选用这些时下最受欢迎的传播方式，通过数据、图表、卡通图像、视频等多元化的形式进行深度互动融合，涵盖视、听、光、形象、触觉等人们接受资讯的全部感官，形象、生动地解读受众关切的医学问题，让抽象的医学技术变得形象直观，让复杂的疾病诊疗信息变得简洁，让健康科普知识变得耐人寻味。

四 新媒体环境下构建公立医院形象的建议

新媒体的出现为公立医院的形象塑造提供了机遇，如何利用新媒体平台，加强传播与沟通，建立医院在公众中的崇高信誉和良好形象，是摆在公立医院面前的一个重要课题。

（一）转变思想观念

1. 从宣传到传播

新媒体的出现深刻改变了原有的信息传播方式，对媒介生态和传播格局产生了深刻影响。传统的宣传模式已无法适应新媒体时代的发展，公立医院的形象宣传应该转变思想，把握传统媒体及新媒体的传播特点，采取适应不同媒体传播规律的方式。首先是内容，要体现用户思维，以受众为中心，生产对受众有价值的内容；其次是形式，以个性化的表达方式、多样化的形式吸引受众注意，使传播的效果达到最大化。以四川大学华西医院为例，华西医院微信公众号 2015 年 1 月 21 日发送第一条微信；截至 2017 年 7 月 19 日，微信公众号头条共推送文章 105 篇，阅读量 10 万 +，单条最高阅读量 122 万次；2017 年推送 27 条头条文章，有 24 条阅读量 10 万 +。华西医院科普兼备“网红风格，搞笑配图，用方言配以权威知识信息，赚足眼球”。[①]

2. 从单一价值观到多元价值观

长期以来，医院树立典型形象时，倾向于呈现“高大全”的形象，如“三年仅开一张输液单”、“通宵达旦做手术累瘫”、“带病坚持工作”、“两分钱处方治好过敏”等，应采取人文化的叙事逻辑，讲好故事，正确树立医院的媒介形象。例如对医生群体的宣传，应该更注重个性化、立体化，而非树立没有任何道德瑕疵的“完美典型”。从单一价值观到多元价值观的转变需要突破医务人员无所不能的刻板印象，让大众知晓医学也是有极限的，豆瓣评分 9.6 的纪录片《人间世》就记录了医务人员拼尽全力而失败的案例，更加折射出优质医疗资源的进展和医学的无奈，使大众看到真实的医院。从单一价值观到多元价值观的转变还需要突出医务人员的个性特点，2018 年 5 月 11 日，国

---

① 华西医院：如何把医院科普微信写到十万加，搜狐网，http：//www.sohu.com/a/162637144_245023。

际护士节前一晚，深圳市卫计委的微信公众号推送了一条题为“戏精女护士爆笑吐槽，看完眼泪都要笑出来了”的微信，据媒体报道，“微信推出1个小时阅读量即破10万+。经新华社、人民日报、央视新闻、腾讯、抖音等各大平台转发，至5月14日，全网点击量已超过5000万”。深圳市卫计委微信公众号的粉丝已经突破100万人，在深圳政务新媒体排行榜上稳居前列，被广东省互联网信息办公室评为2017年度广东省十大最具影响力政务微信。[①] 这次传播成功的原因就在于“去权威化”，突破了以往大众对医务人员的刻板印象。

3. 从“两微一端”到“两微一端一短”

2017年起，短视频行业全面爆发，到2018年，这一热门风口进入成熟期，但势头依旧迅猛，从用户规模、短视频数量到平台种类及资金投入均大大超过2017年。抖音的快速增长更成为2018年上半年互联网的奇迹，从1月的日活3000万人到6月的1.5亿人，其火爆点燃了整个短视频行业。[②] 短视频也是公立医院进行形象塑造的新平台，目前公立医院对抖音等短视频平台的认知和运营仍需提升，在内容运营上把握短视频的传播特点，注重结合热点、卫生行业特点，创新思维方式、打造自己合适的“人设”，借助短视频的传播优势实现形象塑造。

（二）积极争取话语权

1. 进行自我形象构建

新媒体的主要特点之一就是传受关系的转变，传统媒体时代，只能通过报纸、电视、广播等媒体进行传播，受众只能被动接收信息。新媒体使原来的“单向传播”变为“双向传播”，每个人都可以成为传播者，这也为医院主动塑造形象提供了条件。公立医院应主动作为，积极加强与社会的沟通，塑造自己救死扶伤、以患者为中心的形象。消解大众对于公立医院的固有偏

① 李鸿文：《5000万级主旋律“爆款”如何炼成——从短视频〈戏精女护士〉看〈晶报〉“视频优先”探索》，《中国记者》2018年第6期，第98页。

② 黄楚新、王丹丹：《2018年中国新媒体发展特点和趋势》，《新闻战线》2019年第1期，第25页。

见，重塑媒介形象。根据清博指数，以医院为关键词对微信公众号进行搜索，得到 11737 个结果，可以看出公立医院越来越重视新媒体的传播影响力。以北京市为例，北京市卫健委每年对所属三级医疗机构在互联网及微博、微信平台上的传播情况进行监测，根据官方微博的粉丝数、微博数、转发数、评论数等，微信公众号的文章数、阅读数、点赞数等指标，综合得出医院官方账号的“影响力”，并提出运营建议，大大提升了医院的新媒体传播能力。

2. 强化与社会的沟通

医学是一门极为复杂的科学，由于医学知识的匮乏，与医院相比，大众一般处于信息弱势的一方，而媒体由于媒介素养的不同和对负面信息的传播偏好，倾向于医患之间的负面新闻及吸引眼球的标题。这就导致公立医院负面形象的传播和理解偏差。2016 年发生的“丢肾门”及“纱布门”事件是借助新媒体发声扭转舆情的典型事件。两起事件有共同特点，第一，都是由于媒体的不客观报道导致大众对医院的广泛质疑。“丢肾门”事件的起因是 2016 年《新安晚报》题为《做完胸腔手术，右肾离奇失踪》的报道，报道中称，刘某因车祸在徐州医学院附属医院做了胸腔手术，几个月后去多家医院检查均显示“右肾缺如”。“纱布门”事件的起因是 2016 年山东电视台《生活帮》播出一条新闻，称产妇徐某在潍坊妇幼保健院接受剖宫产术后，医生忘记取出纱布，将纱布留在子宫。媒体客观调查的缺位和报道的不完整导致片面失实的新闻呈现，对医院形象造成损害。第二，通过新媒体发声扭转舆论。不实报道出现后，“离奇失踪”、“重磅调查”、“子宫异物”等描述留给大众想象的巨大空间，既往形成的刻板印象引发了大众对医院医德、医疗水平的强烈质疑，事件在民间舆论场迅速引起热议。此后医院、医疗自媒体及医疗界大 V 纷纷通过自媒体发声进行情况说明，传统媒体跟进，主流舆论场对舆论进行疏导，真相得以澄清，公众舆论回归客观理性。

（三）重视舆情应对

1. 研究舆情演变规律

新媒体传播环境下，负面信息快速增殖，大面积传播引发巨大社会关注，舆情引发的负面影响为医院带来社会形象、信誉等方面的损失。每件网络舆情都要经历从发生、发展到热度到达顶峰、随之消退到最终消亡的过程。应根据舆情在每个阶段的不同特点，分阶段处置，积极引导舆论。

2. 把握舆情应对技巧

首先是要重视舆情监测，建立监测系统，将舆情应对的关口前移，及时发现潜在的网络负面舆论，防患于未然。其次是要尊重网民言论自由，接受批评、质疑的声音。再次，是要提升舆情快速反应能力，新媒体的环境下舆情周期大大缩短，要抓住舆情处置的黄金时间，争取主动权。最后，发布信息要客观真实，以避免信息失真导致次生舆情发生。要注意表达方式，通过主动设置议程，实现对舆论的积极有效引导。

五　妥善利用新媒体，提升公立医院的社会形象

医院形象是一种无形资产，是医院文化的重要组成部分。形象本身取决于医疗质量等因素，而形象传播则是将公立医院的发展、进步和医院所有员工的付出客观、完整、生动地呈现在受众面前。对于公立医院而言，全媒体化的产生和壮大，不仅是医院新闻报道的形式发生变化，也是在形象传播过程中整体模式上的一次革命。

传播内容从“硬”到“软”。在公立医院中长期的形象传播过程中，“以我为主”的传播理念让公立医院习惯于展现自身“硬朗”的一面，最常见的对外宣传即是省内首例、国内首例，甚至世界首例等开创性的举措。但在全媒体时代，受众成为不折不扣的传播的主体，“唯技术论”的传播思路，“坚硬冰冷”的话语体系难以满足受众对公立医院的期待。有血有肉、温暖关爱的医患故事往往更能打动人心，也适宜通过新媒体等方式宣传，更能够向全社会展示一所医院的情怀和担当，是塑造医院形象的关键之一。

另外，随着人们物质生活水平的提高，普适程度高的健康类话题可谓是天生的“热点”。随着“健康中国”行动的落实，公立医院在健康普及中将发挥不可替代的作用。因此，新媒体手段给掌握了权威的健康知识和疾病预

防知识的公立医院提供了进行科普的各类通道，从文字、视频、图标、数据等多方面均能进行高效的健康传播，从而提升公立医院服务社会、惠及大众的正面形象。

传播渠道从“窄”到“宽”。新媒体的发展迅猛，让传播平台的多元化和精细化成为必然。尽管传统媒体的影响力有所减弱，但其作为大众媒介的公信力依然不可小觑，对公立医院来说仍然是一块重要的宣传阵地，尤其是，传统媒体的信息表达方式适用于医院实力技术展现、疑难病例，以医患故事为主，有助于积累良好口碑，不断彰显医院和学科的社会影响力。

而新媒体的广泛应用无疑拓宽了公立医院的形象传播渠道。公立医院可以充分利用这些平台，发布人文、健康科普等信息，展示医院不同的维度，可以共同塑造并强化医院的形象。

传播视角从“我”到“他”。无论技术如何进步，权威、优质的内容资源都是稀缺品。在公立医院的形象传播中，要让受众从“你要我读”转变为“我要分享”，自觉参与到医院形象传播中来。这需要在策划内容时选择受公众关注的话题，在内容的推送形式上不断推陈出新，同时实现各类传播方式的深度融合。通过各类作品打破公立医院千篇一律的刻板形象，塑造有效的形象价值并到达用户，才能获得持续的关注，实现公立医院形象传播的效果最大化。

B.10

食品药品突发事件的风险监测与舆论引导

苏　婧*

摘　要： 食品药品近年来始终是舆论关注的热点话题，本报告梳理了2018年食品药品舆情的特点，包括：餐饮舆情高发，食品领域老问题、新挑战并存；药品领域突发事件频发，舆情热度增加；社交媒体平台作用凸显及客观事实和公众情绪构成食品药品舆情的"一体两面"。鉴于食品药品舆情呈现的新趋势、新特点，本报告基于对食药舆情的"一体两面"和公众情绪的分析提出了三条建议：一是树立全流程引导意识，持续发声，有始有终；二是探索社会共治；三是对于突发食品药品事件的定性要准确。

关键词： 食品安全　自媒体　后真相　舆论引导

一　2018年以来食品药品舆情主要特点

（一）餐饮舆情高发，食品领域老问题、新挑战并存

食品近年来始终是舆论场上备受关注的议题，信息量从2016年1160余

* 苏婧，清华大学健康传播研究所执行所长，研究方向为健康传播。

万条，增加到了2018年的2145余万条，关注度持续增加①。

从2018年食品信息涉及的品类来看，涵盖餐饮、肉及肉制品、保健食品、乳及乳制品、酒类、水产品及其他制品、调味品、饮料、糕点等，其中餐饮占比超过26%②，舆情高发。

餐饮食品安全始终是食品安全问题频发、舆论关注度高的话题。而随着行业新业态的发展，也带来了新挑战，使食品领域的热点事件呈现出新老问题交织的特点：

一是校园食品安全问题，以使用过期、变质食材，食物中毒，以次充好等为主，发生学校涉及幼儿园、小学、初中和大学，如安徽芜湖幼儿园使用过期食品事件、上海理工大学食物中毒事件等。

二是原材料问题，2018年5月28日，梨视频发布了小龙坎火锅“老油反复使用”的食品，曝光小龙坎部分火锅门店存在使用回收火锅油再加工使用问题。

三是后厨卫生问题，包括后厨、餐具清洁不到位、不规范等，如上海多家知名餐饮连锁餐具检出大肠菌群事件。

四是外卖食品问题，外卖作为一种新兴的业态，已成为不少年轻人生活的必需品，尽管国家和地方出台了诸多的监管举措确保外卖食品安全，但仍存在很多问题，如商家证照信息不全、“幽灵餐厅”“黑餐厅”、外卖速食料理包不合格等；

五是网红食品问题，线下如网红奶茶店、饮品店卫生环境不达标、操作流程不规范、使用原材料标识等；线上如各类微商借助抖音、快手、微信等售卖三无食品等。

食品标准的出台，有助于促进我国食品产业的健康、有序发展。“标准”也是2018年食品舆情关注的另一个关键词，有关于标准是否科学的讨

① 资料来源：中国食品药品舆情监测中心，http：//124.251.60.245/content/201901/08/c267334.html。

② 资料来源：中国食品药品舆情监测中心，http：//124.251.60.245/content/201901/08/c267336.html。

论，如中国水产流通与加工协会发布《生食三文鱼》团体标准，将虹鳟归为三文鱼的范畴，引发“淡水虹鳟鱼在市场上是否冒充大西洋三文鱼”的热议；也有由于标准不统一产生的“同品不同标”问题，如由于辣条标准不统一导致企业产品异地抽检不合格等。

（二）药品领域突发事件频出，舆情热度增加

一是药品相关信息数据量增加明显，涉及领域广泛。统计显示，2018年药品相关信息量达1498万，较2016年的113万和2017年102万，分别增长了13.3倍和14.7倍[①]，舆情热度陡增。从热点话题涉及领域来看，除抗癌药降价、中药质量安全、疫苗安全等传统热门话题外，舆论关注点还延伸到了中药注射剂、功效性牙膏、非处方药等领域。

二是热点事件频发，舆情热度长期处于高位。与以往相比，2018年药品领域突发事件的烈度更大、热度更高，持续时间也更长。“鸿茅药酒配方引争议”“电影《我不是药神》引发仿制药热议”“长春长生违法违规生产狂犬病疫苗事件”“华海药业缬沙坦被检出杂质”等事件，均引发了舆论场15天以上的关注和讨论，舆情热度长期处于高位。

三是舆论观点多元、讨论更加深入。2018年以来，舆论对于药品领域突发事件的讨论，不再局限于事件本身，而是从个案出发，思考、探讨事件背后的规范、标准等问题。如“鸿茅药酒配方引争议”事件，起源于媒体报道内蒙古凉城县警方跨省追捕而引起舆论关注，后续媒体除关注涉事人员的处置外，还延伸至对鸿茅药酒的身份——是药还是酒、鸿茅药酒的安全性和有效性、非处方药上市后的监管与再评价等问题的关注；再如电影《我不是药神》上市后，舆论场除聚焦国家出台的抗癌药降价的相关举措外，还有关于国外原研药为何价格奇高，我国在鼓励药物创新、推动药品审评审批改革等方面的讨论。

此外，2018年以来，多家上市药企卷入药品突发事件中，如长春长生、

① 中国食品药品舆情监测中心，http：//124.251.60.245/content/201901/08/c267338.html。

华海制药、云南白药等，企业作为上市公司，牵涉多个部门的监管，同时其应收变量、股权变动等，也是财经类媒体跟进的热点，在一定程度上增加了此类药品舆情的复杂性。

四是舆情“触点”多元分散。相较于前些年的药品突发事件多是由媒体（包括自媒体）深度报道引发，2018 年以来“引燃”舆论场的因素更加多元：对抗癌药入医保、抗癌药降价以及关于药品审评审批制度的讨论，是由电影《我不是药神》引发；长春长生违法违规生产狂犬病疫苗事件，始于监管部门两次主动信息披露，一次为国家药监局公布飞行检查结果，一次为原吉林省食药监局公布对 2017 年 10 月长春长生百白破疫苗效价不合格的处置结果；而重庆医工院被举报违反《药品管理法》，则是因为内部员工的网上举报。从这一角度来看，药品舆情的不确定性日益加强，面临的舆论风险有所增加。

（三）社交媒体平台作用凸显

信息技术的发展把社会推入“人人都是记者”的自媒体时代，一方面，信源主体的多元化对政府的信息发布产生了倒逼的作用，推动信息发布更加透明、发言更加谨慎。另一方面，自媒体的蓬勃发展，也改变了公众的信息接收方式和讨论的路径。

一是成为“引燃”舆论场的导火索。从 2015 年开始，自媒体步入快速发展期，经过几年的打磨运营及受众积累，一些长期活跃、有代表性的自媒体尤其是微信公众号开始在舆论场脱颖而出，如赛柏蓝、蒲公英、丁香园，及有关作者如半夏、仲夏云秋夜等，他们所发表的食品药品相关的微信文章，单篇阅读量已多次破“10W +”，已成为食药领域的意见领袖。2018 年以来，这些自媒体已不再满足于“蹭热点”，而是开始“找热点”，从事件的追踪报道转向主动寻找新闻线索、设置舆论议题。2018 年 12 月 25 日，丁香医生发文《百亿保健帝国权健和他阴影下的中国家庭》，称三年前一名七岁患病女童周某在北京儿童医院治疗后，肿瘤标志物一度接近了正常水平，吃了两个月权健公司所谓的抗癌药产品后死亡，但在小女孩奄奄一息的时候，权健却称其重获新生并在网络上大肆宣传，周某的父母将权健告上法庭却败诉。此文一出，迅速将权健送上了热搜榜，成为舆论热议话题。

二是成为推动舆情发展的助燃剂。随着互联网社交、资讯凭条的进一步发展，各大媒体平台间的竞争日趋激烈，腾讯、百度、UC、新浪、今日头条、网易、搜狐等众多平台在争夺互联网流量。其中，原创内容作者成为各平台争夺的焦点，如今日头条多次提出头条号作者奖励计划。在这一背景下，食药领域的一些专家、学者、医生、记者以及自媒体也纷纷入驻各大平台。这些平台也逐渐成为这些“专业人士”的发声平台。与普通记者相比，他们对于食药领域的研究更深、了解更多，甚至自己就是“局内人”，能够自己生产内容和传播内容；与权威专家相比，他们深谙信息传播的知识和技巧，成为更受公众信任的“权威”“专家”。在这种背景下，因为有平台、有流量、有知识、有信任，他们也乐于在突发食品药品事件中，根据自己的专业所长，从不同角度撰写“深度”“解读”“揭露”类的文章，为舆论场的讨论提供新的话题。2018 年 7 月 21 日晚，微信公众号“兽楼处”的《疫苗之王》刷爆朋友圈，引起了媒体和公众对于长春长生公司的关注和讨论。此后，关于该公司的发展历程、过往经历、经营状况等成为媒体和公众讨论的热点话题之一。

（四）客观事实和公众情绪构成食品药品舆情的“一体两面”

近年来，在食品药品舆情事件的发酵发展过程中，社会情绪的推动作用愈发明显，客观事实和公众情绪构成舆情发展的“一体两面”。从风险的角度来看，客观事实源自对客观风险的评估，公众情绪则与公众的风险感受有关。

“风险”的传统概念基本认为“风险 = 事件发生的概率 * 特定后果的规模大小”，聚焦风险中“物理性的、实际有型的、可悲供量化的部分”，而缺少风险语境中“人”对于风险的主观感知。在此基础上，风险沟通研究者桑德曼 · 斯洛维奇（Sandman Slovic）提出了“risk = hazard + outrage”（风险 = 危害 + 愤怒）的命题①。

① 李希光、苏婧：《科学与新闻之争——十年疫苗事件中的媒体与传播》，清华大学出版社，2018。

尽管风险评估有一套科学的程序和方法，政府部门和科学家能够利用这套程序和方法，客观地对风险作出评价，但评估的风险与公众的感受存在明显差距，特别是当公众主观认为某一危害物带来的危害高，而风险评估的结论是危害低，那么公众不仅会对官方发布的权威信息表示不信任，并会将这种不信任和感知到的风险裹挟到事件的非理性讨论中去。

例如，2018 年上海中芯国际学校后厨发现过期食物事件引发社会持续性的关注，一度演变成为全国范围热议的舆情事件，从安全风险来看，相关监管部门收到投诉举报后立即赶往现场进行取证调查，调查结果显示，涉事学校并未出现情节极其恶劣的过失，也未造成严重的实质性的危害；但该事件所引发的主观情绪的高愤怒使其演变为持续性的、全国范围热议的事件，值得思考。

2016 年，后真相（post-truth）成为《牛津词典》选出的年度英文词，后真相也成为近些年食品药品舆情的特点。后真相的基本特征是情感先于事实，主要表现为主观化和情绪化：一方面，受内外部因素的影响，信息发布者有着自己对于信息的价值判断，有权选择报道什么、如何报道，因而对事实有所选择，这种最终呈现的信息，实则包含了他们的价值和情绪；另一方面，算法新闻的流行，看似满足了公众只接收自己感兴趣、符合自我价值观信息的目的，但实则剥夺了公众独立思考的能力——公众无法看到“多面”的事实、“完整”的经过和“多元”的意见和讨论，而只能不断接收重复的、同质的事实、观点和价值，由此产生的结果是，他们越来越无法听到和信任其他的声音，无法理性看待和思考舆论场中的热点事件，更有甚者，还会用符合自我认知的方式去表达自己对事件的看法、意见，甚至是改写事件，进行进一步的传播。

二　食品药品事件舆论引导建议

简单来说，舆论是公众中存在的各种意见的集合，是社会或社会群体对特定事务、现象有一定倾向性意见和情绪的综合。舆论在一定程度上能够对事态发展和人们的思想、行为产生影响。

在现实生活当中，普遍存在着三个舆论场，即社会舆论场、新闻舆论场和网络舆论场：社会舆论场是对公众意见的反映和汇集；新闻舆论场是通过新闻媒介所传播的信息而形成的舆论；网络舆论场则是通过微博、微信、论坛、博客等社交媒体传播信息形成的舆论。某种程度上来说，社会舆论较为完整地反映了公众对某一事件的意见和看法，但新闻舆论和网络舆论凭借其对信息和传播渠道的掌握，在一定程度上影响了社会舆论的形成和走向。

食品药品突发事件舆论引导的目的不是单纯的“息事宁人”，而是在解决问题的同时，将公众对事件的关心引向理性讨论的道路，更好地保障食品药品安全，促进整个行业、产业良性发展。

（一）树立全流程引导意识，持续发声，有始有终

食品药品突发事件是对常态舆论场的打破，此时舆论场中的声音复杂、多元，不利于公众厘清事件真相、进行理性思考、做出科学判断。如果舆论引导不到位，将可能导致谣言与真相齐飞，不利于事件的妥善解决。

开展食品药品突发事件舆论引导工作，首要的是树立全流程引导意识，明确从事件的发生到解决，舆论引导工作需要贯穿始终，不能虎头蛇尾。若仅在舆情爆发之初表示关切，而无后续进展，长此以往将危害政府公信；若待舆情平息回落、关注度转移，才悄无声息地公布调查结果，将难以扭转公众心中的刻板成见、导致恶性循环。对突发事件的舆论引导，必须根据舆情的发展变化以及事件调查的进展，持续发声、持续引导。在舆论引导过程中，需对以下事项重点关注。

一是对公众关心的核心问题进行解答和回应。食品药品直接关系到公众的身体健康和生命安全，决定了他们对此类突发事件的关注程度要高于其他事件。也正是因为如此，在开展舆论引导的过程中，要能够了解公众关心的问题，并进行及时的解答和回应，如此才能够消解公众的不安全感，也才能够帮助他们理性、科学地看待食品药品突发事件。以 2018 年的长春长生违

法违规生产狂犬病疫苗为例，事件发生后，公众最关心的是：我的孩子是否接种了涉事疫苗；如果接种了涉事疫苗，是否会对孩子的身体健康造成影响；接种了涉事疫苗，后续是否还需要补种；如果需要补种，该去哪里补种等。为了解答公众的疑惑，国家卫健委、国家药监局等部委，相继发布了一系列科普文章，为公众答疑解惑，以减少公众忧虑，引导公众回归理性。

二是要主动向公众发布关于事件处理的最新举措。食品药品事件发生后，不仅要对公众关心的问题进行解答，也要主动向公众发布关于事件处理的最新举措，特别是确保食品药品安全的监管举措、对涉事企业的处罚措施，在给公众一个明确交代的同时，也能够让公众对未来的食品药品安全有信心。2018 年长春长生违法违规生产狂犬病疫苗事件被揭露后，国务院调查组、国家市场总局、国家药监局等，均主动通过各种途径，对事件的调查结果、相关人员的被处罚结果、后续确保疫苗安全性的监管举措进行持续的公布，缓解社会恐慌。

三是态度诚恳，重视公众情绪。食品药品突发事件的发生，尽管绝大多数是由企业等当事方引起，但政府部门仍被公众习惯性地认为负有监管不到位的责任。因此，对食品药品突发事件的舆论引导，不仅是要妥善解决事件中暴露的问题、纾解公众的情绪，也是在维系公众对于政府部门的信任。这要求在回应热点、解答疑问的过程中，有关部门要态度诚恳、重视公众的情绪。重视公众的情绪，简单来说，就是引导措辞要“合时宜”，照顾涉事群体和公众的情绪。2019 年 3 月 17 日，在成都七中校园食品安全事件解决之际，当地某政务微博发布了一则信息《学生的笑容，老师的拥抱！成都七中实验学生今日正常返校》，表示“学校恢复了欢腾的景象，学生们久违的微笑一扫疑虑”。尽管该微博是在对事件的最新进展进行陈述，但由于公众尚未从事件中走出来，这种“欢快”的回应措辞并不合时宜，从而在网络上引起了一波负面的讨论。

（二）探索社会共治

时任国务院副总理汪洋同志指出，食品药品安全是重大民生问题、经济问题和政治问题①。近年来，随着科技水平的提升及与国际市场的全面接轨，我国食品、药品、保健食品、化妆品及医疗器械企业数量和产业规模持续不断扩大，繁荣的食药市场在创造巨大经济价值、改善居民生活的同时，也为监管者提出了更为严峻紧迫的挑战。

上述产业规模不断扩大，以及国内市场与世界经济愈发密切的互动，都为当下的食药监管工作提出了诸多新挑战：如食品生产格局仍处于厂商各自为营的小生产阶段、风险源头分散隐蔽；药品研发创新力不足、仿制药的安全性和有效性有待提升；转型期系统性风险显现，土壤重金属超标、空气污染对粮食、蔬菜、中药材产生影响；食品药品安全事件频发，公众对国产品牌的信任度不断下降等。

对纷繁复杂的食药监管现状，原国家食药监总局局长张勇，全面细致地阐释了“社会共治”理念，指出：要在不遗余力强化政府监管的同时，唤醒和激发每一个利益相关方的积极性和全社会的正能量，并在此基础上完善激励引导政策，使食品安全社会共治格局机制化、长期化。张勇提出，构建社会共治格局，需要监管部门自身努力、严格公正，使监管公信力成为社会共治的推动力；需要各职能部门紧密配合、协调联动，使职能协同力成为社会共治的引导力；需要培育各类参与主体和参与模式，促进主体多元化以增强社会共治的创造力；需要完善引导政策、激活利益机制，运用市场规律催生社会共治的新活力；需要社会各方有序参与、规范活动，以最大的理性和合作增强社会共治的聚合力。

社会共治的公共管理模式，是以政府组织为主导、与各方利益主体的有效合作，体现民主法治和高效执政的改革方向，体现以民为本、可持续发展的科学理念，能够有效服务于社会与公民，有效地服务于经济发展与社会整合，既富有活力又能保持创新，是一种国家与社会、政府与公民的和谐状态。

如同破解食品药品安全困局须倡导建立社会共治机制一样，舆论引导也

---

① 李资资：《国家与社会互动理论的研究述评》，《学术界》2008 年 1 月。

须建立共治格局，借力使力，共同发声，才能在盘根错节的舆论场中不断形成以“我”为主的阵营并巩固壮大。一方面，在众声喧哗的自媒体时代，如果政府部门不懂得调动各方资源、共同发声、形成共振，恐将势单力薄、发声艰难；另一方面，舆情干预若缺乏配合和支持力量，容易令政府部门陷入自说自话、王婆卖瓜的尴尬，难以令公众信服。故此，政府部门应在日常积累专家库、媒体库、意见大 V 库、行业领袖库等等，在突发事件后懂得如何组合资源、调配资源、激励资源，让专家说、让媒体说、让公众说、让企业说。尤其是涉及专业性较强和偏见较深的话题时，政府舆论引导大包大揽，很有可能适得其反。

（三）事件定性要准确

食品药品事件是公共安全事件中的重要内容，也是维护人们健康和社会稳定的基础。食品药品事件话题本身具有公众性，因此，较其他事件其受关注程度更高。而随着互联网的不断发展，企业被曝出各种食品药品安全问题屡见不鲜，处在情绪爆发边缘的公众更加敏感且易“被点燃”，一些无良媒体刻意带偏舆论，干扰事件的预判和处置。

事件定性实际上是在事件调查清楚后，对事件的起因、经过、性质等关键信息给出权威界定，主动掌握事件的定义权和解释权，对事件进行梳理和解读，以此设置议程、抢夺先机，避免网络上出现不良解读与舆论失焦。这有助于厘清公众对事件的认知，更加理性地看待事件本身，从尾端切断舆情的发酵，避免矛盾升级。

准确定性，才能对接舆论的期许，避免舆论讨论复杂化，有效降低公众的不安全感，为事件的平稳发展起到“定海神针”的作用。例如，2016 年山东济南疫苗案被曝出后，国务院进行了详尽的调查和取证，公布了疫苗的具体流向及影响范围、确切漏洞等关键信息，国务院常务会议将此案定性为“严重违法犯罪行为”。基于数据分析和实验室检测结果，国家食品药品监督管理总局明确表示涉案疫苗不存在安全性、有效性方面的问题，为该事件理出了清晰的思路，最后平息了这场风波。因此，相业部门对媒体、公众宣布事件调查结果时，定性与表述一定要科学、准确，直指事件的本质，反映事件产生的原因及相关责任方等。要顾及公众的认知习惯，尽量减少两者之间的认知差异，使“传播的”和“理解的”趋同一致。

事件定性准确不仅对于公众了解真相具有重要作用，也是各部门执行工作的参考准则。将涉事单位、当事人交由何处处置、惩处标准如何，都需要定性之后执行。从长远来看，这对于维护市场秩序、维护人民利益、依法严厉打击违法行为、建设法治社会也具有重大意义。

B.11
中国健康传播领域的辟谣实践

王良兰　刘嘉文*

摘　要： 近年来，中国加强对健康谣言的治理，取得了积极的成效。本报告重点关注中国健康谣言的治理问题，梳理了我国近年来的辟谣实践经验：追溯谣言源头，依法严惩；抓住时机，及时用事实辟谣；通过官方媒体和民间媒体的合作，借助有影响力的媒体平台，结合线下的实践综合治理谣言等。分析了我国健康谣言产生的原因：市场竞争导致谣言传播，媒体跟风报道造成信息真假难辨，公众盲从缺乏辨别能力。从整体看，我国健康谣言信源模糊，细节粗糙，滥用概念，诉诸恐惧，利用人际传播扩大影响力。未来治理健康谣言，应加强实时监测，完善健康谣言治理法律规范，媒体应客观报道，探索社交平台的辟谣手段，增强民众辨别谣言的能力，最重要的是寻找谣言传播规律，提前预防，在谣言出现之前，把正确的科普知识传递给公众。

关键词： 健康谣言　社交平台　辟谣效果　舆论

习近平总书记在十九大报告中提出“健康中国”战略。“健康中国”战

* 王良兰，原国家食品药品监督管理总局新闻发言人，中国传媒大学健康与环境传播研究所联合所长，高级研究员，研究方向为品牌传播与危机管理；刘嘉文，中国传媒大学2018级传播学硕士，研究方向为媒介与女性。

略的根本目的是提高全体人民的健康水平，促进人的全面发展和经济社会的健康发展。2019 年 6 月 24 日，国务院印发《国务院关于实施“健康中国”行动的意见》。2019 年 7 月 15 日，国务院办公厅印发《“健康中国”行动组织实施和考核方案》，方案指出要“普及健康知识，引导群众建立正确健康观，加强早期干预，形成有利于健康的生活方式、生态环境和社会环境。”可见，建设“健康中国”，普及健康知识，离不开社会每个人的参与。但是在新媒体环境下，很多健康谣言披着健康知识的外衣，影响大众对健康的正确认识，扰乱我国健康环境。

随着中国特色社会主义进入新时代，人民群众的健康权益会得到更好的维护，而如何通过健康传播传递正确的健康观念，抵制健康谣言，减少健康谣言带来的危害，也成为我国面临的挑战。本报告重点关注中国健康类谣言问题，通过梳理国家近年来为治理健康类谣言采取的行动、推出的政策和典型的案例，分析我国健康类谣言产生及传播的原因，分析健康类谣言的特点，研讨未来在新媒体环境下如何更好地推进治理健康类谣言的实践。

一　谣言与健康谣言

谣言是经非正式渠道广泛流传的未经证实的信息，或某个传播系统中历经若干发展阶段而未加证实的信息。[①] 谣言与风险社会相伴共生，并成为公众生活中常见的信息形态。[②] 根据谣言的定义，健康谣言是指经非正式渠道广泛流传的未经证实的与健康相关的信息，包括食品安全、突发医疗卫生事件、养生、医患关系等多个与个人健康紧密相关的方面。健康类谣言因为与人们的生活息息相关，成为屡禁不止的谣言重灾区。

谣言自古就有，古代的谣言多以“小道消息”、“奇闻异事”的形式出现，通过百姓口口相传，以人际传播的方式扩散开来，传播范围和影响程度

① 蔡静：《流言：阴影中的社会传播》，中国广播电视出版社，2008，第 10 页。
② 冯强、马志浩：《网络谣言的传播效果与社会阶层差异——以网络食品谣言为分析对象》，《新闻与传播评论》2019 年第 4 期。

有限。但是在新媒体时代，谣言借助互联网极大的信息容量和迅速传播的社交网站，通过多种传播方式，达到了前所未有的传播范围和影响能力，成为生活中躲不开、防不住的一部分。根据中国青年报社社会调查中心联合问卷网对2006名受访者进行的一项调查，87.7%的受访者在网上遇到过小视频谣言，受访者认为小视频谣言在明星八卦（54.7%）、生活健康（43.4%）和社会安全（38.2%）等领域较多。

在纷繁复杂的谣言中，关于健康的谣言从未停止，且愈演愈烈。中国社会科学院新闻与传播研究所组织编写的《新媒体蓝皮书》（2014）中提到，在微信中，食品安全类、人身安全类、健康相关类已经成为谣言重灾区，微信每天拦截谣言达210万次；中山大学大数据传播实验室推出的《微信“谣言”分析报告》分析了自2015年4月10日至6月5日的周举报数排名前100位的谣言，共600篇公众号文章，排名靠前的谣言主题就有健康养生和疾病。[①]

中山大学和腾讯公司联合出品的《2018年网络谣言治理报告》显示，2018年，微信平台共拦截网络谣言8.4万余条，辟谣文章阅读量近11亿次。其中，食品安全、医疗健康、社会民生等领域成为网络谣言“重灾区”。

依据传播内容，健康谣言可分为“积极谣言”和“消极谣言”，积极谣言主要内容是将某食物、产品、行动、服务、环境等的收益夸大，赋予其未经证实的好处。比如王老吉声称凉茶可以延长10%的生命、“养生专家”称绿豆可以治疗“非典”、网传吃杨梅不吐核能清肠解毒、坚持吃21天大白菜可排毒等等。“消极谣言”是指谣言将某种食物、产品、行动、服务、环境等污名化，宣传其没有科学依据的危害，包括大蒜炝锅会引发癌症、撕不烂的紫菜是用废旧塑料做的、肉松饼是用棉花做的等。

无论是积极谣言还是消极谣言，都是对科学的一种扭曲、误读。健康谣言不仅会影响个体对真正健康生活的认识，进而影响其行为，而且会影响行业发展、污染网络环境、扰乱社会秩序。某一突发舆情事件一旦处理不恰

---

① 《明硕勋：朋友圈理应拒绝“健康谣言”》，荆楚网，http：//focus.cnhubei.com/original/201601/t3504553.shtml，访问时间2019年7月21日。

当，很可能变成全国性的舆情事件，治理难度极大，造成的后果极其恶劣。最严重的是，即使谣言被揭穿，人们往往会记住谣言本身，而忽略或忘记事实，谣言的影响是长远的。

二　我国辟谣实践的经验教训

（一）完善法律法规和工作机制

我国通过颁布法律、建立专门机构、组织相应行动等方式，营造良好的舆论环境，减少谣言对公众的影响。2013 年 9 月最高人民法院、最高人民检察院发布的司法解释，将网络谣言治理进行了量化标准的界定：同一诽谤信息，实际被点击、浏览次数达到 5000 次以上，或者转发次数达到 500 次以上的情形，应当被认定为诽谤罪构成中的情节严重。同时我国设立了国家互联网信息办公室、中国互联网协会“违法和不良信息举报中心”网站、公安部网络违法犯罪举报网站等机构或网站来进行网络监管。同时，针对自媒体健康谣言频发的乱象，我国政府组织多次专项治理行动。

此外，针对谣言的重灾区健康谣言，我国出台专门的文件，采取专门行动。2017 年 7 月，国家食药监总局牵头起草，10 部门联合印发了《关于加强食品安全谣言防控和治理工作的通知》，要求构建谣言治理长效机制，形成谣言治理合力；利用谣言数据库，分析季节性谣言热点等。[①]

（二）成功的辟谣经验

我国从大处着眼、小处着手，综合预防治理谣言，及时介入舆论场，积极引导大众舆论，在辟谣实践中取得了很多成功的经验。

抓住时机，及时辟谣，用事实说话。2018 年，有一则消息称在武汉光

---

① 《多方合力，重拳严打网络谣言》，东南网，http：//py. fjsen. com/2019 - 06/26/content_22437145. htm，访问时间 2019 年 7 月 30 日。

谷地铁站，艾滋病患者利用针孔刺扎乘客、恶意报复社会，消息中详细记录了自己作为“受害人”的经历，时间、地点和细节都很详尽，被网友广泛转发，甚至网上还出现了发生在其他地区的类似事件。武汉警方在其微博“平安武汉”上及时辟谣，通过报警记录、发帖人等多证据证明那是谣言，及时阻止了谣言的进一步扩散。

借助影响力平台，增强辟谣效果。一年一度的央视“3·15”晚会作为一台维护消费者权益的公益晚会，在我国拥有广泛的受众，具有较大的影响力，每年的晚会都会成为国人关注、企业重视、媒体报道的大事。近几年，破除健康谣言的内容成为3·15晚会上的一大亮点，既丰富了保护消费者权益的内容，同时又借助3·15晚会的影响力，强化了破除谣言的效果。

官方媒体与民间媒体合作，形成辟谣合力。当前，很多自媒体传播者具有不容小觑的传播力和影响力，这些自媒体通过社交平台，生产高质量的内容，与其他受众轻松互动，与其他自媒体合作，积累了一批高忠诚度用户。政府、主流媒体与这些自媒体合作，一方面可以将自身的公信力与自媒体的传播力结合以实现双赢，达到更好的辟谣效果；另一方面也可以在合作中加强自身新媒体的建设，增强官方媒体在网络舆论空间的影响力。2018年7月，长春长生公司被爆出狂犬疫苗和百白破疫苗的问题，引起家长恐慌，出现了一些家长不敢给孩子打疫苗的情况，7月22日，丁香医生和新华社联合发表文章《长春长生疫苗事件后，每个人都该知道的7个答案》，针对大众关心的问题及时、正面地给出回答，取得了非常好的传播效果。

线上线下结合，现场实验辟谣。针对网上流传的“打针螃蟹”、“注胶螃蟹”的谣言，浙江省台州市场监管局通过在市场上购买螃蟹进行现场打针、注胶的对比实验来破除谣言，现场邀请媒体记者、群众代表和直播网友共同参与。这次的线下实验与网上直播结合的辟谣行动达到了很好的效果，线下的操作使实验更具真实性和说服力，网友的直播和媒体的报道进一步扩大了这次辟谣实践的影响力。

追溯谣言源头，依法严惩。2013年4月8日、9日，警方先后对在网络上传播西安、慈溪、贵阳、铜川等地爆发 H7N9 疫情谣言的人进行拘捕，同时在网上进行公布。

（三）失败的辟谣实践

辟谣的策略是在实践中不断探索完善的，我国也曾有过辟谣效果不理想的经验教训。

2011 年 3 月 12 日，日本福岛核电站爆炸，在这之后的连续几天内，核电站反应堆不断出现爆炸事故，国内传出“抢盐可预防核辐射”的谣言。抢盐风潮 15 日始于上海、浙江等东南沿海地区，16 日扩散至东部沿海，17 日谣言扩散至全国。直至 19 日晚，波及全国的抢盐风潮才渐渐平息。

类似这种事件的发生，也是多种原因造成的。比如：对谣言本身重视不够、辟谣不及时、辟谣内容不具有传播力、辟谣方式不恰当等等。

三　我国健康谣言产生的原因

（一）市场竞争激烈，利润驱动导致谣言传播

近年来，健康领域舆情事件频发，使得公众对健康领域的信息更加敏感，这一点被很多自媒体利用，它们通过对健康领域的信息进行夸张的加工来吸引大众的注意，借此提高自身的知名度和影响力。2018 年狂犬疫苗造假事件被很多营销号利用，散布“国产疫苗不可靠”、“婴儿接种不合格疫苗而出现了‘婴儿痉挛症’”的谣言，并进一步散布“不应该打疫苗”的说法，很多家长不了解关于人体免疫与疫苗的系统知识，看到图文并茂、煽动性极强的谣言，出于保护孩子的心理拒绝给孩子打疫苗，给我国健康环境带来了极大的隐患。

在激烈的市场竞争中，少数企业也将谣言作为一种攻击手段，通过散播谣言打击竞争对手，比如统一集团安排公司职工散布关于康师傅生产日期造

假的谣言，导致康师傅产品销量受到严重影响。虽然康师傅通过法律取得了赔偿，但是关于康师傅产品质量的谣言已经扩散开，其恶劣影响持续了很久。

还有一些企业为了增加销量，片面夸大自己的产品的功效或是销量，成为健康谣言的源头。2017 年 12 月 5 日，王老吉官方微博发文称据国家 863 计划研究结果，喝王老吉可延长 10% 的寿命，实际上，所谓 863 计划研究，仅对鼠类进行了实验，且并不以延长生命为实验目的。再比如，“吃酵素减肥”的谣言一直存在，虽然《人民日报》、丁香医生等都对其进行过辟谣，但是仍有层出不穷的微商、小企业为了赚钱打出减肥的口号，更拦不住被体重困扰的现代人盲目相信。

（二）媒体跟风报道，信息真假难辨

媒体作为社会“观察员”，肩负着环境监测和社会协调的责任，本应遵守新闻专业主义，对信源和信息内容进行核实后再客观、全面地报道。但是在市场化经营的行业环境下，媒体机构为了追求时效性、抢占市场先机、争夺受众的注意力、获得更大的流量，看到有爆炸性的新闻往往不会对信源加以全面核实就草率发布，造成新闻反转常态化。2016 年 10 月 30 日山东某电视台报道的一则新闻称：一名女子在剖宫产下孩子两个月后，身体不适，检查后发现腹中有一块未被取出的纱布。这条新闻引来轩然大波，很多民众将矛盾对准医院，然而经过调查才发现，这块纱布是用于止血而被有意放在孕妇腹中的，且患者和家人均知晓此事。相比于自媒体和民间意见领袖，专业的媒体机构，尤其是传统媒体有着天然的信任优势，在人们心中的公信力更强，一旦出现不实报道，产生的恶劣影响也会更严重。长期来看，媒体机构的不实报道会减少公众对其新闻真实性的信任，媒体公信力下降，造成“狼来了”局面，使得真实报道也难以发挥其作用，这无疑为谣言的澄清增加了难度。

另外，自媒体中的意见领袖同样具有强大的影响力，很多谣言最初借助自媒体意见领袖的影响力广泛传播，然后进一步受到媒体机构的关注。《2017 年食品造谣治理报告》显示，微信是食品谣言传播主平台，占比高达

72%；其次是微博，占21%。二者合计已超过90%，成为传播食品谣言的主要渠道。相比媒体机构，自媒体没有成熟完整的审查机制，其获取信息和发布信息具有随意性和不确定性，其新闻内容也多采用情绪化的表达，具有明显的感情倾向，对公众更具煽动性，这种情绪通过自媒体的粉丝传播出去，再通过人际传播获得极大的影响力，而谣言本身在传播的过程中会进行一次次演变，距离真相越来越远。

媒体机构为追求利益而疏于审查，自媒体野蛮生长、情绪传播，在新媒体时代，谣言更不易辨认，也传播得更快，更难控制。

（三）公众盲从，缺乏辨别能力

民众缺乏辟谣需要的专业知识。所谓隔行如隔山，健康谣言往往与化学、生物等专业知识相关，而大多数民众在生活中并无机会获得相关的讯息。2018年“大蒜炝锅致癌”的谣言称大蒜在炝锅过程中会产生丙烯酰胺，而丙烯酰胺是一种会致癌的物质，所以大蒜炝锅致癌。而实际上，脱离计量谈有害是不科学的，炸薯条、薯片以及很多烘焙类食物都会产生丙烯酰胺，甚至比大蒜炝锅产生的丙烯酰胺还要多，但是并没有科学依据称合理食用会致癌。

另外，健康谣言的内容关系着民众的生命健康利益，虽然很多时候谣言本身显然与生活经验相悖，但是秉持着生命高于一切的心理，民众宁可信其有，不可信其无。在危机时刻，恐慌的心态导致人们更倾向于相信负面信息。在普遍倾向于相信负面信息的人群中，少数理智的人被淹没，群体中的个体被情绪化的消息影响，判断力下降，并通过自己的社交账号进行二次传播甚至加工，他们既是谣言的受害者，也是谣言传播的推动者。

四　健康谣言的特点

模糊信源，细节粗糙。虽然健康谣言多以新闻的形式出现，但其本质与新闻有很大的差别。虽然健康类谣言通常具有看似权威的解释和严密的逻辑，但是具体到信息的来源和专业的知识，比如某个机构、组织或个体，健康类谣言往往含糊其词，一笔带过。如谣言“酸性体质是万病之源”，健康人的血液是呈弱碱性的，但是会随着外界的环境污染和自己不健康的生活习惯逐渐转化为酸性，形成亚健康的体质，这种亚健康的状态若继续发展就会形成疾病，甚至会导致癌症暴发。但是实际上，“酸性体质”这个概念源于一项肾病研究，却在没有进一步研究的情况下被用到更广泛的健康个体和食物中，而实际上血液的酸碱程度在疾病的状态下会发生变化，这也被称为“酸中毒”或“碱中毒”，所以单纯地说酸性体质危害人的健康是不正确的。①

健康类谣言具有反复性。健康谣言屡禁不止，其中有一些谣言已经被反复辟谣，但仍在不久后改头换面，以另一种形式出现。比如仅 2018 年，全国各地关于艾滋病的谣言就包括：2018 年 5 月，湖北黄石大治有艾滋病患者见人就扎；2018 年 7 月，无锡多家娱乐场所有人在水杯里滴入艾滋血；2018 年 9 月，四川达州艾滋女报复社会，一个月感染 60 人；2018 年 12 月，邢台学院门口有人被强行灌下艾滋血；2018 年 12 月，苏州 600 人感染艾滋病等等。健康类谣言传播者往往利用人们在生活中会害怕的一些主题，以不同的形式在不同的地区、不同的时间反复传播，但其主要内容都是相似的。除了艾滋病之外，还有甲醛、癌症、中毒、不孕不育等多类谣言，这类谣言屡禁不止，在大众心中已经产生根深蒂固的恐惧感，因此即使此次谣言成功破除，下一次、下一个地点还会有人对谣言深信不疑。

健康类谣言具有新奇性。除了那些被反复使用的主题外，新概念健康类谣言通过使用新兴词语，赋予其模糊概念，也具有极强的迷惑性。近两年传播比较广泛的新概念谣言包括酸碱体质、非转基因、酵素、蓝光等。这些新概念被谣言误用，以新手段、新成效或新危害的方式出现在健康谣言中。

诉诸恐惧和情感，通过人际传播扩大影响力。健康与人们的生活质量息息相关，在物质极大丰富的现代社会，人们不再仅满足于吃饱穿暖，更希望

① 张琼：《那些“深入人心”的健康谣言》，《健康人生》2017 年第 15 期。

获得健康长寿。健康类谣言就是抓住人们的这种心理，通过夸张的语言、煽动性的表述，引起人们的重视，达到说服的效果。然后采用“转给你最亲爱的人”、“家里有孩子的人一定要看”等话术，诉诸特定的人群，将转发与表达对亲人朋友的关心联系起来，刺激人们转发。

五　辟谣实践未来的发展方向

（一）政府实时监测，及时发声

谣言的产生与真实信息缺失密切相关。在现代风险社会中，面对可能存在的风险，人们急切渴望掌握相关的信息，希望依据其规避风险、实现自我保护。这个时候，如果可靠的信息缺失，人们就会接受虚假的信息，相信并传播谣言。政府及官方媒体在大众心中代表可靠的信源和权威的信息，面对谣言，一方面政府应及时监测风险，预测舆论走向，抢在谣言前面发布可靠消息。另一方面，因为事件发展、消息核实、素材整理都需要时间，权威媒体很难每次抢在自媒体前面发布消息，二者之间存在的时间差使得谣言不可能完全消除，这时，政府应该将调查过程和结果透明化，实时跟进事件发展，通过科学的数据和理论引导公众舆论，将谣言的影响降到最小。

（二）完善健康类谣言治理法律规范，加大打击力度

造谣者未能受到法律的惩罚或惩罚较轻、造谣者通过造谣获得的利益大于其承担的风险，会助长造谣行为。对于造谣者，应坚决对其追责并进行公布，提高造谣成本，使法律真正起到遏制健康类谣言的作用。辟谣需要社会全体的参与。因此，在日常生活中，政府还需要进一步增强网民对相关法律法规的认知，切实改变网民对网络谣言的态度，持续改进沟通机制，在政府和民众之间建立起有效的沟通，政府可以及时掌握舆论，民众及时了解相关信息，留给谣言的空间自然变小了。

（三）媒体核实信源，客观报道

主流媒体拥有一套完善的信息核实流程和报道原则，从信息的采集、整理到消息的生产、编辑、发布，全方位保证信息的真实和报道的客观。在人人都是自媒体的时代，主流媒体更应该恪守新闻专业主义，增强自身的社会责任感，保证新闻的真实性和客观性。

自媒体往往是由一个人或者几个人负责新闻的生产，不具有实现完整新闻生产流程的能力，但这并不代表自媒体不具有相应的社会责任，自媒体同样需要对自己所报道内容的真实性负责，杜绝报道未经核实的道听途说的信息。

（四）探索社交平台的辟谣手段

《2018 年食品安全谣言治理报告》显示，从传播渠道看，2018 年食品谣言及辟谣信息 69% 通过微信传播，15% 经微博传播。健康谣言在社交平台通过主页、群发言、一对一交谈等人际传播方式快速传播。相比通过其他传播方式传播，人际传播的实现需要双方的主动参与，是基于人际关系产生的私密性较强的传播，因此在人际传播中，人们也会更愿意沟通和分享与生活相关的信息。同时这样的人际关系传播也让健康谣言有更强的传播力。因此，除了加强对自媒体的引导和监管之外，也要加强对微信、微博等社交媒体的监管。在国家一系列治理社交平台上谣言的行动中，2017 年微信上线辟谣助手的小程序起到很好的辟谣作用，对于用户近期阅读或转发的文章里被第三方进行了辟谣的，辟谣助手会通过“公众平台安全助手”给用户发送辟谣提醒。未来，在不同的社交平台中，应该推出更多的谣言治理手段。

（五）增强民众辨别谣言的能力

第 43 次中国互联网络发展状况统计报告显示，截至 2018 年 12 月底，我国网民规模达 8.29 亿，其中手机网民规模达 8.17 亿，网络新闻用户规模达6.75亿。而在数量庞大的网民群体中，根据今日头条2018年《健康类辟谣咨询新趋势报告》，40岁以上用户更关注健康类资讯，而这类人也因为缺少查证意识而容易轻信谣言。针对这类人群，政府可以抓住其特点，有的放矢地制定传播策略。这类用户成长于纸质媒体与大众媒体并存的媒介环境，习惯于通过报纸、电视新闻获得信息，对媒体无条件信任。但是在新媒体的环境下，网络信息发布者鱼龙混杂，信息真假难辨，用户只有提高媒介素养、强化信息查证的意识、增强辨别信息的能力，才能获取真实、有效、实用的信息。因此，针对容易听信健康谣言的中老年用户，一方面可以在他们习惯接受的传统媒体渠道进行辟谣，同时以社区为单位进行有组织的健康传播，提高信息的到达率；另一方面，灵活采用多种信息表达方式，采用通俗的语言，善用图片、音频、视频等更形象的形式，提高辟谣信息的知晓度。

（六）寻找谣言传播规律，提前预防

一些与时令食品、季节疾病或气候环境相关的谣言具有明显的时效性和周期性，比如在夏季容易出现西瓜、小龙虾、空调等谣言，在冬季易出现与流感、空气质量相关的谣言。针对这类有明显周期性的谣言，政府和媒体通过总结谣言在爆发时间、爆发议题、爆发渠道等方面的规律，可以事先预防，在谣言爆发前进行阶段性的多次传播，抢在谣言之前，把正确的科普知识传递给公众。

B.12
我国健康教育机构新媒体建设实践

李　杰*

摘　要： 本报告基于2017年对我国30个省级健康教育机构及2019年陕西省地市县新媒体负责人的问卷调查，以及在对上海、陕西、山东、广东、深圳、浙江等六省市开展现场调研的基础上，发现健康传播媒体生态变化，健康传播公益特性明显，各级机构加大功能差别定位、因地制宜传播、突出地域特点及服务性的力度。存在的问题：地域间差别大、人员机制经费欠缺、信息针对性及分众传播有待加强、考核标准有待完善。建议：把服务于群众健康放在第一位；以人才、技术为支撑，加强选题、创作、编辑、审稿、发稿、技术、资源、线上下等协同机制的良性循环；追求情感共鸣式传播，尽量提供有价值的“硬核”信息，以幽默、有趣形式软化内容；感受融合、引发共鸣；发展心理支持及社群服务；警惕并避免传播裂点：违反传播伦理、信息极化和信息鸿沟现象。

关键词： 新媒体　健康教育　公益性　社群服务　传播裂点

新中国成立特别是改革开放以来，我国健康领域改革发展成就显著，人民健康水平不断提高。同时，我国也面临着工业化、城镇化、人口老龄化以及疾病谱、生态环境、生活方式不断变化等带来的新挑战，面临多重疾病威

---

* 李杰，中国健康教育中心，副研究员，研究方向为危机传播、风险沟通、健康传播。

胁并存、多种健康影响因素交织的复杂局面。随着我国经济的快速发展，人民的生活水平得到持续提高，人们逐渐对健康方面给予更多关注。习近平总书记在2016年召开的全国卫生与健康大会上强调：“树立大卫生、大健康的观念，把以治病为中心转变为以人民健康为中心，建立健全健康教育体系，提升全民健康素养。”《“‘健康中国’2030”规划》明确提出，“利用新媒体拓展健康教育”。

互联网领域应用发展日新月异，打破了传媒业和通信业、信息技术业之间的界限，以及有线网、无线网、通信网、电视网间的界限，深深嵌入中国社会发展的各个层面，成为媒体深度融合的新引擎。用户健康信息领域迅速发展，人们获取健康信息和参与医疗决策的需求也大幅增加。卫生健康宣传与健康教育都呈现了有别以往的鲜明特点，新媒体成为健康教育与传播不可舍弃的重要阵地。

2018年我国居民健康素养水平为17.04%，距《“‘健康中国’2030”规划》提出的2030年我国居民健康素养达到30%的目标任重道远。随着互联网发展、大数据技术、人工智能等的研究应用，近几年我国健康教育机构推进“健康中国”建设、打造新媒体平台，做出了有益的实践与探索。

一　健康教育机构新媒体传播基本情况

健康促进与健康教育是公共卫生服务的重要组成部分，是促进基本公共卫生服务逐步均等化的重要内容，在提高全民健康素养、预防疾病、保护和促进健康方面发挥着不可替代的作用。我国建立了由各级政府领导、多部门合作、全社会参与的健康促进与健康教育工作体系和网络，国家、省、地市、县级均设健康教育机构，属于专业公共卫生机构，接受同级卫生行政部门领导，同时接受上级健康教育机构业务指导。

中国健康教育中心是我国国家级唯一健康教育专业机构，具备健康教育与健康促进及新闻宣传职能，同时承担省级业务指导。我国2016年省市县健康教育机构2918个，其中省级机构32个，地市级机构338个，区县级机构2548个。在编人员10489人，实际在编人员与服务人群之比为0.76人/10万人。其中省级机构平均24.75人，地市级机构6.40人，区县级机构2.94人。全国男女比例为0.74∶1，平均年龄为（40.42±9.45）岁。硕博文化程度占5.96%，本科占48.41%，大专占33.96%，高中/中专及以下文化程度占11.67%。预防医学专业占25.38%，临床医学专业占17.52%，其他医学占23.95%，新闻与传播学专业占1.45%，其他专业占32.6%。

新媒体在健康传播与健康教育现实工作中，发挥着不可替代的重要作用。为适应新形势，各级各类机构开展了新媒体探索。2017年中国健康教育中心以问卷形式，对31省（区、市）及5个计划单列市新媒体负责人展开调查，共收回有效问卷30份。

表1　全国省级健康教育机构新媒体应用情况调查

项目	选项/内容	数量	比例(%)
是否有专人负责新媒体内容发布	A. 有	19	63
	B. 无	6	20
	C. 兼职	5	17
是否有新媒体运维规范	A. 有	8	26
	B. 无	21	74
机构是否承担新闻宣传任务	A. 是	18	60
	B. 否	12	40
新媒体负责部门的核心职责	A. 健康教育与健康促进	15	50
	B. 新闻宣传	4	13
	C. 办公室	4	13
	D. 科普宣传	2	7
	E. 其他，如：健康教育信息统计管理、健康素养检测、信息发布、报刊	5	17
新媒体注册情况	A. 官方微博	16	53
	B. 官方微信	29	97
	C. 今日头条或其他新闻客户端账号	2	7
	D. 网站	7	23
	E. H5	1	3
	F. APP	1	3

续表

项目	选项/内容	数量	比例(%)
是否使用新媒体进行宣传	A. 是	27	90
	B. 否	3	10
若有,常运用哪些	A. 微博	15	50
	B. 微信	27	90
	C. 新闻客户端账号	2	7
	D. 其他:网站、视频平台、网络直播微电影	4	13
你单位是否开展了典型宣传、社会宣传、政策传播等工作	A. 是	18	60
	B. 否	12	40
是否设有 CI、VI 设计	A. 有	6	20
	B. 无	24	80

数据表明，各省级机构 63% 有专人负责新媒体内容发布工作。开通运维微信的机构有 97%，微博次之（53%）。90% 的机构通过微信宣传，50% 机构通过微博宣传。所调查机构在健康教育职能以外同时承担宣传任务的占 60%。新媒体负责部门在核心职责中，承担健康教育与健康促进职能的占 50%，新闻宣传、办公室各占 13%，其他占 17%。上述数据表明，60% 的健康教育机构在开展健康教育的同时承担新闻宣传任务，微信平台承载的功能更为丰富，对经营与建设新媒体的功能要求更高。

而省级机构中，仅 26% 的有新媒体运维规范。多数机构没有运维规范或在制订中，包括一些运维关注人数达到 10 万以上的机构。这说明大部分机构制度建设还处于摸索状态。半数省级健康教育机构将新媒体管理放在健康教育与促进部门，对这些部门的新闻传播专业能力、统筹协调能力是个考验；约 1/4 省级机构的新媒体由新闻宣传、办公室负责，这便于部门间沟通协作、信息采集、流程审核。

二　省内健康机构新媒体建设情况——以陕西省为例

2018 年通过问卷星对陕西省内各地、县市区疾控中心、健康教育机构全体进行问卷调查，共收到有效问卷66份。得到如下调查结果。

机构从事新媒体宣传工作人数：1~2人占75%，3~4人占13%，10人以上7%，8人，1%，9人3%。专业：医疗、公卫、健康教育占85%，艺术、平面设计1.5%，新闻传播10.5%，自动化、信息管理等其他25%。84%参加调研的新媒体工作人员近三年没有参加过相关培训。79%的机构无宣传经费，21%的机构有宣传经费，包含在总宣传经费里，经费额度除陕西省健教机构超过100万元外，其他各级机构均低于5万元。

目前，主要宣传载体（多选）：选择宣传画、横幅、折页等方式的占91%，新媒体78%，选电视、网站、报刊的占70%，选择车载广告的16%。可以看出，实际工作中，选择应用新媒体的比例高于传统媒体，而健康教育传统工作方式仍占首位。新媒体处于第二重要地位，但仅1/5机构有经费，可见相比其他形式，新媒体经费的保障程度低于其重要程度。

工作中日常参考的其他新媒体包括：陕西百姓健康25%，“上海12320”占7%，“健康中国”6%，中国健康教育3%，其他也各自参考《生命时报》、《健康时报》、《中国日报》、今日头条，疾控、免疫及卫生机构公众号等。这表明主要关注、参与的媒体为上级机构、行业相关自媒体号。此调查显示对于人民日报、新华社等媒体机构的新媒体平台较少关注。

推送时间：工作时间占81%，早餐时间占4%，午休时间占4%，睡前约占3%，不定时、未开展等约占7%。表明推送受制于事业单位工作时间。

机构新媒体工作考核标准排序：稿件质量、发稿数量、阅读量、粉丝增加数量、活跃度。考核标准以质量放在第一位，而不是唯阅读量，说明导向正确。

对是否需要利用视频类传播平台：94%认为需要；4%认为不需要，因为缺乏资源、费用较贵或视频较多不能引起关注等。

对新媒体健康传播存在的问题：认为内容大同小异、文本信息过多占49%，认为缺少互动、缺乏交流讨论的占48%，认为信息发布频率太低的占1.5%，其他1.5%。说明同质化、单向传播为普遍存在的问题。

有关媒体联动：42%没有联动过或不知如何联动，有媒体联动的通常通过微信、微博联动，或通过相互转载、附链接、二维码联动。这说明各媒体之间联合发力、共同传播力度有待提高。

三　部分省级机构新媒体实践

2018 年对山东、陕西、广东及深圳市调研，重点考察省份、地（市）及区县各级机构新媒体职能定位。2019 年对上海、浙江健康教育新媒体应用情况调研，重点考察新媒体建设经验。

（一）上海市部分新媒体实践

上海卫生健康系统形成了 140 余账号的新媒体矩阵。上海市健康促进中心联合复旦大学新闻学院 2017 年起每年举办“上海十大健康微信公众号评选”，以数据硬指标 + 投票 + 专家评审为评选指标，上海各单位参评积极性较高，可有效引导、推进新媒健康发展。

上海市健康促进中心新闻宣传部负责“上海 12320”微信公号，该部门每年会举办 200 多场线下活动，如与解放日报社共同举办“健康大讲堂”活动。该部门制作了“健康公开课”短视频，每集 2 分钟，一年共 24 期，在微信及地铁里移动传媒电视播放。其他相关部门协助提供微信内容，如科普资料开发部 17 人，协助负责视频和图文设计。

上海市疾病预防控制中心微信号“上海疾控”设立于 2016 年，有 21 万粉丝。主要依靠单位其他人员供稿，新媒体人员撰写的稿件仅占 1%。微信的设计排版由专门的外包公司负责，内容由编委会层层把关。注重微信号服务功能，如设计服务信息专栏，可查询疫苗接种、犬伤门诊、艾滋病咨询检测、结核病定点医院等。在截至 2019 年 5 月已发布稿件中，健康教育类 217 篇，占 72%；热点新闻 22 篇，占 7%，热点新闻对于增加关注度有较明显的效果，如山东疫苗事件期间发布的《上海无涉事批次疫苗，已全面停用长春长生生产的疫苗》，阅读量超 27 万。此外，也会发布一些本单位的动态新闻，话题尽量贴近市民生活。微信形式多样，可策划对话式、漫画式、视频式内容。在舆论引导上，面对谣言，中心会第一时间出来辟谣，也会对舆情监测中发现的比较偏激的观点进行引导。微信推广上设计了“青耕”鸟视觉形象，用于每一条微信内容，并用于新媒体对外形象宣传。与上海地铁合作，在一辆地铁车厢全车内外做“青耕”形象广告包装，向乘客宣传微信公众号，并在上海市移动电视上循环播放自制的健康宣传视频产品。

（二）陕西省部分新媒体实践

陕西省卫生健康宣传教育中心运维微信账号“陕西百姓健康”，主要功能是整合《百姓健康》系列宣传七大栏目，旨在为大众构建一个传播健康知识、发布权威资讯、满足医药资讯、加强医患交流的公共卫生服务平台。主要采取约稿形式，结合卫生计生节日纪念日、季节性疾病和有关热点策划组稿，中心负责审核，避免专业性和科学性上的错误。运营人员为17人，其中7人为合作机构专职人员，10人为中心内部兼职。

“陕西百姓健康”微信号共14.3万关注，平均日阅读6000+，定位用户为家庭中坚、年轻父母、重视健康人群。后台数据显示，用户中女性占54%，男性占45%，1%不详。陕西本地用户4.2万，占30%；江苏、浙江、广东用户均1万以上，30个省区市及港、澳、台均有用户。月均推送23.4次，日均推送3篇。月均1万以上阅读量文章3+篇。发布的信息中，转载的占40%，原创40%，其他20%，转载来源为《新闻时报》、《健康时报》等。通常上午11点20发布。以活动吸引粉丝，以功能提升黏性，以内容为用户服务，追求翔实、权威、有趣、有用。

“陕西百姓健康”微信号在线提供医院矩阵、社区导医、专家在线，实用小工具如宝宝预防接种查询等。因与各个医院技术接口不对接，微信挂号功能未接入。根据儿童健康、丽人辣妈、老人、上班族的不同需求分别开发相关内容。结合热点策划选题，如“健康产品打假”系列《3.15曝光！花了这么多冤枉钱，原来这些产品骗了我们十几年~》阅读量10万+。H7N9疫情发生后，及时推出《陕西确诊首例H7N9病例！了解这些知识，轻松预防不再恐慌》获7.5万阅读量。通过线上活动增加关注，如2018年开展“绿肺行动21天戒烟计划，参与就有大奖拿”、“控烟知识闯关”、“抗流感，赢红包！新春游戏嗨不停，快来参加吧”的阅读量均4万以上。

（三）深圳市部分新媒体实践

深圳市健康促进中心的教育微信服务号“健康素养大学堂”2015年6月上线，粉丝2.4万，截至2018年2月发布图文401篇，坚持原创为主，科普文章（其中含原创视频）74篇（条），原则漫画24期。包含图文、视频、漫画。原创科普文章、视频、漫画，有业务经费，漫画来源于招标原创，拥有自主知识产权。微信公众号栏目分三大板块：健康素养知识、有奖活动、评选活动。编辑1名，负责微信的图文编辑、推送，另有4~5人兼职运营新媒体，每年有对外合作活动。

内容坚持原创优质，宁缺毋滥。围绕健康素养66条展开宣传，选题紧贴季节、地域、热点。稿源来自编辑向医院专家约稿，编辑修改措辞使其通俗易懂。再交给专家团队审核，以保证其科学性。专家团队审核完后部门负责人审核，最后由中心领导审核。文章审核完成后，将稿件表达网络化，通过巧用标题、图文并茂、分段阐述、“说口语”等方式，避免公文写作模式，贴近市民，吸引关注。

该微信公众号通过平台开展互动活动。如2017年10月24日至11月26日，向深圳地区89万市民朋友投放公益广告“有健康才好看世界——第二届健康月启动，现在报名就有机会参与抽奖，世界之窗门票免费送！”这期间集中开展5次微信平台线上有奖活动，包括口腔、体重、骨骼、心理和三减有奖问答活动，契合了“全民健康生活方式行动”的主题，点击访问量达32万次，抽取中奖人1647名，发放微信现金红包9624元。通过“健康知多少系列”知识竞答了解市民知识盲点，再进行有针对性的科普宣传。

另外，深圳市健康促进中心负责人在微信、今日头条、搜狐自媒体开设“健康素养大讲堂”个人自媒体平台。其中“韩博士话健康”搜狐号阅读量

3085 万，《体重控制，是一辈子的事》阅读量 20 万。另在《深圳晚报》新闻版推出“健康素养锦囊”专栏，同步在 APP－ZAKER 平台上推出。

四 主要发现

（一）健康传播媒体生态变化

首先，媒体融合带来健康教育与传播所面临的传播环境、所依赖的媒体平台、所借助的传播方法与手段的变化。健康教育所依赖的媒体渠道，出现传统媒体和新兴媒体深度融合，报、台、网、微、端齐备的立体媒体格局。调研发现，街头散发健康折页、举办讲座等旧有的传播模式，越来越受到挑战，发放材料需要配送礼物，否则不被接受，参加讲座人员基本是老年人且组织困难等。这种现象出现，原因很多，总体反映出公众信息需求及信息获取途径多元化，传播生态更加复杂，传播说服难度明显加大。同时，传播主体更加多元，传播者和受众的界限被打破，静态的信息接收方式向动态实时接收信息转变，信息的即时互动或暂时延宕得以自主实现。特别是个人掌握的传播工具增多，个人发布、转发信息及生成舆论的能力不断增强，不可避免地对固有传播模式形成冲击。

（二）健康传播公益特性明显

各地健康教育机构作为公共卫生专业机构，肩负着传播健康知识、引导公众健康行为的责任，健康机构新媒体带有明显公益性质。健康传播和信息科普等内容的新媒体，承担着提高全民健康素养的社会责任，满足民众对于健康知识日益增长的需求，内容纯粹、不以营利为目的，这也是健康新媒体公信力的来源和体现。

信息权威准确。健康传播新媒体的内容生产依托于已有的医疗体系，内容多来源于具有专业领域知识基础或丰富实践经验的行业从业者，尽全力做到“去商业化”，相对于其他媒体或机构新媒体而言具有更高的可信度。

在内容形式上，以健康传播为主题的内容多有科普和基础教育的目的，表达方式努力贴近日常表达，容易被受众所理解和接受，减少歧义，对受众有更强的实践指导意义。

（三）各级进行功能差别定位

差异化定位。健康新媒体四项基本功能定位：政策宣传、知识科普、信息服务、公共引导。在不同级别机构，新媒体首要功能定位各有侧重。如，国家级层面，政策宣传为要，省级机构以公共引导为要，而地市级更偏重知识科普，区县重信息服务。这是综合考虑面向人群数量、所处层级及掌握资源、运维团队人手等得出的基本规律，结合当地实际情况灵活运用。这一特点在所调研机构有明显体现。如深圳市区级健康教育平台，是本区域健康传播活动的组织、实施平台。

因地制宜传播。在新媒体定位具体实施时注意结合基层人手少、综合优势进行定位。重点选择重要、需求人群规模大、紧急的优先关照健康主题，如高血压、糖尿病及地方病、突发传染病防控。如，浙江健康教育微信公众号依托疾控中心专家资源，每月 1 日发布“每月健康提醒”，根据往年数据提出健康疾病防范建议，权威、及时、科学，常被主流媒体转载使用。

突出地域特点。提供异地机构无法参与竞争、外地用户也极少需要的信息服务，比如疫苗接种地点、健康讲座及义诊通知、本地医院实时挂号服务等。调研发现，基层新媒体在区域突发事件传播上发挥着重要作用。如，陕西咸阳市秦都区疾控中心在 2017 年本区出现人感染禽流感病例疫情中，以《给公众的一封信》开展健康传播，该篇获得了 1.9 万阅读量，有效保持信息透明、缓解公众恐慌，而该微信公众号仅 370 人关注。

服务性正加强。一些机构主动在健康锻炼场所、健康管理咨询、满意度调研等场景中应用新媒体。借助服务场景化来突破单纯内容传播的局限，提高互动积极性，有助于提升健康教育的效率和人群触达率，拓展健康教育新媒体的功能深度和广度。如，贵州省疾控中心健康教育所设计 APP 小程序，在健康步道两端安置二维码，走过步道者扫描两次即可知本次运动所消耗卡路里数。

（四）值得探讨的问题

各级应用程度与影响力差别大，渴望借鉴同行、业界经验，规范管理，通常理念到位、制度化缺位。对于如何更精准定位、有效服务百姓、扩大影响、提高可信度、增强原创性需进一步指导。

省级或地市、县级基层普遍存在运维队伍长期人手不足，同时承担健康促进与健康教育及媒体联络服务、舆情监测、舆论应急引导等工作任务，缺乏专职人员或机制，依靠兼职单位以及借调人员，人员流失和变化频繁，对新媒体运维的时效性和质量、效果会产生一定影响。

信息针对性及分众传播有待加强。要做好面向全人群提供全周期服务，必须进行分众传播，妇女、儿童家长、职场人群、老年人群、慢病人群等的信息及服务需求差异性很大，需要在信息制作、发布时间、表达形式上区分考核评价标准。以陕西省百姓健康微信账号为例，新媒体无地域特性，该账号省内关注人数仅占 1/4，所服务的绝大部分人来自省外，全国 28 个省区市包括港台都有关注用户，且关注人数在 2 万以上的省份有 5 个。调研中，深圳一区级健康教育机构认为评价标准仅看粉丝量不准确，应注重均衡覆盖人群的范围和测评服务效果。如何考核新媒体建设成效？单纯以关注人数来衡量显然不够全面，是否以服务省内人群来计量？是否鼓励跨区域传播？

调研中还发现以下各地关注的问题：省级卫生健康机构，通常购买新媒体运营服务，面临外包运维人员卫生健康专业性、内容选题新颖性不够的挑战；传播环境上，面临外部渠道多、信息乱的状况，关心如何把握科学性；队伍建设上，关注基于工作成效的激励机制的建立完善。地市及区级缺乏权威性来源的内容，关心如何吸引更多人关注，扩大新媒体平台的传播推广。区级基层新媒体宣传面临老年人多、农村人口多、服务对象不使用智能手机的状况；在公众互动上微信评论功能通常被关掉，对于微博期待了解如何在人手有限的情况下及时回应评论及回应技巧等。

五　工作建议

在实施“健康中国”战略、推进“健康中国”行动进程中，需要不断加强卫生健康传播，解读国家健康政策、传播“我的健康我负责”的健康理念，提供健康服务信息，打造健康环境。新媒体健康传播要从实际出发，服务群众健康，确立内容生产协同、完善机制，在传播上注重引发情感共鸣、提供心理支持，警惕并避免违反传播伦理、信息极化和信息鸿沟现象。

（一）把服务群众健康放在第一位

新媒体建设根本目标为“服务群众健康”。新媒体建设与维护的初衷为服务百姓、协助工作。是否开设新媒体、何时开设新媒体、开设哪些新媒体账号，根据服务对象与需要，不强求一致、一哄而上，要为我所用而非为新媒体所累。对新媒体建设成效的评价，从区域服务对象需求满足程度、对健康工作所提供帮助的程度两个维度进行评价，不片面追求粉丝数、转发量、10 万 + 帖。

要正确认识新媒体，新媒体不仅是宣传工具，也是协助工作利器，可在多个方面促进工作，不仅可传播健康理念、为健康传播活动造势、进行舆论引导等，也可以发布通知，甚至报名、组织会议、在线投票、共享资料、查询名址等，用好新媒体，服务于健康教育工作、服务于百姓。

进一步细化受众，实行分众化传播。健康信息同质化的原因在于缺乏分众化、缺乏针对性。新媒体特性之一是便于最大限度地满足个人差异化需求，推动分众传播、小众传播更深入地发展，甚至能方便到达以往难以到达的特定群体。如丁香园微信平台，其微信公众号按孕妇、0 ~3 岁婴幼儿家长、3 ~6 岁婴幼儿家长分设不同平台，通过细分使内容精准满足受众人群的需要，平台关注人群达到千万。在健康教育专业机构的微信平台上，也可以按年龄分设专栏，以提高信息的受众满意度。另外，要避免撒芝麻式不问效果的传播。健康教育经费有限，只有抓住重点人群、关键需求，才能使有限经费发挥最大作用。

正确评价新媒体，从受众需求满足度、对工作帮助的程度来评估。需求满足程度，重点考核定性指标：抽样调查关注对信息内容、使用便捷性、易读性等的满意程度，新媒体用户关注量、新增粉丝量可作为参考指标。对健康工作提供帮助程度，考核新媒体参与中心工作的次数、参与深度、方式，促进健康工作的具体体现，工作项目在新媒体上的曝光数占项目总数的比例，机构人员参与程度（全员参与、小组参与、部门参与等），可将定性调查与定量调查结合。

（二）以人才技术支撑加强协同

健全内容生产协同机制。新媒体的特点是两头开放，创作与传播均为开放式，培养新闻传播、公共卫生复合型人才，并借助强大的工具软件，在全国或省组层面建立起选题、创作、编辑、审稿、发稿、技术、资源、线上下协同的良性循环。

一是选题协同：应用新技术更好地面对挑战，通过舆情监测、数据分析、用户画像更好地预测热点、舆情与事件，更好地集合有效信息、追踪热点、拓展内容，及时判断是否需要进一步跟进。二是创作协同：多作者协作机制。如，针对某热点事件，作者库或专家团队随时能够生产、提供多篇符合新媒体传播特点的文章，自媒体联盟成员、专业受众群体也可以参与内容创作，甚至实现一篇稿件多人联手写作、编辑同步进行，反应时限缩短，选题来源更开放，内容生成更多元。三是编辑协同：建立内容撰写、信息采集、创作编辑、美化设计等的协同模式。四是审稿协同：在严谨审核机制的把关下，提供专业经费，建立机构内部全员供稿队伍、外部专家供稿及审核队伍，完善审核机制。五是技术协同：通过专业机构协作加强 VR、AR 技术手段在健康传播领域的应用。六是资源协同：鉴于卫生健康话题的专业性，建立宣传数据资源库，打造高端资源选题库、备稿库，面向系统内部开放，供地方、基层选用，真正做到全国一盘棋。七是线上下协同：线下活动与线上传播协同。

（三）追求情感共鸣式传播

科普传播的常见问题是“科而不普”，信息像板起的面孔让人望而生畏。“后真相时代”的特点，情感与想象成为新闻的核心与重点。政务机构媒体的话语方式，糅合政论模式、故事模式、信息模式，同时呈现日益强化的情感模式，这是来自社会群众的需要。这同样启发健康传播新媒体传播模式，只有引发共鸣才能被阅读，达成传播说服。从行为改变角度看，只有感觉良好，才能有效改变。

信息硬核。新媒体如何在官方权威与适度个性卖萌之间平衡常被讨论①，从实际操作层面考虑，政务新媒体可采取拟人化策略的最优线索组合，如微博账号资料和表达风格拟人化，内容方面尽量提供有价值的“硬核”信息，如政策、科普、服务等健康信息。不要发布太多“心灵鸡汤”“早/晚安寄语”等。实验研究发现此类内容对于公众的互动效果最弱。

软化传播。当政务微博的话题内容属于严肃内容的时候，表达风格将对互动效果产生决定性的作用②。因此，科普或政策宣传时先做软化转化工作。如，通过漫画、长图、视频等，以幽默、有趣的形式展现科普信息，激发读者兴趣。在重大政策出台前，提前制作政策解读、一图读懂、微信宣传页，根据需要制作 H5、宣传画、微视频，在政策发布时同步发出。

引发共鸣。共鸣源于感受融合，把“宣传主题还原到生活场景，还原到历史进程、切身感受，还原到（真正）生活价值（生活现实）”。主题宣传要新闻化、故事化、感性化、立体化。在传播中，不把传播对象仅仅定位于被传播者、观看者，更要定位于传播参与者，让其从故事分享中自己得出

---

① 张志安、章震：《政务机构媒体的兴起动因与社会功能》，《新闻与写作》2018 年 7 月，第 64 ~ 69 页。

② 张放、王盛楠：《政务微博拟人化互动效果的实验研究》，《国际新闻界》2018 年第 3 期，第132 ~ 151 页。

结论，有助于提升说服效果。

立体传播。新闻宣传与健康教育有机结合，通过机构自有媒体联动及与传统媒体、区域或行业自媒体联盟等联动。统一设计微信平台的视觉形象、二维码，借助宣传画折页、场所平面传播、电视节目、现场健康传播活动等加强推广。

（四）发展心理支持及社群服务

1989 年世界卫生组织对健康的定义，不仅指没有疾病，而且包括躯体健康、心理健康、社会适应良好和道德健康。在 2016 年 8 月召开的全国卫生与健康大协会上，习近平同志指出要做好心理健康知识和心理疾病科普工作。2016 年底国家卫生计生委、中宣部等 22 个部门印发《关于加强心理健康服务的指导意见》。截至 2015 年底，我国有精神科医师 2.77 万人，心理治疗师 5000 余人，能够提供专业心理咨询服务的心理咨询师不到 3 万人。

心理健康是健康的重要组成部分。维护和增进人民群众身心健康，是"健康中国"建设的重要内容。某官方微信，2018 年 65 条包含"心理"一词，剔除干扰内容后，心理健康传播内容比例仅占约 4%。

从公众角度看，在新媒体健康信息应用方面，使用动机已经从寻求健康管理延伸到寻求情感支持。如抑郁症或肥胖人群会从在线肥胖支持小组中寻找与自己有相似遭遇的人，从而获取信息、建议和意见。在各类社交媒体平台，社会支持和情感支持是评价社交媒体设置、健康信息优势的最重要的指标。可以"尝试搭建患者之间相互提供信息、情感及有形支持的关系网络，从社区层面设计健康促进活动"，如组建粉红丝带俱乐部社群等①。

同时，新媒体平台增加心理健康内容比例。新媒体开展心理健康教育的

---

① 刘双庆、涂光晋：《社会网络分析视野下的健康传播》，《现代传播》2016 年第 4 期，第 46 ~ 50 页。

方式方法，可以在内容上分众化，针对职场人事、亲子教育、青少年心理、哀伤辅导、危机辅导、心理专业人员等，采取在线课堂与线下活动相结合的方式。

社群的基本形态是由多个具有共同的认同感的网络用户，通过各种网络应用如社交网站、论坛等应用联结到一起而形成的群体。微信、QQ 等同样也为健康领域的社群传播提供了重要媒介。“互联网消除了地域之间的边界，人们在网络社会中基于‘趣缘’进行虚拟关系网络的搭建[①]”。如深圳市健康促进中心举办五届万人万步市民健走活动，组建了 14 个走路微信群。在社群里，用户可以在社群中与各种专业的健康人员直接进行交流，获得支持。健走这种运动和社群交流形式得到了深圳市民的认可和喜爱，参与市民达到 5 万多人，很多市民自发组织“健走小团队”。

（五）警惕新媒体传播裂点

警惕违背新媒体传播伦理。遵循尊重、平等、无害等原则，切实承担维护网络安全责任。加强数据安全维护、假新闻治理，对公众著作权、名誉权、肖像权、姓名权、隐私权等进行保护。避免内容克隆化、唯快不求真、只求点击率、标题讲噱头、版权意识淡等现象，不断提升输出内容质量及提供服务的价值。

警惕信息的不对称极化。相较于传统媒体，数字媒体可以使用户轻易地过滤掉自己不感兴趣的内容，尤其是社交媒体普遍使用的算法推荐更是加大了选择性接触，公众更不容易接触到和自己意识形态相左的信息。从战略高度关注信息茧房、信息囚徒现象，把群众“应知”和“欲知”内容结合起来，同时打造新闻价值和宣传价值、健康价值三把钥匙。

警惕弱势群体信息鸿沟。新媒体有触达、覆盖小众人群的优势，可满足小众需求，如糖尿病人群健康护理、艾滋易感人群健康指导等，但对于非新

① 刘双庆、涂光晋：《社会网络分析视野下的健康传播》，《现代传播》2016 年第 4 期，第 46 ~ 50 页。

媒体用户则较难触达。如，我国步入老龄化社会，老年人使用非智能手机的比例低，是通过横幅、广告牌等户外传播方式，还是通过子女对其产生影响，对此还需要做更多研究。因此，要注意不同人群信息获得的公平性。新媒体传播手段要与传统方式有机结合，传播方式需要打组合拳，不能够简单互相替代。

B.13
中国医疗自媒体联盟研究报告

施琳玲　李　璐*

摘　要：　2016年10月29日，中国医疗自媒体联盟在江苏南通正式成立，旨在引导正确的舆论方向、打击涉医谣言、保护医患合法权益、架构医患沟通桥梁。本报告首先梳理了联盟成立三年来所获取的成就：队伍规模不断扩大且渐趋规范，医疗群体抱团发力，成功争取话语主动权，联合发声以维护医患合法权益，通过一系列健康知识的科普，提升了公众的健康素养，并积极参与医改调研，为政策落地夯实了舆论基础。报告总结了中国医疗自媒体联盟的创新之处：首度尝试“政府+行业”的舆论引导新模式，构建了多方对话沟通的新渠道，同时具有一套完整的体系，发展模式较为清晰，并且准确把握时代脉搏，有着强劲的发展动力。报告对联盟未来的发展做出了展望：以共担精神形成深度连接，以连接之力为成员赋能，以赋能之举让成员成长。

关键词：　医患关系　自媒体联盟　舆论引导

党的十八大以来，以习近平同志为核心的党中央高度重视医务人员队伍

---

* 施琳玲，中国医师协会健康传播工作委员会秘书长、南通大学附属医院党委宣传部部长、中国传媒大学媒介与公共事务研究院健康中国创新传播研究中心副主任；李璐，中国传媒大学2018级国际新闻学硕士。

建设，多次肯定、称赞广大医务人员的优秀业绩和重要贡献。习近平总书记在十九大报告中指出实施“健康中国”战略，医务工作者作为守护13亿多国民健康的“守门人”，更需要在全社会营造尊医重卫的良好氛围。

然而，近年来暴力伤医、杀医事件频发，医患关系跌入低谷，医疗行业信心遭受严重打击，严重影响了我国医疗事业的健康发展，一定程度上阻碍了“健康中国”战略的推进。此外，医学专业性极强，对媒体报道有着较高的专业素养要求，而采写医疗报道的媒体工作者门槛较低，加之审核机制的不完善，使得医疗类报道的严谨性和科学性严重不足。“丢肾门事件”“纱布门事件”等众多不实报道使医护人员的形象严重受损，加剧了患者群体对医疗行业的误解。

2016年10月29日，为引导正确的舆论方向，打击涉医谣言，保护医患合法权益，架构医患沟通桥梁，中国医疗自媒体联盟在江苏南通成立，成为我国医疗行业一支“招之能来，来之能战，战之能胜”的网络攻坚队。本报告重点关注中国医疗自媒体联盟的发展与探索，通过梳理中国医疗自媒体联盟的发展历程，比较其与以往传统传播模式的不同，分析中国医疗自媒体联盟特有的现实意义与时代价值，探讨未来中国医疗自媒体联盟的工作重点与努力方向，助力“健康中国”，实现全民健康。

一　舞动连接之翼温润医患关系

为整合全国医疗自媒体力量，构建自媒体沟通平台，普及医学健康知识，引导正确舆论方向，营造和谐医疗环境，践行习总书记提出的在全社会营造“尊医重卫”良好氛围，在国家卫生健康委员会宣传司的指导下，在中国医师协会与中国传媒大学媒介与公共事务研究院的支持下，中国医疗自媒体联盟于2016年10月29日在江苏南通宣告成立，江苏南通大学附属医院为其常驻地。

一直以来，中国医疗自媒体联盟坚守其“有家有爱有力量”的联盟精神，在打击涉医谣言、保护医患合法权益、架构医患桥梁与助力“健康中国”战略等方面发挥了重要作用。

（一）队伍规模不断壮大，队伍建设渐趋规范

为了增强中国医疗自媒体联盟的舆论传播力、引导力、影响力与公信力，联盟对具有较强行业影响力的自媒体进行了最大规模的集结。联盟成立伊始，在国内具有广泛影响的 82 家个人类自媒体与 32 家机构类自媒体加盟，总粉丝数量近亿。

三年来，联盟的队伍不断发展壮大，经过先后 5 次的招募，共汇聚个人类、机构类以及医疗机构类盟员单位共计 2232 家，各自媒体平台粉丝数累计近 3 亿。同时，在联盟成立之初，为确保联盟稳步健康发展，组建“联盟专家顾问团”，汇聚业界内的医学精英与媒介精英，指导联盟的日常运转，对联盟重大事项实行集体商榷，督促联盟朝着健康的方向发展。①

此外，为了能更好地发挥各地区对新阶层人员的团结和引导作用，更好地在全社会营造尊医重卫的良好氛围，助力“健康中国”战略的顺利实施，联盟在全国各地建立省级团体成员，现已在广东、江苏、河南、广西、陕西、辽宁、四川、江西、湖南 9 地建立省级团体成员。

在联盟发展过程中，部分自媒体成员为搏眼球和关注度，对医患纠纷进行过度报道，报道内容与事实有较大偏差，本应该传播的正能量却变为“负能量”。因此，联盟不断完善成员审核机制和退出机制，从源头上进行遴选把关，强调入盟成员具有正确的价值观、报道的内容具有真实性和科学性，并积极发挥监督引导作用，对于一些戾气过重、情绪极端、表述与事实有较大偏差的成员及时沟通、提醒、删除博文以及劝退。

（二）抱团发力，抢占话语主动权

万物互联时代，智能终端的飞速发展带来了新媒体的迅速崛起。随着网

① 孔田田：《中国医疗自媒体联盟的舆论引导功能研究》，辽宁大学，2018。

络技术的进步，以微博、微信为典型代表的自媒体，因其传播主体多元、传播速度迅捷、传播范围广泛等特点成为人们日常生活的一部分，同时也促进了官方舆论场外新的舆论空间的形成。①

自媒体的实时性、自主性等特点为医院抢占话语主动权带来了机遇，同时，其传播主体平民化、多元化的特点导致医疗行业信息更趋碎片化，加之大多数自媒体传播主体媒介素养与专业素养不足，滋生出了众多关于医疗行业的谣言与不实信息。此外，自媒体的实时性极大地突破了时间与空间的限制，用户可以通过各种终端随时随地传播信息，极大地缩短了医院回应危机的窗口期，给医院的舆论引导带来了极大的挑战。同时，自媒体门槛较低，加之网络技术的飞速发展，自媒体的传播范围非常广泛。由于医疗行业是一个“性命相托”的行业②，与民生息息相关，与民众的日常生活有很强的心理接近性。因此事件一经爆发，就会引起社会的广泛关注，成为舆论热点事件。而联盟成立初衷之一就是抱团发力，争取话语主动权。在“山东潍坊纱布门”事件、“山东聊城护士打人事件”等代表性涉医舆情事件中，联盟充分发挥专业引领作用，对恶意歪曲医疗行业形象的不实报道进行驳斥，较大程度上消减了社会公众的误解。

“山东潍坊纱布门”事件是联盟成立后的首战，在医患关系、医媒关系领域的重要性不容小觑，是自媒体时代打击涉医类不实报道的标本性事件。事件发生后，中国医疗自媒体联盟成员快速联动，曝光相关事实，解读专业问题，在更广泛的舆论场上争取公众的支持，积极引导舆论，捍卫了真相，赢得了尊严。

联盟还采取“关口前移”战略，与腾讯、今日头条、一点资讯、“健康中国”新媒体平台、生命与医学科学倡导公益联盟等签署战略合作，联盟顾问团专家和成员在第一时间就热点涉医类报道予以专业性释疑解读，建立权威专业信息的沟通渠道和传播平台，在源头上有效遏制了涉医类不实报道的生产与传播。

---

① 白婵：《自媒体时代医院危机传播管理研究》，西北大学硕士学位论文，2018。

② 孟莛：《聚集的声音更响亮　对话中国医疗自媒体联盟发起人之一邓利强》，《中国卫生人才》2018 年第 6 期，第 18 ~ 21 页。

（三）联合发声，维护医患合法权益

长期以来，我国广大医务人员弘扬“敬佑生命、救死扶伤、甘于奉献、大爱无疆”的精神，全心全意为人民健康服务，在疾病预防治疗、医学人才培养、医学科技发展等方面发挥了重要作用并取得了丰硕成果，涌现出一大批医学大家和人民好医生。特别是在面对重大传染病威胁、抗击重大自然灾害时，广大医务人员临危不惧、义无反顾、勇往直前、舍己救人，赢得了全社会高度赞誉。作为守护13亿国民身体健康的白衣天使，医护人员生命安全更应该得到保障。然而，在“哈医大伤医事件”“温岭袭医事件”“兰州杀医事件”等一些暴力伤医事件中，互联网的疾速传播，加之互联网平台“把关人”角色的缺失，为网络语言暴力、人身攻击等提供了丰沃的土壤，曾一度出现一边倒的叫好声，严重打击了医疗行业的信心，严重影响了医疗行业的健康发展。

中国医疗自媒体联盟作为一支重要的网络力量，就恶性涉医暴力事件联合发声，捍卫医患的合法权益，在舆论场上发挥了强大的震慑作用。在“天津赵君艳医生事件”“北京大学第一医院产科医生被打事件”等恶性伤医事件与“山东惠民医闹事件”“湖南衡阳医闹事件”等恶性医闹事件中，联合发声引导社会共识，维护医患合法权益，助推了中央28个部门联合惩戒6大类恶性伤医、破坏医疗秩序的政策出台。

（四）知识连接，提升公众健康素养

随着改革开放40年的发展，我国社会主要矛盾的性质和特点发生了深刻变化。党的十九大报告明确指出：“中国特色社会主义进入新时代，我国社会主要矛盾已经转化为人民日益增长的美好生活需要和不平衡不充分的发展之间的矛盾”，并且将“不断满足人民日益增长的美好生活需要”作为党的不懈追求。

“健康中国”战略提出后，全民健康意识更上一层台阶，人们对健康信息的需求显著增多。但由于医疗行业专业性、复杂性、不确定性的特征，医患之间存在着巨大的知识鸿沟，而健康信息把关缺位和受商业利益驱动的不正当竞争，导致医学信息和健康知识的混乱与无序，对公众造成了严重的误导。

2016 年轰动全国的“魏则西事件”也引发医疗界深刻反思：科普医学知识的专业平台在提升国民健康素养中不可或缺。为此，中国医疗自媒体联盟聚合一批有情怀、有专业素养的新媒体科普人，组建了国内最大的科普集团军，年生产优质医学科普文章数十万篇。为避免下一个“魏则西事件”这样的悲剧发生，联盟在创立之初就提出了“泽希计划”（“则西”的谐音），致力于对社会热点事件的科普，如对 H7N9 等热点医学问题的科普，同时还联动今日头条、腾讯较真平台等就专项话题进行医学普及，达到千万级阅读流量，起到了很好的专业引领作用。联盟还于 2017 年底，联动专业力量打造国内最便捷、最专业、最平民化的“蝴蝶健康”科普公益平台，具备三级审核机制，并逐渐推广认证体系进行精准推送，为治理互联网健康知识混乱问题、提高公众对健康信息的接受度发挥了积极作用。

2018 年初，联盟与中国传媒大学媒介与公共事务研究院发起成立“蝴蝶学院”，作为国内第一个健康类新媒体人才孵化平台，旨在提高医务工作者的媒介素养，提高媒介工作者的医学素养，构建医、患、媒三者之间的沟通桥梁。目前已经在全国遴选布点了 20 个“蝴蝶学院”新媒体实训基地，如四川大学华西医院、南通大学附属医院、中国医科大学附属第一医院、天津医科大学总医院等，形成了包括一个总基地、一个研究中心、20 个实训基地，覆盖全国主要地区的培训网络。2019 年 7 月，蝴蝶学院组织特训营暨全国首届健康传播金牌讲师大赛，以赛代培，以培代赛，遴选了一批健康传播的金牌讲师，先后受清华大学“一带一路”卫生官员培训班、新疆医学会等邀请组团授课。

（五）夯实舆论基础，积极参与医改调研

对一个人来说，健康关系一个家庭的命运；对 13 亿多人而言，健康关

系一个国家和民族的未来。当前我国医疗卫生事业取得了长足发展，人民群众健康水平显著提高，但仍然面临多重疾病威胁并存、多种健康影响因素交织的复杂局面。没有全民健康，就没有全面小康。习近平总书记提出“要把人民健康放在优先发展的战略地位”，把全民健康上升到了国家战略的高度。习近平总书记在省部级主要领导干部专题研讨班上的重要讲话中指出，人民群众对“更高水平的医疗卫生服务”等多方面有更高的需求。人民有所呼，改革有所应。习近平总书记始终把百姓的期盼揣在心里。他要求，进一步深化医药卫生体制改革，探索医改这一世界性难题的中国式解决办法。

联盟成立以来充分发挥其在官方舆论场、草根舆论场、行业舆论场三者之间的桥梁作用。国家卫生健康委员会在国家各部委中勇开先河邀请联盟自媒体代表召开专题座谈，倾听一线呼声，建立良好的沟通和对话机制。同时，联盟成员先后受国家卫生健康委员会体改司、医政医管局、宣传司等司局邀请，赴深圳、河南、浙江、湖南等实地调研，联盟成员通过各自的自媒体平台向公众传递一线的医改声音。在第二届联盟大会上，国家卫生健康委员会体改司、规划司、医政医管局、科教司、宣传司等司局的处室负责人在大会上就有关最新政策进行宣讲和诠释，为政策落地铺垫舆论基础发挥了积极作用。

（六）顺势而为，传播正能量

联盟不断强化队伍建设、提升队伍内涵，让“有爱有家有力量”的联盟精神深入盟员内心。联盟“蝴蝶学院”定期组织线上直播课程、开辟“今日我主讲”“我们的故事”专栏，提升联盟成员新媒体能力。联盟还先后组织了“生命的朗读”“我盟不一样”创作大赛、“医师节创意传播大赛”等活动，与今日头条联合主办“医疗自媒体高峰论坛”等活动，增强内部凝聚力。联盟荣获“2017 正能量传播奖”“健康传播杰出贡献奖”，与共青团中央、公安部等单位代表一起登台领奖。

此外，联盟已先后召开两次中国医疗自媒体联盟大会。在第一届联盟大会上，特设“医警同心维护生命尊严”“医媒联合倡导健康科普”“医患携手共筑健康长城”“医生院长共谋健康发展”四个分论坛，积极同社会展开对话，打破以往封闭的刻板印象，聆听社会声音，冲破行业壁垒，创新传播正能量。

二　偶然中的必然，聚合的声音更响亮

中国医疗自媒体联盟不仅致力于医护群体话语权的救赎，捍卫医护人员合法权益，倡导医疗行业自律，捍卫行业形象，温润医患关系，还致力于传播普及科学的医学知识，以专业的力量，架构医患媒之间的沟通桥梁，促进“健康中国”战略的顺利实施。联盟这一联盟型组织，深谙互联网特征，是“健康中国”背景下以传播之力、以连接之力改善医患关系、提升全民健康素养的有益探索，多次受到中央网信办、国家卫生健康委员会、中国医师协会的高度肯定，多次在部委培训班中进行经验交流。

（一）创新模式，畅通对话渠道

中国医疗自媒体联盟是在国家卫生健康委宣传司的指导下成立的，在全国各大部委中首度尝试“政府 + 行业”的舆论引导新模式。从整个社会大背景来看，自媒体平台良莠不齐亟须政府的把关与监管，有效肃清网络空间的谣言与暴力，为医疗行业的发展提供一个健康的环境。而医疗行业的专业性与复杂性又决定了行业参与的必要性，自媒体的加入为医疗行业争取话语主动权、传播正确医学知识提供了很好的平台。

因此，中国医疗自媒体联盟“政府 + 行业”舆论引导新模式具有现实意义。一方面，政府作为支持力量，可以为联盟在短时间内集结大量的资源，政府层面在把握方向上发力，具体的活动由联盟自主进行，使联盟各类活动的开展更为高效，为联盟的长久发展提供重要的保障。一方面，政府作为管理者，将医护群体以自媒体联盟的形式集合起来，便于重大事件、重要节点的舆论引导。另一方面，自媒体人的独立思考能力和独立话语权对政府

的领导与决策起到了一定的监督作用。[①] 最重要的是联盟成员聚合了政府管理者、卫生宣传人、临床医学大咖，还有媒体工作者，构建了多方对话沟通的渠道，打破了原有的行政壁垒，实现了力量的互补、信息的互换、观点的互通。

（二）体系完整，发展模式清晰

中国医疗自媒体联盟之所以能够迅速成长为一支网络奇兵，其中重要的原因是其从成立之初就具有包括标志、章程、宣言、精神与宗旨在内的完整体系，并制定有“12345”发展战略规划。一是指“一体两翼”发展战略：“一体”指的是“蝴蝶健康”科普公益平台，“两翼”指的是“蝴蝶学院”新媒体人才孵化平台和“蝴蝶公益”服务共享平台，三者形成“一体两翼”的立体格局。二是指贯穿始终的“两大计划”：“泽希计划”目的是实现医学知识的链接，提升公众辨别健康知识的能力，提升全民的健康素养；“彩蝶孵化计划”旨在通过整合健康传播资源，切实提升基层医疗机构健康传播能力，以传播之力增强基层百姓获得感和提升百姓健康素养。三是指以“三大平台”为支撑：“蝴蝶健康”科普公益平台、“蝴蝶学院”新媒体人才孵化平台以及“蝴蝶公益”服务共享平台，三大平台承载着优秀内容生产、专业人才培养、社会力量参与的三大职能，互为补给，互为支撑。四是指“四大库”的资源整合：由2322个成员组成的联盟超级聚合体旗下所拥有的专家库、科普资源库、案例库与师资库。五是指实施“五个一工程”：联盟坚持打造的“联盟每日一金句”“每周一榜单”“每月一公益课堂”“每季度一专题评选”“每年一大会”，这些举措让以互联网为纽带的联盟组织具有强大的聚合力。三年的发展进程中，联盟始终坚守初心，“12345”的发展战略为联盟提供了方向性的引领、可操作的实战经验，为联盟的发展提供了强大后劲。

① 苗红敏：《自媒体时代医疗行业话语权的建构——以“中国医疗自媒体联盟”为例》，中国传媒大学硕士学位论文，2018。

（三）超前谋划，把握时代脉搏

中国医疗自媒体联盟作为一个时代产物，有其不可忽略的时代背景。2014 年被视为中国自媒体的发展元年，自媒体经历了最初的野蛮生长期，联盟也正是基于这样的时代现实，超前谋划，主动作为，为引导自媒体健康生长而来。她的诞生和快速成长与媒介环境的发展有着高度的重叠，她的诞生还与医疗从业环境的众多乱象有着高度的重叠。从诞生之日起，就承载着社会责任、公众期待，以及伴随而来的媒体流量、社会关注度等。国家卫生健康委员会对近三年涉医类事件的舆情分析结果显示，事件数量有较大幅度减少，恶性程度有较大幅度减弱，医疗行业网络空间话语权得到回归，医疗行业执业环境有了较大改善，中国医疗自媒体联盟这支重要的网络力量在这期间发挥了强大的助推作用。

此外，中国医疗自媒体联盟的发展也得益于与时俱进。在 2019 年 7 月，国务院正式下发《关于实施“健康中国”行动的意见》，健康知识普及被列为 15 个专项行动之首。恰逢这样的时代风口，中国医疗自媒体联盟顺势而为、因势而动，充分发挥其在健康传播领域的独特优势以及前期储备的专业力量和行业影响力，与中国医师协会健康传播专业委员会完成合并重组，正式转型升级为中国医师协会健康传播工作委员会。应该说，这是顺应时代发展潮流的必然结果，是根据“健康中国”战略所做出的必然抉择，为健康类自媒体的未来发展提供了更广阔的空间。

三　助力“健康中国”任重而道远

昔日的中国医疗自媒体联盟，今日的中国医师协会健康传播工作委员会已走过 3 个年头，作为一个新型的互联网组织，其成长过程亦是一个不断修正的过程。话语权的回归更需要理性使用，需要不断的自我解剖、自我反思和自我改进。

（一）以共担精神形成深度连接

中国医师协会健康传播工作委员会将继续加强组织的自我建设、加快组织架构的优化，强化审核机制和退出机制，以共担机制使成员间形成更为深度的连接。同时加大主动出击力度，强化联动合力，从源头上减少谣言或不实涉医报道，从气势上增强对伤医事件和医闹事件的舆论谴责，继续巩固其在行业舆论场所发挥的特殊作用。

（二）以连接之力为成员赋能

健康传播工作委员会重点打造的“蝴蝶健康”科普公益平台 2.0 版本已正式上线，创新使用阅读健康知识的积分奖励模式，未来将在连接的基础上，以众智、众筹、众创相结合的模式做大做强科普池，实现联盟成员优质资源的互换，成为极富期待的超级平台。“蝴蝶学院”新媒体人才孵化平台和“蝴蝶公益”服务共享平台，正成为未来发展的一对互为支撑的“翅膀”。其中由健康传播工作委员会发起的“基层健康传播能力提升工作”暨“彩蝶孵化公益行动”于 2019 年 11 月全面启动，布点全国的 20 个新媒体实训基地，以双选方式牵手国家级贫困县医疗机构，重点帮助提升基层医疗机构的健康传播能力，以传播之力增强基层百姓获得感和提升百姓健康素养。

（三）以赋能之举让成员成长

健康传播工作委员会继续推进“五个一工程”，光大互联网精神，摒弃网络戾气，打破行业壁垒，加强与行业外部力量的对接，争取更多的外部支持，让对话和监督成为新常态，形成更大的社会合力，构筑网络空间的命运共同体。同时借力融媒体与区块链，更好地进行健康传播，改善医、患、媒三者信息不对称等问题，促进实现全民健康。

中国医疗自媒体联盟作为融媒体时代舆论引导的一种积极探索，以连接的力量让这些微小的自媒体在不断创新中聚合裂变，为医患关系改善发挥了其特有的网络引导作用，在这个时代凸显了其重要的研究价值，中国传媒大学、英国莱斯特大学、辽宁大学、南通大学等高校学者先后对其进行了专项研究。根据时代之需，由中国医疗自媒体联盟转型升级而来的中国医师协会健康传播工作委员会，将领衔医疗行业健康传播领域的未来发展，实现优质资源共享，形成更大的健康传播合力，多方位推动健康传播专业化和学术化进程。

附　　录

Appendix

B.14
2019年中国公共关系发展大事记

2018年

11月21日　由国家互联网信息办公室指导，中国互联网发展基金会主办，人民网、央视网、中国青年网、中国新闻网、环球网共同承办的第三届“五个一百”网络正能量精品评选活动结果正式揭晓。中国传媒大学媒介与公共事务研究院健康与环境传播研究所所长杜少中荣获第三届“百名网络正能量榜样”称号。本次“百名网络正能量榜样”评选活动作为“五个一百”重磅系列之一，以“网聚正能量唱响新时代”为主题，主要评选对象是在重大政策、重大主题、重大活动、重大事件、热点问题和突发事件中积极发声传递正能量、在网上形成正面引导作用的榜样人物。

11月29日　中国传媒大学媒介与公共事务研究院健康与环境传播研究所所长杜少中荣膺德国萨克森州“汉斯·卡尔·纷·卡络维兹持久性保护

奖”，并受邀前往德国开姆尼茨大剧院参加2018汉斯·卡尔·纷·卡洛维茨可持续发展奖颁奖典礼。杜少中是迄今为止唯一获得此奖项的中国专家。据悉，杜少中在工作期间参与改善生态环境和推动环保公众参与的努力和成果，得到了本年度奖项遴选委员会的一致认可和高度肯定。

德国“汉斯·卡尔·纷·卡洛维茨可持续发展奖”是对商业、市政和研究领域在可持续发展方面的突出表现所颁发的国家级别奖项，奖项以“可持续发展”概念的提出者汉斯·卡尔·冯·卡洛维茨（1645~1714）命名，为了更好地推广践行卡洛维茨的意志和主张，萨克森汉斯卡尔纷卡洛维茨公司从2013年开始每年都会选择一位德国境内和一位海外国际的环保人士，表彰他们在推动可持续发展方面作做出的杰出贡献。

萨克森汉斯卡尔纷卡洛维茨公司董事长介绍说：“我们每年的汉斯·卡尔·纷·卡洛维茨可持续发展奖会表彰一位国际环保人士，今年的获奖者是杜少中先生，一位来自中国的环保人士，他是我们认识的一位把互联网和可持续发展相结合的先驱，他在互联网上拥有超过五百万的粉丝。”

12月8日　中国公共关系协会主办的“2018中国公共关系发展大会”在北京举行。本届大会的主题是：“新时代、新作为：中国公共关系的全球实践”。

十二届全国人大常委会委员、全国人大教育科学文化卫生委员会主任委员，中国公共关系协会会长，原国家新闻出版总署署长柳斌杰到会总结讲话；国务院新闻办公室副主任郭卫民到会致辞，充分肯定公共关系专业知识在我国经济社会建设和国家形象传播中发挥了重要作用；比利时王国驻华大使马文克、巴基斯坦伊斯兰共和国驻华大使马苏德·哈立德等贵宾到会分享；中国公共关系协会常务副会长兼秘书长王大平致欢迎词；国务院国资委新闻中心主任、中央企业媒体联盟主席毛一翔，国防部原新闻发言人、新闻局局长杨宇军，公安部原新闻发言人、宣传局局长武和平等到会交流发言。中国公共关系协会副会长董关鹏主持大会。

大会含主题报告、2018公共关系蓝皮书首发式、中国公共关系协会“改革开放与公共关系40年”影响力发布等三个环节。大会期间还举行了

“公关与发展——纪念改革开放40周年全国公关组织成果展和书画展”，通过图片和书画作品，展现行业组织在自身建设发展、服务地方经济、人文交流、文化传播、促进社会和谐等方面所做的有益工作。

来自全国31个省、自治区、直辖市的公关协会负责人，以及国家部委、高校、智库、公关公司、媒体单位的业界精英和专家学者等共200余人出席大会。

本次大会的举办旨在总结、探讨我国公共关系在国家形象对外传播、“文化走出去”、全媒体传播格局构建等全球范围的创新实践等议题，展现公共关系在新时代中国特色社会主义强国建设中的作用和独特魅力，不断提升国家公共关系全球实践能力水平，促进新时代中国特色社会主义公共关系建设。

12月8日 在“2018中国公共关系发展大会”隆重召开之际，由中国公共关系协会、中国传媒大学媒介与公共事务研究院组织专家编写的公共关系蓝皮书《中国公共关系发展报告（2018）》在北京发布。

随着中国国际影响力的日益提升和中国参与全球事务的不断深入，中国与世界各个地区的不同层面的交往也日渐频繁，提升国家公共关系能力水平面临着更加迫切的需求。在分别以“政府公共关系”和“企业公共关系”为主题的2016、2017年蓝皮书的基础上，结合新时代背景下的公共关系发展趋势，编委会将公共关系蓝皮书2018年度主题定为“国际公共关系——中国公共关系的全球实践”，旨在系统梳理我国公共关系在全球范围的创新实践，通过权威的数据统计、生动的案例解读、翔实的分析报告、前沿的研究成果，展现新时代中国特色社会主义公共关系的独特魅力，使其成为研究和分析新时代中国公共关系行业发展的权威读本。

中国公共关系协会常务副会长李兴国主持2018年公共关系蓝皮书首发式。社会科学文献出版社副总编辑蔡继辉，当代中国与世界研究院副主任于运全到会，并分别以“中国公共关系走出去的权威记录”和“心有灵犀的对话”为主题致辞，讲述了他们对公共关系蓝皮书的认识和参与的感受。中国公共关系协会副会长董关鹏，中国传媒大学媒介与公共事务研究院院长、国防部原新闻发言人、新闻局局长杨宇军，北京市原环保局副局长、新闻发言人、中国传媒大学媒介与公共事务研究院健康与环境传播研究所所长杜少中，中国传媒大学媒介与公共事务研究院媒介素养教学与研究中心主任、《中国新闻周刊》原总编辑田惠明围绕“新时代中国公共关系的全球实践”作了讲演和分享，对新时代中国特色社会主义公共关系的建设具有重要启发。

《中国公共关系发展报告（2018）》由定量分析和定性分析两部分内容构成。定量分析所涉及的数据、图表和解读，主要基于36家中国本土上市/挂牌的公关传播类企业所公开的2017年年度年报。定性分析主要基于学术文献、公开政策文件和行业专家访谈，对2017年中国公共关系行业发展情况和发展趋势进行概括、分析。

12月8日　中国公共关系协会第五届八次理事会议和第二十八届全国公关组织联席会议在北京举行。中国公共关系协会常务副会长兼秘书长王大平，协会常务副会长邢颖、李兴国、于洋，协会副会长董关鹏等协会领导，以及来自全国各省、自治区、直辖市及地方公关组织的60多位协会理事及公关组织代表参加会议。

理事会议由邢颖主持，王大平作了“中国公共关系协会五届七次理事会工作报告”，对协会过去一年的工作进行了回顾和总结。联席会议由李兴国主持，来自全国公关组织的代表分别对协会工作的开展提出了建议，并就各自公关组织工作中的实践和经验进行交流和探讨。

12月17日　由中国公共外交协会主办的中日媒体智库对话会在日本东京举行。对话会以“新形势下中日智库媒体如何践行互为合作伙伴、互不构成威胁共识”为主题，中日双方智库、主流媒体代表50余人参加，双方嘉宾就中日合作和中日媒体的互学互鉴分别发表了个人观点并展开了深入研讨。

12月26日　中美关系与公共外交40年圆桌论坛在北京举行，多名中国学者在会上分析了当前中美多元公共外交的现状，并从历史经验和未来走向等角度探讨多元公共外交在中美两国关系中发挥的作用。

中国人民大学副校长贺耀敏在致辞中表示，40 年前，中美建交改变了世界局势，此后中美两国都经历了深刻变化，中国已一跃成为世界第二大经济体，美国则保持了40 年的繁荣发展。与此同时，中美两国关系始终机遇与挑战同在。

他强调，我们迫切需要通过各种有效途径，包括开展多样的公共外交引领中美关系向好的方向发展，推动中美关系平稳致远。

公共外交的目的在于加强理解与互信，避免误解与误判。中国人民大学国家发展与战略研究院副院长王莉丽表示，中美建交 40 年来，多元化的公共外交对于促进中美两国之间的理解和互信发挥了重要作用。当前一段时间以来，中美关系出现了困难和波折。但历史的经验告诉我们，中美两国只有合作才是最正确的选择，也最符合两国人民的利益和全球的稳定。

近年来中美两国的人文交流成为中美公共外交的重要组成部分，汉语教育在美国形成了相对不错的公众基础。北京大学中美人文交流研究基地执行副主任王栋认为，下一步我们需要考虑如何通过公共外交，包括汉语教学来进一步促进两国民众之间的信任和友谊，增进两国关系的韧性和深度，打造中美关系的地基，使得公共外交成为促进两国民间交往、增进共识的重要途径。

12 月 27 ~ 28 日　由中国社会科学院俄罗斯东欧中亚研究所、中国俄罗斯东欧中亚学会和上海大学共同主办的“第十届俄罗斯东欧中亚与世界高层论坛”在上海大学国际会议中心举行。

本次论坛由上海大学上海合作组织公共外交研究院和中国社会科学院“一带一路”研究中心联合承办。

外交部欧亚司、商务部、中央党史和文献研究院、国务院发展研究中心、中国社科院、中国国际问题研究院、中国现代国际关系研究院、北京大学、中国人民大学、北京师范大学、复旦大学、华东师范大学、上海外国语大学、辽宁大学、武汉大学、山东大学、四川大学、安徽大学等国内各学术单位和相关机构的近百名学者共聚一堂，就当前俄罗斯东欧中亚地区的总体局势和热点问题进行了研讨。

据介绍，本届论坛是首次由高校承办，首次在京外举办，表明随着“一带一路”建设的推进，俄罗斯东欧中亚地区各国作为共建“一带一路”的重要合作地区和伙伴，正受到越来越多的关注，该区域已经逐渐成为新的研究热点领域。本次论坛汇集了全国俄罗斯东欧中亚研究领域的专家学者，着眼世界发展形势，聚焦影响区域稳定发展的关键问题，开展了卓有成效的研讨。

12 月 28 日　由三亚市人民政府、三亚公共外交研究院主办的中国 2018 三亚公共外交论坛 12 月 28 日在三亚成功举办。

本次论坛的主题为：新时代新机遇——海南自贸区建设。论坛邀请国际组织和中国公共外交系统负责人、外国驻华使节和中国原驻外使节、央企和中国跨国公司负责人，公益机构形象大使和外交专家学者等有关人员出席会议。外交部原部长、中国人民外交学会名誉会长李肇星为本次论坛发来书面致辞。

2019年

1 月 9 日　由中国传媒大学媒介与公共事务研究院与中国医疗自媒体联盟联合举办的“蝴蝶学院 2019 年度工作研讨会”在中国传媒大学国际交流中心召开。为加快培养孵化我国健康类新媒体人才，推动卫生宣传的专业化和健康传播学科化进展，来自北大医学继续教育学院及南开大学继续教育学院、四川大学华西医院、河南省人民医院、中国医科大学第一附属医院等 20 个联盟实训基地的代表、自媒体人代表出席此次研讨会。媒介与公共事务研究院院长杨宇军主持会议，他认为蝴蝶学院作为一个创新型的人才孵化平台将通过连接赋能，舞动健康新时代。

中国传媒大学继续教育学部学部长、媒介与公共事务研究院学术委员会主任、联盟顾问董关鹏教授致辞。他用“共贺、共勉、共商、共识、共赢”五个关键词表达了对“蝴蝶学院”成立的祝贺和对未来建设的希冀。他充分肯定中国医疗自媒体联盟在健康传播领域发挥的重要作用，是融媒体时代传播的一个优秀范本。他认为媒介与公共事务研究院与联盟合作打造“蝴蝶学院”在“健康中国”战略大背景和新媒介环境形势下具有重要的时代意义，他相信这样一个创新之举、合力之作必将有力地推动医疗行业的媒介素养、媒体的医学素养全面提升。

会上举行了蝴蝶学院与“健康中国”创新传播研究中心合署办公基地揭牌仪式。董关鹏教授、杨宇军院长为联盟发起人及实训基地代表颁发“健康中国”创新传播研究中心联合主任、副主任及兼职研究员的聘任证书。

中国传媒大学媒介与公共事务研究院副院长、“健康中国”创新传播研究中心主任郭晓科组织研讨环节。全体与会代表就蝴蝶学院工作章程、三年建设规划、特训营筹备事宜、公共关系蓝皮书（“健康中国”卷）筹备事宜及《中国健康传播》编写等工作进行了深入探讨。北京大学医学继续教育学院院长张海澄、南开大学继续教育学院副院长孙涛、北京媒商实验室首席专家李颖、北京和睦家院长助理孙迪、北京儿童医院宣传中心主任余易安、中国医科大学附属第一医院宣传工作部主任蔡爽、四川大学华西医院宣传部副部长周亮、河南省人民医院宣传部主任胡晓军、西安交大一院外联部部长贾洪魁、山西省中医院宣传部部长赵慧峰、“腾讯医典”内容拓展总监佟静等20个新媒体实训基地代表、自媒体代表“三甲传真”、“付虹大夫”、“医路向前巍子哥”等发言，为蝴蝶学院的未来建设发展提出新思路。

2月27日至3月2日 2019年“西安年·大使行”活动11国驻华使节们先后参观了秦始皇兵马俑博物馆、大唐芙蓉园、大明宫国家遗址公园、大唐不夜城、大唐西市博物馆、关中民俗艺术博物院和老钢厂设计创意产业园，参加了大唐迎宾礼，体验了活字印刷、华阴老腔，还走进了国际港务区、高新区、浐灞生态区等开发区听取推介汇报，了解新西安的创新发展成就。

4天的活动中，各国使节们亲临历史古迹，追忆大唐盛世的恢宏过往，体验新春民俗，感受西安年的独特魅力。开发区的快速发展，让他们惊叹于西安这座古老城市的成长速度。不少使节表示，印象中的西安历史悠久，有着举世闻名的文化遗产，这次的参观考察，让他们对西安有了一个全新认识，不仅有对西安历史文明的赞叹，还有对科技创新的期待，他们看到了一个全新的高速发展的现代西安，开始关注西安的硬科技和创新，更加感受到西安的国际化。

3月23~25日 由国务院发展研究中心主办的“中国发展高层论坛2019”于北京钓鱼台国宾馆举行，主题为“坚持扩大开放，促进合作共赢”。全球企业界领袖、国际组织负责人、国际知名学者、中央及地方政府官员等1200余名代表出席论坛。李克强总理会见与会主要境外代表，就中国经济预期、《外商投资法》主要原则、政府对创新活动的监管，以及新药研发、安全生产等议题和代表们座谈交流。韩正副总理出席开幕式并发表主旨演讲。王岐山副主席出席论坛20周年欢迎晚宴。

中国传媒大学媒介与公共事务研究院杨宇军院长受邀参加“中国国防现代化与和平发展”分论坛并发表演讲，同时受邀出席的还有哈佛大学教授格雷厄姆·艾利森，剑桥大学教授彼得·诺兰，中国人民争取和平与裁军协会副会长于洪君，基辛格协会联合首席执行官、副会长乔舒亚·库珀·默雷。分论坛由全球化智库理事长王辉耀主持，杨宇军与出席该分论坛的专家、学者及听众进行了互动。

3月24日下午 公共关系蓝皮书《中国公共关系发展报告（2019）》专家研讨会在北京召开。由中国公共关系协会和中国传媒大学媒介与公共事务研究院共同组织编写的我国首部公共关系蓝皮书已经出版了三部，主题分别是“政府公共关系”“企业公共关系”和“国际公共关系——中国公共关系的全球实践”，在学界和业界产生了广泛而积极的影响。

习近平总书记在十九大报告中指出，实施“健康中国”战略，为民之所望、政之所向。习近平总书记提出“要把人民健康放在优先发展的战略地位”，对“健康中国”建设作出全面部署，凸显出中国共产党“坚持人民主体地位”的执政本色。

公共关系蓝皮书《中国公共关系发展报告（2019）》将“‘健康中国’公共关系”作为年度主题。来自政府部门、学界和业界的专家代表参加了研讨会。与会专家畅所欲言，分别从宏观政策、理论研究、传播实践等角度，为公共关系蓝皮书建言献策。《中国公共关系发展报告（2019）》将于年底出版。

3月26日 中华环保联合会第三次会员代表大会在京举行。大会选举产生了中华环保联合会第三届理事会，中国传媒大学媒介与公共事务研究院高级研究员、健康与环境传播研究所所长杜少中当选为第三届理事会副主席。中华环保联合会是由从事生态环境领域事务的企事业单位、团体和热心致力于环保事业的人士自愿结成的全国性、行业性社会团体，是非营利性社会组织。目前，联合会个人会员15000余人，单位会员766家，其中包括大型企业、民营企业、事业单位及NGO等，组成了12个专业委员会，2个地方办事处和2个环境企业联盟。联合会主要工作包括：为政府提供环境决策建议；为公众和社会提供环境法律权益的维护；为社会提供公共环境信息和环境宣传教育活动；促进中国环保NGO组织健康发展并确立其应有的国际地位。

3月26日 由中国传媒大学中国－东盟教育培训中心主办的“新媒体与文化创意传播高级人才研修班”在中传国际交流中心开班。为进一步加强我国与东盟国家在传播领域的互动交流，深化双方在新媒体与文化创意领域的合作，来自东盟10个国家的21名学员参加研讨交流。中国传媒大学媒介与公共事务研究院院长杨宇军主持开班仪式，中国－东盟中心秘书长陈德海、外交部亚洲司信息与公共外交处参赞兼处长张志新致辞。

中国传媒大学中国－东盟教育培训中心（China-Asean Center of Advanced Studies，简称CACAS）是由外交部、教育部联合授牌，参与面向东盟国家开展教育培训的三十所高校之一，是这些高校中唯一一家传媒领域的高校。据中国－东盟教育培训中心主任董关鹏教授介绍，中心自成立以来，已接待超过150名来自东盟十国的媒体人成为CACAS学者。他们当中有媒体行业的资深从业者，有政府媒体管理与服务的官员，还有媒体与传播方面的研究者、教师，形成了活跃的跨国、跨领域交流合作平台。

此次研修班以切实加强中国－东盟新闻媒体交流合作为出发点，搭建从业人员交流平台，增进双边信息互联互通，创新媒体合作形态，构建民心相通的传播生态，为推动建设中国－东盟命运共同体，塑造中国－东盟良好的国际形象提供助力。

本次研修班为期十天，包含课堂演讲、参观访问、现场教学、文化之旅与讨论分享等五个模块，通过全方位的研讨交流，提升学员的专业知识和实践体会，使学员深入了解和认识中国新媒体与创意文化领域的发展，进一步挖掘双方合作潜力，为争把中国与东盟国家媒体合作推向更高水平，使其发挥积极作用。

3月28日上午 2019年“一带一路”年度汉字发布活动新闻发布会在京召开。中国公共关系协会常务副会长兼秘书长王大平，中国公共关系协会中国丝绸之路文化艺术研究院常务副院长张录成，中共白水县委常委、宣传部部长刘杰，白水县政府正县级调研员姜勤劳，以及活动发起单位、“一带一路”与“汉字文化”研究领域的知名专家学者和主流媒体代表出席了本次新闻发布会。

2019年“一带一路”年度汉字发布活动将于4月20日谷雨节在陕西白水举行。“一带一路”年度汉字发布活动自2016年创办以来，已经连续举办了四届。今年活动的主题是“共享机遇，共谋发展”，秉承了“和平合作、开放包容、互学互鉴、互利共赢”的丝路精神，旨在充分贯彻落实党的十九大和十九届二中、三中全会精神，以习近平新时代中国特色社会主义思想为指导，创新传播和弘扬中华优秀传统文化，传承仓颉造字精神，建立“一带一路”汉字传播的交流平台。

4月3日 中国公共关系协会设立的“乡土中国”文化艺术创作中心在陕西咸阳揭牌成立。中国公共关系协会常务副会长兼秘书长王大平表示，中国公共关系协会设立“乡土中国”文化艺术创作中心，旨在以习近平新时代中国特色社会主义思想为指导，以社会主义核心价值观为引领，深入挖掘优秀传统农耕文化蕴含的思想观念、人文精神、道德规范，弘扬主旋律和社会正气，培育文明乡风、良好家风、淳朴民风。“中心”的主要职能是开展乡村题材的文艺作品创作、展览展示活动策划，开展多种形式的文化交流活动，推动文化大发展大繁荣，提高国家文化软实力。

由中国公共关系协会、中共咸阳市委宣传部、咸阳市文化和旅游局、咸阳高新区管委会主办的“李小超乡村记忆主题雕塑馆及湖畔书屋开馆活动”也于同日举行。该场馆位于陕西省咸阳市高新区两寺渡公园内，是一座高起点、高定位、高品质的公益文化场馆，免费对公众开放。展出的内容以李小超系列“乡村记忆”雕塑和绘画作品为主体，展示和表现了艺术家的创作风格和创作理念，为促进世界各国人民文化和艺术交流、文明互鉴发挥了积极的作用。

4月16日 中国医疗自媒体联盟蝴蝶学院，正式启动中国医疗自媒体联盟蝴蝶学院特训营暨首届健康传播金牌讲师大赛。中国医疗自媒体联盟蝴蝶学院是中国医疗自媒体联盟和中国传媒大学媒介与公共事务研究院共同打造的新型培训共享平台和健康传播智库。本次活动集特训和大赛于一体，采用风采展示、封闭式特训、学习成果 PK 等形式，以赛代培，以培代赛，旨在培养实战型、多维度的健康新媒体人才，提升医学领域的媒介素养和传播领域的医学素养，助力“健康中国”战略。

4月17日 “一带一路”体育外交高层论坛活动在外交学院举行。论坛由外交学院体育对外交流研究中心、外交学院公共外交研究中心、中国体育科学学会国际交往工作委员会共同主办。外交学院副院长王帆在论坛开幕致辞中表示，体育作为全世界的“通用语言”，在国际交往中有着独特魅力，往往能起到重要作用，对中国外交事业作出特殊贡献。外交学院体育对外交流研究中心主任周庆杰主持本次论坛，克罗地亚中国友好协会秘书长赵丽塔负责“大使论坛”部分主持工作，外交学院公共外交研究中心主任陈雪飞负责“学者论坛”部分主持工作。

4月20日 由中国公共关系协会、陕西省文化和旅游厅、渭南市人民政府主办的2019“一带一路”年度汉字发布活动，在仓颉故里陕西白水举行。“共”字最终成为2019“一带一路”年度汉字。

2019“一带一路”年度汉字发布活动结合白水传承千年的谷雨祭祀仓颉的传统文化礼仪，创新表达中华优秀传统文化内涵。发布仪式通过舞台剧、国画等艺术形式，全面诠释2019“一带一路”年度汉字的精神和底蕴。舞台剧《汉字美立方之共生共荣》融合了影像、舞蹈和音乐等形式，演绎出汉字的创造与传承，展现出人与自然是共生共荣的生命共同体。最后舞蹈演员通过肢体，组合成2019“一带一路”年度汉字“共”字，展现汉字之美，将活动推向高潮。“共”字历史悠久，我国最古老的成熟文字甲骨文中就包含了“共”字。当下，时代赋予了“共”字新的内涵。在经济飞速发展的同时，人们逐渐意识到，与万物共生共荣，才能满足长远的发展需求。“一带一路”顺应时代潮流，契合全球共同需要，彰显人类共同梦想，为利益共同体、责任共同体、命运共同体建设提供了有效途径。

著名画家、丝路文化学者、中国公共关系协会中国丝绸之路文化艺术研究院常务副院长张录成先生现场为活动创作国画《共生共享》，将汉字和书画艺术结合，创新发布年度汉字。国画《共生共享》选择了丝绸之路上最有代表性的生命符号胡杨树和骆驼为主题，表现了胡杨树和骆驼久远的传说与现代文明的穿越，揭示了丝路文明历经几千年而不衰的强大生命力。本次活动还邀请了著名的“汉字叔叔”——来自美国的理查德·西尔斯（Richard Sears）先生亲临现场，他现场讲解“共”字的起源，分享他研究汉字的心得和体会，凸显汉字文化对促进“一带一路”国家民心相通发挥的重要作用，增强了汉字文化传播的国际影响力。

4月23日 第二届“一带一路”国际合作高峰论坛召开前夕，浙江师范大学非洲研究院、达之路吉布提经济特区联合主办，浙江师范大学非洲研究院东非区域国别研究中心承办的“‘一带一路’与东非地区发展路径”高端研讨会在浙江金华举行。会议围绕“一带一路”与东非区域发展以及中国和东非国家间教育合作、人文交流、智库沟通、经贸往来等方面展开深入研讨。

索马里国家规划、投资经济发展部部长哈桑出席会议并发表主旨演讲。浙江师范大学校长郑孟状，教育部长江学者特聘教授、浙江师范大学非洲研究院院长刘鸿武，浙江师范大学非洲研究院南非籍高级研究员、南非国际关系与合作部欧美司原代理副总司长、前大使格特先生，达之路国际控股集团董事长何烈辉先生出席开幕式并致辞。浙江师范大学非洲研究院党总支书记、副院长王珩主持开幕式。

来自香港大学、浙江大学、中国传媒大学、河北大学、中山大学、浙江师范大学、河北牧业经济学院等高校的学者，中央电视台、《香港大公报》、《浙江日报》等媒体代表以及联合国教科文组织高等教育创新中心、金华市人民政府外事办公室等政府、非政府组织代表近100人参加了会议。

4月27日 第二届"一带一路"国际合作高峰论坛在北京雁栖湖国际会议中心举行圆桌峰会，国家主席习近平主持会议并致开幕辞。论坛的主题是共建"一带一路"、开创美好未来。论坛期间举行了高峰论坛开幕式、领导人圆桌峰会、高级别会议、12场分论坛和1场企业家大会。包括中国在内，38个国家的元首和政府首脑等以及联合国秘书长和国际货币基金组织总裁共40位领导人出席圆桌峰会。来自150个国家、92个国际组织的6000余名外宾参加了论坛。国际社会高度评价高峰论坛取得的丰硕成果，认为此次高峰论坛达成的共识和成果为共建"一带一路"合作的发展指明了方向，为推动世界经济增长、走向共同发展繁荣提供了重要机遇。此次论坛是我国国际公共关系能力的重要体现。

4月28日 为做好新时代红色文化传播、弘扬延安精神，中国公共关系协会、中国青年报社、人民出版社、中共延安市委宣传部合作共建"红色文化全媒体传播工程"，并在延安举行"红色文化全媒体科技体验空间"启动仪式。

"红色文化全媒体传播工程"运用先进数字影像技术、顶尖主流媒体传播平台、国际国内优秀传播团队，多角度、多层次、立体化打造以延安为代表的红色文化中国名片，讲好中国故事，传播中国好声音。按照习近平总书记的要求形成网上网下同心圆，使全体人民在理想信念、价值理念、道德观念上紧紧团结在一起，让正能量更强劲、主旋律更高昂。"红色文化全媒体传播工程"以习近平新时代中国特色社会主义思想为指导，充分发挥中国特色社会主义公共关系资源优势，将融媒体、全媒体运用到传承延安精神、传播红色文化、讲好中国故事当中。

红色文化全媒体科技体验空间作为"红色文化全媒体传播工程"的重要组成部分，发挥了运用多元化的媒体技术和世界先进的数字影像体验技术传承弘扬延安精神、讲好延安故事的作用。作为全国首家红色文化全媒体科技体验空间，该项目由延安旅游（集团）有限公司全面运营管理，其主体内容由巨形弧幕展示《延安精神》、互动体验长廊展示《延安故事》、延安全境飞翔体验《飞越延安》、《中国青年报》融媒小厨延安视窗、人民出版社“中国共产党思想理论资源数据库延安中心”展示区构成。该体验空间将成为新时期延安红色文化传播的新名片，是延安又一处极具特色的红色文化体验地标。

同日，全国大学生传承弘扬红色文化大型全媒体传播体验活动——“和我一起去延安”也正式启动。本次活动由中国公共关系协会、中国青年报社、人民出版社、中共延安市委宣传部共同主办。

5月4日 中国驻美大使馆与中国日报社在使馆联合举办首届“我的中国相册”故事分享活动颁奖典礼。此项活动的举办正值中美建交四十周年，旨在通过展现中美两国人民间的深厚情谊，体现两国关系的纽带。“我的中国相册”活动由中国日报社美国分社承办，中国国际航空股份有限公司、中国驻纽约旅游办事处、中国美国总商会为赞助合作伙伴。

中国驻美大使崔天凯在活动致辞中说，“中美关系的稳定发展在过去的四十年间惠及了两国及全世界，两国人民在四十年间宝贵的故事为未来中美关系的发展奠定了基础。”

“我的中国相册”比赛邀请公众通过提交照片与故事，来讲述他们与中国亲人、朋友、邻居以及同事之间的故事，以此体现公众对于两国关系的参与和贡献。自2月6日征集活动启动，至4月19日征集截止，组委会收到了数百张美丽的照片和动人的故事。经过精心挑选，评委会选出特等奖一名、一等奖两名、二等奖三名、三等奖四名。

5月5~7日 中国传媒大学继续教育学部董关鹏学部长受中共中央宣传部委派，带队参加中国新闻发言人赴美交流团“2019中国新闻发言人哈佛行”交流活动。此次活动由中央宣传部、国务院新闻办公室主办，哈佛大学肯尼迪政府学院索林斯汀媒介政治与公共政策中心、费正清中国研究中心联合友情承办，中国公共关系协会政府公共关系委员会，中国传媒大学媒介与公共事务研究院联合支持。交流团由 25 名各部委、企业、地方政府发言人组成。这期间，交流团先后到哈佛大学肯尼迪政府学院索林斯汀媒介政治与公共政策中心、费正清中国研究中心访问，并与索林斯汀媒介政治与公共政策中心原主任尼克·米勒（NiccoMele）教授、费正清中国研究中心主任宋怡明（Michael Szonyi）教授和前主任（《邓小平时代》作者）傅高义教授等知名学者展开对话交流。

5 月 9 日 中国人民对外友好协会就参与《如何讲好中国故事》一书编写工作，向中国传媒大学媒介与公共事务研究院发来感谢信。研究院董关鹏教授应邀参与了《如何讲好中国故事》一书的案例点评工作。中国人民对外友好协会民间外交战略研究中心表示，董关鹏教授此书中就“中国·故事”“中国·情缘”中的四个案例进行了专业细致、深入浅出的点评，点评围绕新时代背景下“讲好中国故事”这一主题，在加强中外人文交流、拓展公共外交途径、提升中国对外传播能力，给予了有益建议和理论指导，提升了该书的理论高度，协会对董关鹏教授的辛勤付出和精彩点评表示衷心的感谢，并希望在公共外交领域继续深化与中国传媒大学媒介与公共事务研究院的合作，共同谱写新时代“讲好中国故事，传播好中国声音”的新华章。

由中国人民对外友好协会李小林会长担任主编，中国人民对外友好协会民间外交战略研究中心李新玉主任担任执行主编的《如何讲好中国故事》，已由商务印书馆正式出版发行。该书紧紧围绕习总书记关于“讲好中国故事”的系列重要指示，在广泛收集了 117 个案例的基础上，通过梳理 33 个具有代表性的案例，总结了向世界介绍中国的经验和方法，探讨新时代做好公共外交的新思路和新启示，是打通理论和实践，兼具知识性、故事性、启事性的著作。

5 月 10 日 由（中日韩）三国合作国际论坛秘书处联合中国公共外交协会共同主办的“2019 年中日韩三国合作国际论坛——纪念中日韩合作 20 周年”（The International Forum for Trilateral Cooperation 2019 – Commemorating the 20th Anniversary of Trilateral Cooperation）在中国宋庆龄青少年科技文化交流中心举行。国务委员兼外交部部长王毅出席开幕式并致辞，来自中日韩三国的各界代表和专家学者等250余人参加了论坛，为促进中日韩合作深入发展建言献策。中国传媒大学媒介与公共事务研究院院长杨宇军受邀参加论坛，并作为“人文分论坛：奏响三国文化、体育与旅游协奏曲”的主持人，与参会嘉宾共同就如何促进三国在文化、旅游和体育三方面的融合发展分享经验、探讨合作前景。本届论坛的议题为“中日韩合作3.0：新愿景新路径”，旨在回顾三国合作的历史成果，展望合作的未来方向。论坛下设政治、经济和人文三个分论坛。在人文分论坛，中国知名作家、童话大王郑渊洁，韩国PMC公司艺术总监、成均馆大学文化艺术传媒融合院院长宋承桓，日本早稻田大学体育科学教授原田宗彦，《人民中国》总编辑王众一，日本国际交流基金会副主任野口裕子，上海公共外交协会副会长、上海旅游局前局长道书铭6位嘉宾分别从不同领域出发，分享了观点与见解。

5月15日 亚洲文明对话大会在中国北京开幕。来自亚洲全部47个国家和世界其他国家及国际组织的1352位会议代表共同出席大会。会议聚焦“亚洲文明交流互鉴与命运共同体”主题，共商亚洲文明发展之道，共话亚洲合作共赢大计，达成广泛共识并发表《亚洲文明对话大会2019北京共识》。习近平主席出席开幕仪式并做了题为“深化文明交流互鉴，共建亚洲命运共同体”的主旨演讲。亚洲文明对话大会，为促进亚洲及世界各国文明开展平等对话、交流互鉴、相互启迪提供了一个新的平台。中国方案应者云集，背后是中国理念的强大感召，在交流中也进一步提升了我国的国际公关能力。

中国传媒大学媒介与公共事务研究院周亭副院长应邀参加大会的六个平行分论坛之一“亚洲国家治国理政经验交流分论坛”。该论坛由国务院新闻办公室主办，中国外文局承办。共有来自50个国家和地区的政界、企业界、媒体界人士、专家学者以及国际组织代表等约300名嘉宾出席论坛。中共中央政治局委员、中央宣传部部长、亚洲文明对话大会筹委会主任黄坤明发表了主旨演讲。

5月18～19日 第三届中国全球传播与公共外交学术年会在四川成都电子科技大学举行。本次会议围绕“周边外交与国际传播理论创新”这一主题，分为三大主题报告、八个分论坛专场以及特别设置的八个专场汇报展开交流与探讨。来自北京大学、清华大学、中国传媒大学等近80所高校和研究机构的百余名知名学者和专家相聚一堂，纷纷展示了最新的研究成果，共同围绕大会主题交流思想、分享观点。

与会专家指出，中华民族历来注重敦亲睦邻，中国视周边为安身立命之所、发展繁荣之基。近年来，“一带一路”倡议、亚投行建设、上合峰会、博鳌亚洲论坛等快速推进，“亲诚惠容”“亚洲新安全观”“底线思维”等新理念正在逐渐落实，周边外交取得扎实成效。

与会专家指出，要坚定文化自信，将搭台唱戏与借台唱戏相结合，讲好中国故事，改变思维方式，促进民心相通，做好公共外交，推动周边外交继续健康发展。

本次会议由中国新闻史学会全球传播与公共外交委员会主办，电子科技大学公共管理学院、四川省数字文化与传媒研究基地、浙江大学公共外交与战略传播研究中心承办。主办方表示，全球传播首先是从周边传播开始，要在迅速变化的世界和时代中展示真实、立体、全面的中国，要在利益关联日益密切的周边命运共同体构建中发挥中国的引领和推动作用。此次会议，不仅为人类命运共同体建设提供了一个思想汇聚和意见交锋的平台，也增进了学术交流与合作，促进了相关学科的发展。

5月31日 在中国公共关系协会、奥地利驻华大使馆的支持下，我国首家得到莫扎特基金会认可，在中国推广、传播、分享莫扎特音乐文化遗产的公益文化机构莫扎特之友（Mozart Society of China，缩写为MSOC）和莫扎特基金会亮相2019中国国际服务贸易交易会（简称京交会）音乐产业大会。

莫扎特之友将与莫扎特基金会（International Stiftung Mozarteum）在发展莫扎特音乐遗产事业及音乐、艺术、文学、教育、科学等领域发挥各自资源优势、进行深入合作。双方已就各领域全面合作建立了完善的沟通机制和具体的合作程序，为务实合作项目的落地和实施提供了有力保障。

莫扎特之友是承担中国公共关系协会高端中外音乐艺术交流活动的工作

机构。在中国公共关系协会的领导下，积极贯彻落实党的十九大关于推进国际传播能力建设、讲好中国故事的要求，以繁荣文艺为目的，以服务艺术为宗旨，以坚定的文化自信和责任担当，推动我国文化事业和文化产业的发展，为发展中国与世界各国的文化交流与合作、保护世界文化遗产多样性做出贡献。

莫扎特基金会在 1880 年由奥地利萨尔茨堡市民发起组织，前身是成立于 1841 年的主教堂音乐暨莫扎特协会。基金会主要通过音乐会、学术研究和博物馆三大核心领域，搭建保护传统与发展现代文化之间的桥梁，目标是在莫扎特研究中，开辟新思路、发展多视角。自 1956 年起，莫扎特基金会在每年莫扎特生日前后，举办莫扎特周，邀请著名的莫扎特作品表演艺术家、乐队和剧团登台，进行以莫扎特作品为核心且兼顾现代音乐的表演。

莫扎特之友携手莫扎特基金会，与世界多个国家和地区的莫扎特基金会进行友好往来，打造中外文化交流新品牌、新渠道、新平台。

中国公共关系协会常务副会长兼秘书长王大平，奥地利大使馆文化参赞欧诺德·奥本玛先生（Mag. Arnold Obermayr），奥地利莫扎特基金会首席执行官托比亚斯·德布赫先生（Dr. Tobias Debuch），奥地利萨尔茨堡州政府教育厅教育督导克丽丝塔·慕斯格女士（Mag. Christa Musger），莫扎特之友秘书长李昱女士等中外嘉宾出席本次活动。

6 月 5 日 生态环境部和联合国环境规划署在浙江省杭州市联合举办 2019 年世界环境日全球主场活动。活动的主题为“蓝天保卫战，我是行动者”（Beat Air Pollution）。

中共中央政治局常委、国务院副总理韩正出席主场活动，宣读习近平主席的贺信并发表主旨讲话。

环境日期间，生态环境部、中央文明办联合举办“美丽中国，我是行动者”主题实践成果展示活动，发布了“美丽中国，我是行动者”主题系列活动十佳公众参与案例，推选了百名最美生态环保志愿者，展示了生态环保主题摄影大赛、书画大赛的优秀作品，以及全国青少年自然笔记大赛获选名单，发布了《中国空气质量改善报告（2013～2018 年）》《公民生态环境行为调查报告（2019 年）》。

6 月 11 日　中华环保世纪行 2019 年宣传活动在京启动。活动的主题是“守护长江清水绿岸”，突出长江流域水污染防治和生态环境保护这条主线。

从 1993 年开始的中华环保世纪行主题宣传活动，是影响广泛、社会关注的“老品牌”，为推动我国环境与生态保护事业发展做出了重要贡献。全国人大常委会副委员长沈跃跃出席中华环保世纪行 2019 年宣传活动启动会并指出，开展中华环保世纪行宣传活动，要深入学习贯彻、大力宣传习近平生态文明思想，不断推动绿色发展新理念、新战略深入人心，充分发挥舆论监督和宣传激励作用，强化全社会生态环保意识，为全面推进生态文明建设营造良好氛围。2019 年宣传活动，以“守护长江清水绿岸”为主题，突出长江保护这条主线，坚决贯彻党中央决策部署，紧扣全国人大常委会立法、监督重点，回应人大代表和人民群众关切，推动打好污染防治攻坚战。要坚持正确舆论导向，坚持客观真实，发挥人大代表作用，创新形式、精心组织，发挥品牌优势，增强宣传实效，推动世纪行宣传活动再上新台阶。

7 月 4 ~ 5 日　2019 第二届中英健康传播对话会议在中传国际交流中心举行。本次会议由国家卫生健康委指导，中国传媒大学与英国莱斯特大学主办，媒介与公共事务研究院、英国莱斯特大学媒体传播与社会学学院承办。本次会议以“传播与赋能：新媒体时代的健康传播”为主题，来自中英健康传播领域的专家学者、相关企业代表 20 余人参加。莱斯特大学媒体传播与社会学学院 Jason R. A. Hughes 院长视频致辞。本次会议上各位专家围绕“迎接 5G：趋势与挑战”进行专题讨论，观看了《忘不了餐厅》第一季特别展映，研究了 5G 时代通过新媒体创新健康传播的方法、路径和手段。会上，媒介与公共事务研究院还与莱斯特大学媒体传播与社会学学院就在健康传播领域开展深入交流合作进行商议，为今后双方学术交流打下良好基础。

8 月 12 ~ 13 日　由国务院新闻办公室主办，中国外文局和当代中国与世界研究院承办，宁夏回族自治区党委宣传部协办的第六届全国对外传播理论研讨会在银川举行。本次会议主题为“构建新时代对外传播新格局”，中央宣传部部务会议成员、国务院新闻办公室副主任郭卫民出席会议并发表主旨演讲，外交部前副部长、清华大学战略与安全研究中心主任傅莹、中国外文局局长杜占元分别做了主题发言。中国传媒大学媒介与公共事务研究院周亭副院长出席论坛并主持了大会“新形势下国际舆论发展趋势及特点”及“中外人文交流与国家形象塑造”平行分论坛。

8月20日 “2019广东公共外交周”活动在广州开幕。来自25个国家和地区、32家外国友好组织的130名代表，以及20多个国家驻穗领事馆的50多名外交官应邀出席相关活动。

本次活动由广东省人民对外友好协会（以下简称“广东省友协”）、广东公共外交协会主办，旨在借助“广东21世纪海上丝绸之路国际博览会”（以下简称“海博会”）平台扩大广东省的对外交往，讲好广东故事，树立广东形象，推动广东省与世界各国人民的友好往来，深化在经贸、文化、旅游等各领域的交流合作，增进民心相通。

此次广东公共外交周系列活动以“七十华诞同欢庆，湾区合作共启航”为主题，组织代表们参观展现中国自强不息、奋发进取精神的“跨海长虹——陈许港珠澳大桥油画展”，观看中国首部以国家级“非遗”项目广东醒狮为主题的大型民族舞剧《醒·狮》，实地考察了解广州、惠州两市经济社会发展情况。2019年适逢中俄建交70周年，这次活动邀请了广东画院优秀女艺术家、中国漆画家林涓与俄罗斯俄中友好协会成员、远东研究所研究员、画家冬青国共同举办艺术作品展，展现中俄两国友好交往。

结合“一带一路”倡议提出六周年和《粤港澳大湾区发展规划纲要》公布，本次活动以“交流互鉴与合作共赢”为主题精心设计举办广东友好合作对话会，将邀请《粤港澳大湾区发展规划纲要》专家讲解大湾区建设，邀请部分广东省“走出去”优秀企业和社会组织代表进行主题演讲，分享“走出去”的经验做法，并与外宾互动交流。活动期间还安排外宾出席海博会开幕式和主题论坛等相关活动，并赴惠州考察当地在打造电子信息万亿级先进制造业集群，推动人工智能、5G、芯片等电子信息产业向高端转型，争取成为“珠江东岸新增长极、粤港澳大湾区高质量发展重要地区”方面的做法和成功经验。

9月1~8日 中国传媒大学媒介与公共事务研究院圆满完成“非洲媒体赴华参访团”来华参访活动。此次活动受中国驻非盟使团委托，参访团成员由非盟委员会新闻官员、部分非洲国家驻非盟使团新闻官组成，旨在促进中国与非洲国家间的友好往来，增进非洲各国政府、非盟委员会媒体主管官员、媒体精英与我国政府、媒体的积极互动。活动期间，参访团与我国媒体从业者、学者等进行了座谈交流，赴外交部新闻中心、人民日报社、中国日报社等现地参访，并到相关企业和京津历史文化古迹参观，感受我国改革开放以来所取得的巨大成就，特别是媒体发展的巨大变化。

此次活动的成功举办，反映了在“一带一路”倡议受到越来越多国家支持，特别是中非关系持续深入、互惠互利的历史背景下，中国与非盟在传媒领域的密切交往和良好合作关系。参访团成员感到，通过这次活动亲身感受到中华人民共和国成立70周年以来的卓越成就，见证了中国在传媒领域的深刻变化，特别是在新媒体领域取得的巨大成就。通过此次交流，双方媒体人分享了成功经验，增进了彼此间的了解和信任。一致表示，要继续加强双方在传媒领域的联系，深化交流合作，共同促进中国、非盟的传媒不断发展进步。

9月10日 由中国公共关系协会和大同市人民政府共同主办的2019“影像的力量”中国（大同）国际摄影文化展在山西大同文瀛湖畔隆重开幕。立陶宛共和国驻华大使伊娜·玛丘利奥尼婕，芬兰共和国驻华大使肃海岚，中国公共关系协会常务副会长兼秘书长王大平，山西省委常委、大同市委书记张吉福，大同市委副书记、大同市人民政府市长武宏文，中国军事文化研究会名誉会长程宝山，中国军事文化研究会会长崔福兴，中国军事文化研究会秘书长姚文怀，中国新闻摄影学会副会长、中国公共关系协会新闻与传播委员会副主任丁伟，中国画报协会副会长、著名摄影家李石文，三影堂摄影艺术中心联合创办人、集美·阿尔勒国际摄影季联合发起人荣荣，中国公共关系协会中国丝绸之路文化艺术研究院常务副院长张录成，以及国内外摄影界、新闻界和艺术界的代表出席了开幕式。

2019 年是中华人民共和国成立 70 周年，是摄影术诞生 180 周年，也是“影像的力量”中国（大同）国际摄影文化展举办 5 周年。大同市作为山西省乃至全国能源革命综合改革试点的尖兵，正以开放引领发展，全面开启向新能源产业之都战略转型的奋斗新征程。本届展览以“新能源、新赋能、兴大同”为主题，通过 700 幅影像作品创新开展“‘一带一路’主宾国”、“新能源”、“2019‘镜美华夏’：献礼新中国 70 华诞”、“转译：2019 年度三影堂摄影奖作品展”等主题展，举办“大同·畅影——中外摄影家作品分享会”，以影像为媒汇聚国内外优秀摄影师与广大影像爱好者，通过影像发现山水之美、分享生活之美，促进国际文化的沟通与交流，用影像讲好中国故事，展现影像的力量。

芬兰和立陶宛作为 2019 年的主宾国，参加“一带一路”主宾国主题展，共展出 100 幅作品，主要展现自然、生态和人文方面的内容。

芬兰支持中国的“一带一路”倡议以及欧亚大陆互联互通，看好中国“冰上丝路”前景，愿与中国共同推进由北冰洋连接的欧亚蓝色经济通道建设，携手共促北极地区可持续发展。芬兰参展的主题是“芬兰：关爱人文，讲求公平”，分为“理解 100 公顷森林”、“基特卡河”和“自然博物馆”三个专题展。芬兰是欧盟国家中可再生能源利用率最高的国家之一，近年来大力开发以可再生能源为主要形式的新能源，并在生物燃料的开发利用上走在了世界的前列。

立陶宛近年来积极参与“一带一路”建设，是中国在波罗的海地区最大的贸易伙伴，同时中国也是立陶宛在亚洲最大的贸易伙伴和重点开拓的五大海外市场之一。立陶宛参展的主题是“当代立陶宛文化：过去与未来的对话”，分为“此时，彼岸”、“两水之间”和“象外”三个专题展。立陶宛是欧盟内第六个设定 2020 年可再生能源发展目标的国家，计划到 2050 年，可再生能源及其他清洁能源成为供电、供热及交通领域使用的主要燃料。

新能源作为我国战略性新兴产业的重要组成部分，近年来得到了快速发展，产业规模呈现放量增长趋势。为引领经济增长、引领供给升级、引领企业转型，支撑我国高质量发展做出了重要贡献。以风能、太阳能、核能、生物质能、氢能源等为代表的新能源发展呈现前所未有的光明前景；以新能源为动力的各种车辆，则丰富了人们的绿色生活，为绿色出行带来了非凡的体验。为集中展示我国在新能源领域的发展成就，“新能源”主题展精心挑选60幅优秀作品，以丰富的内容、多元的视角向观众展示我国在新能源领域的新成就与新面貌，让绿色、节能、环保的发展理念根植人心、凝聚共识。

“2019‘镜美华夏’：献礼新中国70华诞”主题展组织了70幅优秀作品，主要反映我国在科技创新、国防建设、生态环境、城市风貌、文化繁荣发展等方面的内容，主题突出、特色鲜明、积极向上、催人奋进，具有强烈的时代气息和感染力，传递“影像的力量”，为新中国70华诞献礼。“镜美华夏”是以习近平新时代中国特色社会主义思想为指导，由中国公共关系协会创建并打造的具有鲜明特色和新时代特征的新影像文化品牌主题活动。它用“新影像”语言体系聚焦展示我国实现中华民族伟大复兴“中国梦”进程中的亮点和特色，从写实的角度还原美好世界、展现山河风采、构建美丽中国。它提供了一个沟通社会各界、聚集优质资源、分享影像之美、传播中国形象、促进国际交流的影像公关新平台。

在同期举行的“镜美尊”颁奖礼中，芬兰摄影师雅歌·卡黑兰涅米、立陶宛摄影师塔达斯·卡兹和中国摄影师周裕隆荣膺了这一殊荣。

本届展览持续到10月7日。

9月17日 北京2022年冬奥会吉祥物“冰墩墩”和冬残奥会吉祥物“雪容融”在北京发布。国际奥委会主席巴赫表示，2022年冬奥会吉祥物的揭晓，标志着北京在成为奥运历史上首个“双奥之城”的征程上又跨出重要一步。吉祥物的发布一定会激发更多人，特别是年轻人关注北京冬奥会。冬奥会吉祥物集中国和中国人民最精华的元素和特色于一身，一定会成为中国和北京2022年冬奥会的杰出大使。国际残奥委会主席帕森斯称北京2022年冬残奥会吉祥物的发布“令人无比激动”。他表示，吉祥物是对中国新一代年轻人未来的期许，希望残奥运动员的超凡信念激励他们勇往直前。

10 月 15 日 由驻东盟使团和国家留学基金管理委员会共同主办的首期学员开班仪式在北京大学举行。中国 - 东盟菁英奖学金由李克强总理在2018 年第 21 次中国—东盟领导人会议上宣布设立，旨在进一步夯实中国与东盟间人文支柱，加强双方人文交流，促进民心相通，为东盟国家的优秀青年提供了在中国知名大学攻读学位和参加短期培训的机会。出席此次活动的学生包括在京的菁英奖学金硕博士生和短期进修生，以及参加由北京大学和中国传媒大学分别主办的“治国理政经验交流”和“信息与媒体交流”培训班的全体学员们。

10 月 16 ~ 17 日 中国传媒大学媒介与公共事务研究院院长、中国公共外交协会会员杨宇军随团赴韩国仁川出席第七届中韩公共外交论坛，并主持了“共同繁荣与发展”分论坛的讨论。

该论坛由中韩两国外交部主办，中国公共外交协会和韩国国际交流财团承办，中国公共外交协会会长吴海龙、驻韩国大使邱国洪、前驻韩国大使程永华、故宫博物院原院长单霁翔，以及韩国外交部公共外交大使张宰福、韩国国际交流财团理事长李根、仁川市市长朴南春等出席相关活动，中韩两国智库、媒体、文化及青年代表约 200 人与会。

本届论坛下设“东北亚和平与合作”、“共同繁荣与发展”、“人文纽带交流”等三个分论坛，与会人员围绕三项主题进行了开放、坦诚、务实的交流讨论，并就如何拓展中韩人文交流、夯实友好合作基础、打造两国关系发展的桥梁纽带提出了许多建设性的意见。论坛开幕前还举办了“中韩新媒体百人对话未来”活动和中韩电影节开幕式。

10 月 19 日 第一届跨文化交际与公共外交学术研讨会在海南大学中日友好交流中心顺利举行。本次研讨会由海南大学外国语学院和海南省外文海南文献与舆情研究中心、海南省外语类专业教学指导委员会联合主办，外语教学与研究出版社协办，来自全国 30 多所高校的 100 余名专家学者参会。

与会人员围绕“‘一带一路’倡议与公共外交”、“跨文化翻译与传播研究”、“舆情与中国形象研究”三个专题进行深入研讨。本次学术研讨会立足于服务国家公共外交战略，既有对当前我国跨文化交际与传播现状的关切，也有对中国形象海外舆情现状的分析，更有对未来跨文化人才培养模式的探讨，涵盖传播学、国际关系学、语言学等多个学科领域，对积极探索中国特色的公共外交、进一步拓宽跨文化交际视野、促进跨文化人才培养具有重要意义。

10 月 24 日　中国公共关系协会国家文化大数据产业联盟（以下简称联盟）成立大会在江苏省南京市召开，首批成员单位包括数十家产、学、研单位。中宣部文改办、科技部高新司、中国公共关系协会相关领导出席联盟成立大会。

为贯彻落实科技部、中宣部等六部门《关于促进文化和科技深度融合的指导意见》中加强国家文化大数据体系建设的任务要求，由北京玖扬博文文化发展有限公司、北京歌华有线电视网络股份有限公司、吉视传媒股份有限公司、贵州省广播电视信息网络股份有限公司等牵头，文化和科技产业链上下游机构自愿发起，成立国家文化大数据产业联盟。联盟接受中国公共关系协会的领导，致力于打造我国文化大数据产业链、创新链和服务链，探索建立长效稳定的产学研合作机制，突破产业发展的核心技术，形成产业技术标准，搭建一个开放性的、非实体性质的产学研政企合作平台。

首批联盟成员单位均为文化和科技产业中具有领域优势性的机构，除北京、吉林、江苏、湖北、广东、贵州、陕西等 12 个省（区、市）广电网络公司外，还有玖扬传媒、体验科技、四维时代、新维畅想等行业领军企业，更不乏中科院自动化研究所、北京邮电大学、武汉理工大学等知名高校研究机构，涵盖了文化科技产业链上的产学研用全部领域。当天，中信网络代表也作为特邀嘉宾参加了大会。

联盟成立后，将联系和组织成员单位为公共文化机构、文化生产机构、高校科研机构藏品数据的采集、存储、授权、关联、解构、重构、呈现等提供专业化服务，为国家决策和管理部门出台国家文化大数据体系建设相关规划和政策提供专业性咨询服务，为建设中国文化遗产标本库、中华民族文化基因库和中华文化素材库汇聚社会力量、奉献专业才智。

中国公共关系协会常务副会长兼秘书长王大平在讲话中指出，文化和科技深度融合，有利于提高文化传播力和影响力，有利于创新文化发展的内容和形式、推动文化繁荣发展，是文化公关的关键一步。他要求联盟发挥好桥梁纽带作用，加强前瞻布局，促进交流合作，以服务为中心，着力攻克一批核心技术和产业共性技术，为打造我国文化大数据良好的产业生态圈、服务文化强国建设发挥积极作用。

10月26日 第10届西湖公共关系论坛在杭州召开。本届论坛由中国公共关系协会、中国人民对外友好协会、杭州市人民政府共同主办，杭州市公共关系协会等单位联合承办，杭州2022年第19届亚运会组委会担任论坛指导单位。

本届西湖公共关系论坛主题是“国际赛事与城市品牌”。中国公共关系协会常务副会长兼秘书长王大平，杭州市人大常委会副主任、杭州市公共关系协会顾问陈红英，杭州市人民政府副市长、杭州市公共关系协会顾问陈卫强等领导，以及来自法国、印尼、爱尔兰、中国等国家和地区的500余位各界嘉宾出席本届论坛。

全球公共关系与沟通管理联盟主席贾斯丁·格林，中共中央外事办公室原副主任、杭州市公共关系协会顾问吕凤鼎，新华社原副社长兼常务副总编、杭州市公共关系协会顾问马胜荣，中国亚洲经济发展协会名誉会长、外交部日本问题专家王泰平，法国国家科学院研究员、巴黎政治学院教授Alexis Lavis，印尼驻华大使周浩黎分别发表题为《城市品牌与经济发展：名人、体育与城市品牌》《公共外交与品牌塑造》《城市品牌国际传播的路径选择》《日本东京亚运会对城市品牌塑造的启示》《奥运会与巴黎城市品牌塑造》《从雅加达到杭州：国际重大体育赛事如何助力城市品牌发展及崛起》的主题演讲。

本届论坛同时设立了“国花之争引发的新时代城市品牌与软实力思考”、“文体旅产业发展与城市品牌”和“中国企业品牌的全球化传播”三个分论坛进行专题讨论。

11月21日 由国家卫生健康委宣传司、湖南省卫生健康委指导，中国医师协会、中国医师协会健康传播工作委员会、南通大学附属医院主办，中南大学湘雅医院承办，中国传媒大学媒介与公共事务研究院作为学术支持单位的首届健康中国创新传播大会暨第六届中国医疗品牌建设大会在长沙召开。中华预防医学会会长、中国工程院院士王陇德，中央广播电视总台著名主持人、评论员白岩松，国家卫生健康委新闻发言人、宣传司司长宋树立，中国医师协会秘书长李松林，中央网信办网评局队伍建设处处长彭锋等领导出席大会。中国传媒大学政府与公共事务学院院长董关鹏、媒介与公共事务研究院院长杨宇军应邀参会。

本次大会为期三天，分别设置“首届健康传播金牌讲师巅峰对决赛暨风采展演”、大会主论坛及平行分论坛，就“自媒体的转型升级”“媒介融合与创新”“健康传播学科化进程”“‘网红医生’与医院品牌建设”“新时代医院的文化表达”“医院文化与医疗执业环境”等主题展开圆桌对话。

大会主论坛期间，董关鹏教授与王陇德院士、宋树立司长、彭锋处长共同就“健康传播　赋能品牌”发表主旨演讲。董关鹏教授紧密围绕习近平总书记有关全媒体时代媒体融合发展的重要论述，结合曾在美国白宫以艾森豪威尔终身学者身份进行访学的经历，从“势、道、术”三个维度，与大家分享了他有关5G时代涉医舆情新特征与新策略的思考。

中国医师协会健康传播工作委员会全委会于会议同期举办，董关鹏教授等多位专家获聘中国医师协会健康传播工作委员会顾问、副秘书长等职务。中国医师协会秘书长李松林宣读名单，国家卫生健康委宣传司司长宋树立颁发聘任证书。

在国家卫健委宣传司的指导下，中国医师协会健康传播工作委员会依托布点在全国的20个蝴蝶学院新媒体实训基地，联合相关团体及社会机构共同发起基层健康传播能力提升工程暨“彩蝶孵化公益行动”，旨在通过整合健康传播资源，以传播之力增强基层百姓获得感和提升百姓健康素养。此次大会是中国医师协会健康传播工作委员会由原中国医疗自媒体联盟转型升级后的首次会议，为加强和推进新时期健康传播工作、提升医疗机构品牌建设能力加油助力。

11月21日　由中国医师协会、中国医师协会健康传播工作委员会、南通大学附属医院主办，中国传媒大学媒介与公共事务研究院作为学术支持单位的“首届健康传播金牌讲师巅峰对决赛暨风采展演”在长沙举行。中国传媒大学媒介与公共事务研究院院长杨宇军受邀参会，为2019年度医疗互联网品牌影响力十强代表颁发获奖证书。

中国传媒大学政府与公共事务学院院长、媒介与公共事务研究院学术委员会主任董关鹏教授和媒介与公共事务研究院副院长郤颖波分别以“鹏战队”导师和班主任的身份，与国家卫生健康委员会宣传司新闻网络处处长刘哲峰和中国医师协会健康传播工作委员会常务副主任委员兼秘书长施琳玲带领的“峰战队”进行了激烈角逐。两队队员均为首届健康传播金牌讲师大赛10强选手，他们以演讲秀的方式，对医患关系、医媒关系、舆情处置、医疗故事、健康谣言等医疗领域议题进行独特诠释，展现了首届健康传播金牌讲师们的卓越风采。最终，经过大会专家评审，两队选手共同荣获最高奖项。

11月21日 在首届健康中国创新传播大会暨第六届中国医疗品牌建设大会上，由中国健康传媒集团中国医药科技出版社出版，中国传媒大学媒介与公共事务研究院携手中国医师协会健康传播工作委员会蝴蝶学院、媒商实验室、有来医生共同组织编写的健康传播读本《5G时代的健康传播——快速进阶实战指导》一书发布。中国传媒大学政府与公共事务学院院长董关鹏担任编委会顾问，国家卫生健康委宣传司新闻网络处处长刘哲峰、中国医师协会健康传播工作委员会常务副主任委员兼秘书长施琳玲担任主编，中国医师协会法律事务部主任邓利强、媒介与公共事务研究院副院长郤颖波担任副主编。

《5G时代的健康传播——快速进阶实战指导》一书共分“对话5G”与“实战5G”上下两篇。着重探讨5G时代的舆论引导、5G时代的健康传播和5G时代的健康传播者相关问题，从传播的视角，解读健康中国战略，分享5G智慧全媒体时代健康传播内涵，以讲好有温度、有传播力医患故事的方式方法，将首届蝴蝶学院特训营现场内容跃然纸上，与读者分享在健康传播路上的经验与心得。

该书汇集首届健康传播金牌讲师大赛一手资料，内容涵盖资深新闻发言人、专家教授、知名学者的经典理论与前沿观点，大赛实战案例与专家点评，以及金牌讲师与特邀讲师的慕课课程，全方位、立体化展示5G时代做好健康传播的方法与要义。

B.15
2019年中国公共关系年度人物、机构

（按照音序排列）

编辑部依据行业影响、业界口碑、传播效果等因素，从众多提名人选、机构中，最终推选出“2019 年中国公共关系年度人物”和“2019 年中国公共关系年度机构”，具体如下。

白岩松

中国中央广播电视总台节目主持人、记者。1993 年，白岩松参与创办《东方时空》，并推出了《东方之子》等栏目。1997 年主持了香港回归、三峡大坝截流等节目直播。1999 年参加了澳门回归直播、国庆五十周年庆典转播。2003 年新闻频道创建，他开始主持《中国周刊》（后更名为《新闻周刊》）。自 1993 年以来，先后采访了近 500 个“东方之子”，弘扬了改革精神，唱响了时代主旋律，成为中国直接采访时代人物最多的电视新闻工作者。他笔耕不辍，先后出版了《痛并快乐着》《岩松看台湾》《岩松看日本》《一个人与这个时代》《白说》等著作，从新闻传播者的视角，广泛介入公关事务和热点问题的讨论，产生极大反响，成为公共关系领域的标志性人物。

2000 年被授予“中国十大杰出青年”称号，担任 2004 年和 2008 年两届奥运火炬手，2012 年担任伦敦奥运会开闭幕式的解说。白岩松以其“幽默、睿智和直面担当”的主持风格，深受观众喜爱，并引发许多重要公关话题的社会讨论。在其主持生涯中，先后荣获第九届长江韬奋奖、“优秀播音员主持”、“中国金话筒奖”、“中国播音与主持大奖”、“话语主持群星会年度终身成就奖”、“优秀播音员主持奖”、“中央电视台十佳优秀播音员”

等荣誉或称号，甚至多次获得某些奖项。2018 年 3 月，当选政协第十三届全国委员会人口资源环境委员会委员，享受国务院政府特殊津贴。

黄渤

中国内地男演员、导演、歌手，中国电影家协会副主席。毕业于北京电影学院表演系配音专业。曾参演、主演《疯狂的石头》《斗牛》《杀生》《泰囧》《西游·降魔篇》等影片，执导并主演电影《一出好戏》。荣获第 4 届中国电影导演协会年度男演员奖、第 20 届北京大学生电影节最佳男演员奖、第 20 届上海国际电影节最佳男演员奖、第 46 届台湾电影金马奖“最佳男主角奖”等。

2019 年 4 ~7 月，在由腾讯视频、恒顿传媒、瀚纳影视联合出品，企鹅影视、恒顿传媒联合制作的关注认知障碍公益节目《忘不了餐厅》中担任店长，携手五位患有轻度阿尔兹海默症的老人扮演的服务生，组成一个“忘不了家族”，在深圳共同经营一家可能会上错菜的中餐厅，开启一场遗忘与守望的温暖碰撞。节目采取轻松、诙谐的方式，叙说患有阿尔兹海默症老人的感人至深的情感印记，促使大家了解并关注阿尔兹海默症，特别是患病的老年人群体，引起极大社会反响，作为现象级融媒体健康公益类影视作品，成为 2019 年在健康传播和公益传播领域的重要事件。

有来医生

国家高新技术企业、中关村高新技术企业。有来医生总部位于北京，并在上海、广州、深圳、武汉、天津、成都等 12 个城市设有分支机构。自 2016 年 5 月创立至今，始终秉承“诚信、认同、价值”理念，致力于通过互联网技术推动医生共享、知识共享、服务共享、经济共享，放大医生价值和健康科普内容价值，助力健康中国战略实施。制作的健康科普类作品先后荣获“2017 电视类优秀作品”“2018 新时代健康科普优秀作品”“首届健康教育微电影节金孔雀奖”等称号或奖项。

为充分发挥医生价值及健康科普内容的价值，除了在其官网、官微等自有平台发布内容外，有来医生建立了“短视频 + 语音问答 + 图文问答 + 文章 + 直播”多位一体的内容模式，还将科普内容同步输出到百度、搜狗、360 等搜索引擎，爱奇艺、优酷、腾讯视频等视频网站，熊掌号、头条号、大鱼号等自媒体平台，北京 IPTV、华数 TV 等网络电视，小米 AI 音箱、天猫精灵等智能硬件，以及各合作医院入口等，实现线上线下深度融合、精准传播。通过有来医生，卫生、健康科普内容可以轻松直达亿万用户，用户可以便捷获取权威优质医疗知识，满足多层次、多样化、品质化、多场景应用的健康科普需求。

有来医生一直坚持公益和价值优先，热心社会公益事业。2017 年 6 月，有来医生与中华国际科学交流基金会联合发起建立“中国健康教育工程”，旨在联合卫、教、工、青、妇、残等社会团体，充分整合医疗行业资源，做好健康教育与健康扶贫工作，“有来医生健康科普教育基地”落户甘肃康乐县。有来医生还与医院、医生、社区、公益组织、媒体等合作伙伴联合开展“中国健康教育工程：全民大健康”科普进社区、进校园、进机关、进企业等系列活动，如“关爱老人——预防帕金森”健康科普讲座和专家义诊、“心脑血管疾病防治”义诊和基层医护培训等，让更多人有机会与权威专家面对面，享受到优质的医疗健康服务。

中国医师协会健康传播工作委员会

2019 年，中国医师协会健康传播工作委员会是由中国医疗自媒体联盟与中国医师协会健康传播专业委员会合并重组、转型升级而成。

2016 年 10 月 29 日，为践行习近平总书记提出的在全社会营造“尊医重卫”良好氛围，在国家卫生健康委员会宣传司的指导下，在中国医师协会与中国传媒大学媒介与公共事务研究院的支持下，中国医疗自媒体联盟于江苏南通大学附属医院正式成立。2017 年底，中国医疗自媒体联盟联动专业力量打造国内最便捷、最专业、最平民化的“蝴蝶健康”科普公益平台。2018 年初，联盟与中国传媒大学媒介与公共事务研究院发起成立“蝴蝶学院”，已经在全国遴选布点了 20 个新媒体实训基地，覆盖全国主要地区的培训网络。2019 年中国医疗自媒体联盟与中国医师协会健康传播专业委员会完成合并重组，正式转型升级为中国医师协会健康传播工作委员会。健康传播工作委员会重点打造的“蝴蝶健康”科普公益平台 2.0 版本已正式上线，“基层健康传播能力提升工作”暨“彩蝶孵化公益行动”于 2019 年 11 月全面启动，布点全国的 20 个新媒体实训基地以双选方式牵手国家级贫困县医疗机构。蝴蝶学院组织特训营暨全国首届健康传播金牌讲师大赛，团队专家先后应邀为清华大学“一带一路”卫生官员培训班、新疆医学会等组团授课。

中国医师协会健康传播工作委员会作为国内第一个健康类新媒体人才孵化平台，为治理互联网健康知识混乱问题、提高公众健康信息的接受度发挥了积极作用。特别是在加大主动出击力度、强化联动合力、从源头上减少谣言或不实涉医报道、从气势上增强对伤医事件和医闹事件的舆论谴责等方面，巩固了其在行业舆论场所发挥的特殊作用。同时，她致力于提高医务工作者的媒介素养，提高媒介工作者的医学素养，构建起了最广泛和最具权威性的医、患、媒三者之间的沟通桥梁。

中国医师协会健康传播工作委员会成立以来，不断加强与行业外部力量的对接，积极争取外部支持，让对话和监督成为新常态，构筑网络空间的命运共同体。同时借力融媒体与区块链技术，实现优质资源共享，形成传播合力，多方位推动健康传播专业化和学术化进程，解决变医、患、媒三者信息不对称等问题，为推动健康中国战略实施、促进实现全民健康做出了积极贡献。

B.16
“健康中国”公共关系大事记

2015年

10月 党的十八届五中全会首次提出推进“健康中国”建设。习近平总书记此番在全国卫生与健康大会上的讲话，明确了卫生与健康工作在战略全局中的重要地位，从战略和全局高度对建设“健康中国”等重大任务做了深刻阐述，高屋建瓴、思想深刻、内涵丰富。

2016年

3月16日 “十三五”规划出台，规划纲要提出，推进“健康中国”建设，“健康中国”正式上升为国家战略：深化医药卫生体制改革，坚持预防为主的方针，建立健全基本医疗卫生制度，实现人人享有基本医疗卫生服务，推广全民健身，提高人民健康水平。

在国务院医改领导小组的领导下，成立了以卫生计生委、发改委、财政部、人力资源和社会保障部、体育总局等部门为主，环境保护部、食品药品监管总局等20多个部门参加的起草工作组及专家组。编制工作坚持充分发扬民主，协调各方参与，组织有关部门、智库和专家开展了专题研究、平行研究和国际比较研究，借鉴国内其他领域和国际国民健康中长期发展规划经验，广泛听取地方、企事业单位和社会团体等多方面意见，并向社会公开征集意见。

3月18日 山东非法疫苗案曝光，疫苗未经严格冷链存储运输销往24个省市，其中含25种儿童、成人用二类疫苗。

世界卫生组织在3月22日作出回应，认为此一事件中的疫苗安全风险非常低。世卫组织将等待调查结果的公布，时刻准备为中国国家卫生部门提供支持。

3月24日 公安部、国家卫生计生委、国家食品药品监督管理总局三部委联合召开新闻发布会，通报非法经营疫苗案调查处置进展情况。国家食品药品监督管理总局药化监管司司长李国庆在发布会上介绍，涉事疫苗多为3~6个月临近保质期的产品，通过违法分子销往有资质的接种单位，尤其是偏远的农村乡镇接种点。

3月25日 世界卫生组织建议，若接种了过期疫苗或不当储存疫苗，应当重新接种。对于可预防疾病如麻疹、流行性腮腺炎、风疹和水痘疫苗，血液检测能够确定接种对象是否已获得免疫力。若考虑重新接种疫苗，应咨询预防接种点的专业人员。然而，如果儿童已经过了该疾病的风险年龄，就不用重新接种，也不用检测。

3月26日 国家食品药品监督管理总局针对社会关心的疫苗安全问题发布科普知识予以回应。

3月28日 世卫组织再次就此事发声称，自费疫苗的分发应严格遵守与国家免疫规划疫苗同样的严格标准，杜绝此类事件再次发生，建议国家免疫规划能涵盖这些疫苗。

4月12日 西安电子科技大学学生魏则西因滑膜肉瘤去世。随后网友找出魏则西在2月26日一则题为"你认为人性最大的恶是什么?"的回答，将百度搜索和百度推广推上风口浪尖。他去世前在知乎网站撰写治疗经过时称，在百度上搜索出武警北京第二医院的生物免疫疗法，随后在该医院治疗后致病情耽误，此后了解到，该技术在美国已被淘汰。

4月28日 百度对此事件回应称，（魏）则西生前通过电视媒体报道和百度搜索选择武警北京市总队第二医院（下称武警北京二院），百度第一时间进行了搜索结果审查，该医院是一家公立三甲医院，资质齐全。

5月1~2日 百度再次回应网友魏则西病逝事件，称正积极向发证单位及武警总部相关部门递交审查申请函，希望相关部门能高度重视，立即展开调查。5 月 2 日，根据网民举报，国家网信办会同国家工商总局、国家卫生计生委成立联合调查组进驻百度公司。对此事件及互联网企业依法经营事项进行调查并依法处理。

8 月 19 ~ 20 日 全国卫生与健康大会在北京举行。中共中央总书记、国家主席、中央军委主席习近平出席会议并发表重要讲话。他强调，没有全民健康，就没有全面小康。要把人民健康放在优先发展的战略地位，以普及健康生活、优化健康服务、完善健康保障、建设健康环境、发展健康产业为重点，加快推进“健康中国”建设，努力全方位、全周期保障人民健康，为实现“两个一百年”奋斗目标、实现中华民族伟大复兴的中国梦打下坚实健康基础。并在会上征求了全体与会代表关于“‘健康中国’2030”规划纲要的修改意见。

8 月 26 日 中共中央政治局召开会议，审议通过“‘健康中国’2030”规划纲要。会议认为，健康是促进人的全面发展的必然要求，是经济社会发展的基础条件，是民族昌盛和国家富强的重要标志，也是广大人民群众的共同追求。党的十八届五中全会明确提出推进“健康中国”建设，从“五位一体”总体布局和“四个全面”战略布局出发，对当前和今后一个时期更好地保障人民健康作出了制度性安排。编制和实施“‘健康中国’2030”规划纲要是贯彻落实党的十八届五中全会精神、保障人民健康的重大举措，对全面建成小康社会、加快推进社会主义现代化具有重大意义。同时，这也是我国积极参与全球健康治理、履行我国对联合国《2030 可持续发展议程》承诺的重要举措。

10 月 25 日 为推进“健康中国”建设、提高人民健康水平，中共中央、国务院根据党的十八届五中全会部署，制定并印发实施了《“‘健康中国’2030”规划纲要》。该纲要是新中国成立以来首次在国家层面提出的健康领域中长期战略规划。

11 月 21 日 由中国国家卫生和计划生育委员会、世卫组织共同主办的第九届全球健康促进大会在上海国际会议中心上海厅开幕，来自全球 126 个国家和地区、19 个国际组织的 1100 多位嘉宾齐聚上海，参与会议。会议目标是宣传健康与可持续发展的密切联系，号召加强承诺与行动，以促进和保护人们的身心健康。大会的主题是"可持续发展中的健康促进"，核心议题包括健康城市、跨部门合作以及健康素养等。

会议商定《上海健康促进宣言》，承诺要为健康做出大胆的政治选择，同时强调了健康和福祉与联合国《2030年可持续发展议程》及其各项可持续发展目标之间的联系。《健康城市上海共识》，载有100余名市长的承诺，旨在通过改善城市环境管理促进健康。中国在全球健康促进领域进一步展示了自己的理念、方案和实践。

12月2日 第九届"健康中国"论坛在北京隆重举行。十二届全国政协副主席，农工党中央常务副主席刘晓峰出席论坛，人民日报社、国家卫生计生委、国家食药监总局、农工民主党中央等部委领导以及院士专家、医院院长、顶级学者、产业代表、主流媒体等700余人出席了论坛。

本届论坛由人民网、健康时报社、中国人保健康联合主办，主题是"大健康·大融合·大发展"。论坛设有大视野院士论坛、大格局医药论坛、大健康专家论坛，此外还设置了医院发展、医疗创新、分级诊疗、精神卫生、康复医疗、慢病防控、健康社区、生物技术、养老产业等14个主题单元，79位专家分享精彩观点、180位特约嘉宾与会，聚焦健康行业，共话未来。

论坛上、人民健康全媒体服务平台同步上线。平台一期将上线PC端人民健康网和手机端人民健康网、人民健康APP和人民好医生APP，搭建人民健康微博微信集群，以"两网、两端、两微群"的新媒体集群，服务人民健康，助力"健康中国"建设。自此，"健康中国"步入互联网+大数据时代。

12月9日 由中国健康管理协会主办的首届"健康中国"高峰论坛在京举行，第十一届全国人大常委会副委员长、原国务委员、中国健康管理协会荣誉会长陈至立莅临大会，国家原卫生部部长、中国健康管理协会总顾问高强、国家民政部、国家卫生计生委等国家部委领导出席了本次论坛，中国工程院相关专业领域的院士围绕"健康中国"进行精彩主旨演讲。

论坛以“实施全面健康管理，建设全民‘健康中国’”为主题，以“普及健康生活、优化健康服务、完善健康保障、建设健康环境、发展健康产业”为重点，传播“健康中国”核心理念、倡导全民健康管理行动、搭建健康服务智慧平台、推动健康事业产业融合发展，围绕“‘健康中国’2030”国家战略，展开深入交流与研讨。

此外，大会增设健康传播、健康服务与养老、健康保险与投资、健康城市发展、健康产业发展与智慧健康六大主题分论坛，进行专题交流。

12 月 27 日 为推进“健康中国”建设，根据《中华人民共和国国民经济和社会发展第十三个五年规划纲要》、《中共中央 国务院关于深化医药卫生体制改革的意见》和《“‘健康中国’2030”规划纲要》，国务院先后印发并实施了《“十三五”深化医药卫生体制改革规划》与《“十三五”卫生与健康规划》，标志着“健康中国”建设，从思想到战略、从纲领到行动的顶层设计基本形成。

2017年

3 月 11 日 十二届全国人大五次会议记者会在京召开，国家卫生计生委主任李斌、副主任王培安和副主任、国务院医改办主任王贺胜就“‘十三五’开局之年卫生计生改革发展”的相关问题回答中外记者的提问。会上，国家卫生计生委主任李斌，副主任王培安，副主任、国务院医改办主任王贺胜等就公立医院全部取消药品加成、为全面二孩提供更多政策保障、进一步解决大病一把抓和基本医保等卫生计生改革发展的热点问题一一作出回应。

李斌主任还就推进“健康中国”建设发表了看法。李斌说，2017 年的主要任务是把“健康中国”建设的路线图、时间表细化为施工图，围绕“1、5、3”的重要任务抓好落实。

她解释说，“1”是指牢牢把握“健康中国”建设这一条主线；“5”是指深化医药卫生体制改革，建立 5 项基本医疗卫生制度，即分级诊疗制度、现代医院管理制度、全民医保制度、药品供应保障制度和综合监管制度；“3”是指推进健康扶贫工程、实施改善医疗服务行动、大力开展爱国卫生运动。

“‘健康中国’建设是一个系统工程，涉及方方面面、各个领域，涉及很多部门的职责，也需要全社会的共同努力，需要大家共建共享。”李斌说，“我们要一步一个脚印地推进这项工作，让13亿多人民能够以更加健康的姿态迈入全面小康社会。”

7月1日 《中华人民共和国中医药法》正式开始施行。中医药是中华民族的瑰宝，是我国医药卫生体系的特色和优势，是国家医药卫生事业的重要组成部分。中医药法的通过对中医药事业发展具有里程碑的重要意义。

中医药法第一次从法律层面明确了中医药的重要地位、发展方针和扶持措施，为中医药事业发展提供了法律保障。中医药法针对中医药自身的特点，改革完善了中医医师、诊所和中药等管理制度，有利于保持和发挥中医药特色和优势，促进中医药事业发展。同时，中医药法对实践中存在的突出问题作了有针对性的规定，有利于规范中医药从业行为，保障医疗安全和中药质量。此外，中医药法的出台有利于提升中医药的全球影响力，在解决健康服务问题上，为世界提供中国方案、中国样本，为解决世界医改难题做出中国的独特贡献。在中医药法以及《中医药发展战略规划纲要（2016～2030年）》等一系列政策文件的保障和促进下，正如习近平总书记去年在给中国中医科学院的贺信中提到的那样，“中医药振兴发展迎来天时、地利、人和的大好时机”。

除《中华人民共和国中医药法》外，我国在7月还相继推出了“两办”36条、新版医保目录发布等20余种医药医保政策。

8月31日 26岁的产妇因妊娠剧痛从陕西省榆林市一院绥德院区五楼坠下身亡。事发后，围绕“究竟是谁拒绝为产妇实施剖宫产”，医院和家属各执一词。

国家原卫生计生委新闻发言人、国家卫生计生委宣传司副司长宋树立对陕西产妇跳楼事件回应称，“事件让人非常痛心，也是谁都不愿意看到的，我们向家属表示深切慰问，我委对此高度重视，已责成当地的卫生计生部门认真调查核实，依法依规严肃处理”。

9月19日 在喜迎党的十九大召开之际，民革中央教科文卫体委员会、中国健康管理协会、《人民日报·民生周刊》、中国国际文化传播中心、中华医学会科学普及分会和三门峡市政府联合举办的2017大健康论坛·中国健康文化大会在北京举行，围绕“健康中国”时代主题，交流研究成果，分享健康文化，探讨产业发展，共谋大健康未来。全国政协副主席、民革中央常务副主席齐续春宣布大会开幕。独具特色优势的三门峡大健康文化和产业发展成为此次大会论坛热议主题、备受瞩目，大会期间三门峡市收获了丰硕成果，被授予“全国精准健康传播试点城市”。

开幕式上发布了我国首部《国民精准健康传播专家共识指南》。当天大会进行了主题演讲和高峰对话。与会嘉宾围绕中国健康文化的传承发扬、膳食结构与饮食健康、健康养老的发展与建设、全民健康生活方式行为等主题进行了深入研讨。大会还以健康教育与健康促进、健康传播与健康管理为主题举行了精准健康管理论坛，以“互联网+”精准康养社区工程、中国保健食品科学使用研究课题、精准健康救心工程、国民精神卫生慢病指南为主题进行了精准健康公益论坛。

10月18日 习近平总书记在十九大报告中指出，实施“健康中国”战略。要完善国民健康政策，为人民群众提供全方位全周期健康服务。深化医药卫生体制改革，全面建立中国特色基本医疗卫生制度、医疗保障制度和优质高效的医疗卫生服务体系，健全现代医院管理制度。加强基层医疗卫生服务体系和全科医生队伍建设。全面取消以药养医，健全药品供应保障制度。坚持预防为主，深入开展爱国卫生运动，倡导健康文明生活方式，预防控制重大疾病。实施食品安全战略，让人民吃得放心。坚持中西医并重，传承发展中医药事业。支持社会办医，发展健康产业。促进生育政策和相关经济社会政策配套衔接，加强人口发展战略研究。积极应对人口老龄化，构建养老、孝老、敬老政策体系和社会环境，推进医养结合，加快老龄事业和产业发展。

这是以习近平同志为核心的党中央从长远发展和时代前沿出发，坚持和发展新时代中国特色社会主义的一项重要战略安排，必将为全面建成小康社会和把我国建成富强民主文明和谐美丽的社会主义现代化强国打下坚实健康根基。我们要坚决贯彻中央决策部署，凝心聚力，扎实推进，一步一步把美好愿景变为现实。

党的十九大报告指出，“人民健康是民族昌盛和国家富强的重要标志”。这体现了我们党对人民健康重要价值和作用的认识达到新高度。实施“健康中国”战略，增进人民健康福祉，事关人的全面发展、社会全面进步，事关“两个一百年”奋斗目标的实现，必须从国家层面统筹谋划推进。这是新时代经济社会协调发展的必然要求，是实现人民对美好生活新期盼的重要支撑，是维护国家安全与社会稳定的必备条件，是医疗卫生事业改革发展的内在要求。

11 月 3 日　国务院通过了原卫计委关于“设立中国医师节”的申请，同意自 2018 年起，将每年的 8 月 19 日设立为“中国医师节”。中国医师节是经国务院同意设立的卫生与健康工作者的节日，体现了党和国家对 1100 多万卫生与健康工作者的关怀和肯定。

国家原卫计委相关负责人表示，将会同有关部门组织好“中国医师节”的各项活动，激励广大卫生与健康工作者大力弘扬“敬佑生命、救死扶伤、甘于奉献、大爱无疆”的崇高精神，进一步推动全社会形成尊医重卫的良好氛围，加快推进“健康中国”战略深入实施。国家设立“中国医师节”，对于加强医师职业规范、加强行业自律、更好地改善医患关系的积极意义不容忽视。

12 月 29 日　由人民日报社、国家卫生与计划生育委员会指导，人民网、健康时报社、人保健康联合主办的第十届“健康中国”（2017 年度）论坛在北京隆重举行。本届“健康中国”论坛特别关注党的十九大后我国医疗改革、医药政策、慢病防控、健康城市、养老产业、健康管理等“健康中国”国家战略关注的重大议题，重点解读十九大的“健康中国”战略，设立三个主论坛及 15 个主题单元，汇聚国家领导人，国家卫生计生委、国家食药监总局领导，院士专家，医院院长，顶级学者，产业代表及主流传媒界等100余位各界人士在一起分享讨论。

2018年

3月13日 国务院机构改革方案被提请十三届全国人大一次会议审议。根据该方案，将国家卫生和计划生育委员会、国务院深化医药卫生体制改革领导小组办公室、全国老龄工作委员会办公室的职责，工业和信息化部的牵头《烟草控制框架公约》履约工作职责，国家安全生产监督管理总局的职业安全健康监督管理职责整合，组建国家卫生健康委员会，作为国务院的组成部门。

其主要职责是，制定国民健康政策，协调推进深化医药卫生体制改革，组织制定国家基本药物制度，监督管理公共卫生、医疗服务、卫生应急，负责计划生育管理和服务工作，拟订应对人口老龄化、医养结合政策措施等。

保留全国老龄工作委员会，日常工作由国家卫生健康委员会承担。民政部代管的中国老龄协会改由国家卫生健康委员会代管。国家中医药管理局由国家卫生健康委员会管理。不再保留国家卫生和计划生育委员会。不再设立国务院深化医药卫生体制改革领导小组办公室。

国家卫生健康委员会成立，统筹医疗服务的公共性，推动实施“健康中国”战略，树立大卫生、大健康的观念，将以治病为中心转向以人民健康为中心，预防控制重大疾病，积极应对人口老龄化、疾病谱慢性化，实现为人民群众提供全方位全周期健康服务的发展目标。

4月18日 2018“健康中国”新媒体工作现场推进会在京召开。国家卫生健康委员会副主任王贺胜出席并讲话。

王贺胜指出，做好新形势下的卫生健康宣传工作需要在“吃透”“把准”“做实”上下功夫。目前，国家卫生健康委员会已初步搭建了“两网两微一端多号”的“健康中国”新媒体平台，包括中英文官方网站，“健康中国”微博、微信和客户端，以及系列政务新媒体号，要“吃透”党中央对宣传工作的新部署、人民群众对健康的新需求、互联网助力卫生健康事业发展的新趋势；“把准”“健康中国”新媒体平台的核心任务，是健康传播的“中央厨房”、健康信息服务的资源库、走群众路线的连心桥；“做实”平台的建设、使用和管理。各单位要用共建共享的理念全力推进“健康中国”新媒体平台建设各项部署，作为落实国家卫生健康委员会正在推动开展“大学习、大调研、大落实”活动的一项重要举措。

4月19日 《健康报》社主办的“2018‘健康中国’新媒体交流工作会”在北京举行。

国家卫生健康委员会宣传司副司长宋树立出席会议并致辞，会议由国家卫生健康委员会宣传司新闻处处长刘哲峰主持。

在此次交流会上，来自政府机关、医疗机构、互联网新媒体平台及自媒体行业的专家大V们就如何玩转新媒体展开了广泛的交流与热烈的探讨，从选题、策划、各平台及产品运维模式、成功案例、宣传效果等多方面分享了新媒体的运营经验。

为落实“健康中国”战略的要求，加强“健康中国”政务新媒体平台的建设，引领卫生健康行业新媒体健康发展，本次会议还启动了“‘健康中国’新媒体平台工作委员会成立仪式”及首批成员单位授牌仪式。大会评选出了包括“‘健康中国’新媒体影响力十佳个人奖”在内的“十佳政务机构”“十佳医疗机构”“十佳卫生机构”和“十佳健康号”等多个奖项。

4月28日 国务院办公厅印发《关于促进“互联网+医疗健康”发展的意见》，明确要求健全互联网诊疗收费政策，进一步完善医保支付政策，逐步将符合条件的互联网诊疗服务纳入医保支付范围。9月，国家卫健委、国家中医药管理局联合发布《互联网诊疗管理办法（试行）》等文件，对互联网医疗作出了明确的规范和指引。

4月28日 由国家卫生健康委、国家体育总局、教育部、全国总工会、共青团中央、全国妇联联合主办的2018年“健康中国”行——科学健身主题宣传活动启动仪式在京举行。

本次活动以“科学健身”为主题，结合“健康中国”和全民健身国家战略等内容，倡导形式多样的健康教育和科学健身活动。国家卫生健康委员会副主任王贺胜在启动仪式上表示，为全面贯彻落实“做身体健康的民族”的号召，将调动各部门的积极性，鼓励医者先行，引导全民科学健身、营养膳食，倡导每个人做自己健康的第一责任人。要跨部门联动协同作战，各地卫生健康部门会同相关部门精心组织好“健康中国”行活动，不断增强人民群众的获得感、幸福感、安全感；广大卫生健康工作者要做健康的守护者、促进者、先行者。

启动仪式上，国家体育总局体育科学研究所副所长冯连世对科学健身核心信息进行了解读，强调要牢记科学健身的原则和要点，坚持安全第一、健康至上的原则，通过健康的筛查、医学的检查、运动能力的测试和运动风险的评估，提升每个健康运动者的运动安全性；讲究系统性和全面性的原则，科学锻炼的类型要全面，在锻炼的项目方面要求多样化；同时还要强调个体化的原则，选择适合自己的锻炼方式，对儿童、青少年、成年人、老年人群及一些特殊人群，建议在专业人员的指导下开展运动健身。最重要的是鼓励人们坚持锻炼，持之以恒。

5月1日　将包括抗癌药在内的所有普通药品、具有抗癌作用的生物碱类药品及有实际进口的中成药进口关税降至零，使我国实际进口的全部抗癌药实现零关税。此外，国家还通过对已纳入医保的抗癌药实施政府集中谈价、采购以及对未纳入医保的抗癌药实行医保准入谈判等措施来降低抗癌药药价。

同时，财政部联合海关总署、税务总局、国家药品监督管理局发布的《关于抗癌药品增值税政策的通知》中明确，自5月1日起，对进口抗癌药品，减按3%征收进口环节增值税。

7月15日　国家药品监督管理局发布通告指出，长春长生生物科技有限公司冻干人用狂犬病疫苗生产存在记录造假等行为。

检查组发现，长春长生在冻干人用狂犬病疫苗生产过程中存在记录造假等严重违反《药品生产质量管理规范》（药品GMP）行为。根据检查结果，国家药监局迅速责成吉林省食品药品监督管理局收回长春长生相关《药品

GMP 证书》。此次飞行检查所有涉事批次产品，尚未出厂和上市销售，全部产品已得到有效控制。

7 月 22 日　李克强总理就疫苗事件作出批示：此次疫苗事件突破人的道德底线，必须给全国人民一个明明白白的交代。李克强在批示中要求，国务院要立刻派出调查组，对所有疫苗生产、销售等全流程全链条进行彻查，尽快查清事实真相，不论涉及哪些企业、哪些人都坚决严惩不贷、绝不姑息。对一切危害人民生命安全的违法犯罪行为坚决重拳打击，对不法分子坚决依法严惩，对监管失职渎职行为坚决严厉问责。尽早还人民群众一个安全、放心、可信任的生活环境。

7 月 23 日　正在国外访问的中共中央总书记、国家主席、中央军委主席习近平对吉林长春长生生物疫苗案件作出重要指示，指出长春长生生物科技有限责任公司违法违规生产疫苗行为，性质恶劣，令人触目惊心。有关地方和部门要高度重视，立即调查事实真相，一查到底，严肃问责，依法从严处理。要及时公布调查进展，切实回应群众关切。习近平强调，确保药品安全是各级党委和政府义不容辞之责，要始终把人民群众的身体健康放在首位，以猛药去疴、刮骨疗毒的决心，完善我国疫苗管理体制，坚决守住安全底线，全力保障群众切身利益和社会安全稳定大局。

“坚决守住公共安全底线，坚决维护最广大人民身体健康”。8 月 16 日，中共中央政治局常务委员会召开会议，听取关于吉林长春长生公司问题疫苗案件调查及有关问责情况的汇报，并进行严肃问责。这充分体现了以习近平同志为核心的党中央对人民群众切身利益的高度负责，对药品安全质量监督工作的高度重视，对全面从严治党、坚定去疴除弊的有力担当。

疫苗关系人民群众健康，关系公共卫生安全和国家安全。这起问题疫苗案件发生以来，习近平总书记高度重视，多次作出重要指示，要求立即查清事实真相，严肃问责，依法从严处理，坚决守住安全底线，全力保障群众切身利益和社会稳定大局。药品安全性命攸关，容不得半点马虎。维护疫苗等药品安全，就要进一步完善法律法规和制度规则，明晰和落实监管责任，尤其要严厉打击那些利欲熏心、无视规则的不法企业，打击那些敢于挑战道德和良知底线的人。

10 月 16 日 国家 28 个部委、单位联合签署《关于对严重危害正常医疗秩序的失信行为责任人实施联合惩戒合作备忘录》，对“医闹”实施联合惩戒。与此同时，《基本医疗卫生与健康促进法》草案二审稿也明确规定，禁止任何组织和个人威胁、危害医疗卫生人员人身安全，侵犯医疗卫生人员人格尊严。

11 月 26 日 南方科技大学副教授贺建奎宣布一对名为露露和娜娜的基因编辑婴儿于 11 月在中国健康诞生，由于这对双胞胎的一个基因（CCR5）经过修改，她们出生后即能天然抵抗艾滋病病毒 HIV。这一消息迅速激起轩然大波，震动了中国和世界。

11 月 26 日 国家卫健委回应“基因编辑婴儿”事件，依法依规处理。11 月 27 日，科技部副部长徐南平表示，本次“基因编辑婴儿”如果确认已出生，属于被明令禁止的，将按照中国有关法律和条例进行处理；中国科协生命科学学会联合体发表声明，坚决反对有违科学精神和伦理道德的所谓科学研究与生物技术应用。

11 月 28 日 国家卫生健康委员会、科学技术部发布了关于“免疫艾滋病基因编辑婴儿”有关信息的回应：对违法违规行为坚决予以查处。

B.17
"健康中国"典型人物

（按照姓氏音序排列）

胡大一

主任医师、教授、博士生导师，北京突出贡献专家，享受国务院政府专家津贴，著名心血管病专家、医学教育家。担任《中国医药导刊》主编，《中华心律失常学杂志》《中国介入杂志》等多种国内外杂志副主编、编委。

由胡大一教授主编的《胡大一浅谈心脏健康》是"十三五"国家重点出版物出版规划项目，并获评"2016中国好书"。在健康传播领域，特别是心脏健康方面，胡大一教授是名副其实的专家。作为心脏专家，他利用新闻传播形式传播好心脏健康科普知识，为健康传播做出了示范。

毛群安

现任国家卫生健康委员会规划发展与信息化司司长。先后任原卫生部办公厅副主任、新闻发言人，中国健康教育中心（新闻宣传中心）主任、党委书记，原国家卫生计生委宣传司司长、新闻发言人，国家卫生健康委员会疾控局局长。北京市第十五届人民代表大会代表。

2003年抗击"非典"疫情开始后，每日的疫情信息播报使临危受命担任新闻发言人的毛群安开始为公众所熟知，他沉稳专业的新闻发布风格引起国内外媒体和公众的广泛关注。2003年"非典"之后，中国开始着手建立系统化的新闻发布、新闻发言人制度。毛群安作为2003年举办的首届中国新闻发言人培训班（俗称新闻发布"黄埔一期"）学员，与时任公安部和教育部新闻发言人并称为最早进行连续自主新闻发布工作的国家级部委发言人“三剑客”。

从2003年至2017年，毛群安在新闻发言人位置上工作了14年，长期负责卫生健康领域新闻宣传工作，具有深厚的理论和实践经验。在实践层面，他指出，新闻发言人的工作离不开一系列制度的支撑，只有通过制度建设完善机制、明确职责，规范卫生新闻宣传工作，才能做到及时、准确、全面地发布权威信息，积极引导社会舆论。在理论层面，他引入美国疾病控制与预防中心（Centers for Disease Control and Prevention，CDC）风险沟通理念与机制，著有《美国医疗保险制度剖析》《澳大利亚医疗制度与卫生管理》《卫生应急风险沟通》等书。

2019年，国务院颁布《健康中国行动（2019～2030年）》等相关文件，围绕疾病预防和健康促进两大核心，拉开了健康中国15个重大专项行动的序幕。毛群安作为健康中国行动推进委员会办公室的主要负责同志，将开启全新的健康传播篇章。

施琳玲

中国医师协会健康传播工作委员会秘书长、南通大学附属医院党委宣传部部长、中国传媒大学“健康中国”创新传播研究中心副主任，副研究员，中国医疗自媒体联盟发起人。

2016年10月，为更好地发挥联动作用，助力“健康中国”战略，在原国家卫生计生委宣传司的指导下，依托中国医师协会，中国医疗自媒体联盟在江苏南通宣布成立。施琳玲深谙自媒体传播规律，是医疗健康传播领域的中流砥柱。在她的带领下，中国医疗自媒体联盟将医疗健康知识传播与自媒体结合，依托微博、微信、抖音、快手等自媒体平台，制作喜闻乐见、通俗易懂的医疗传播内容，迅速发展壮大。目前，省级分盟7个，各自媒体平台累计粉丝数近3亿。

王陇德

现任北京大学公共卫生学院院长，原卫生部副部长、中国工程院院士。1947 年 1 月生于甘肃省兰州市，原籍河南开封。1969 年毕业于兰州大学医学部；1982 年毕业于中国医学科学院，获医学硕士学位。1980 年作为交换学者，赴美国纽约市大学西奈山医学院进修两年。1982 年归国后，一直从事卫生行政管理工作，历任甘肃省卫生厅副处长、副厅长和厅长，国家卫生部副部长，任国家卫生部党组副书记、副部长。王陇德 2009 年当选为中国工程院工程管理学部院士。现为北京大学公共卫生学院院长。王陇德现还任第十二届全国人大常委会委员、中华预防医学会会长、中国老年保健医学研究会会长、世界卫生组织结核病控制技术和策略专家组成员、UNAIDS 亚太地区艾滋病控制和发展领导论坛指导委员、卫生部“‘健康中国’2020 战略研究组”首席专家、中国疾病预防控制中心健康教育首席专家等职。

Abstract

With the promotion of the "Healthy China" strategy, what the party and the country do to improve people's health and the management of relationship between the public have become the important issues in the capacity building of national public relations. In the face of the increasingly urgent need for public relations services of Healthy China, the China Public Relations Association (CPRA) and the Academy of Media and Public Affairs Communication University of China jointly launched the China Public Relations Development Report (2019): The Public Relations of Healthy China.

This book adheres to the guidance of President Xi Jinping's Thought on Socialism with Chinese Characteristics for a New Era, tries to build a theoretical system of public relations with Chinese characteristics and improve the management of public relations of Healthy China, and formulates the framework according to the theme of "public relations of Healthy China".

This book consists of three chapters: the general reports, chapter of health Governance and chapter of health communication. This book includes 2 general reports, 11 sub-reports and 4 appendices.

The general report "Report on Development of China's Public Relations 2018 - 2019" and "General Report on Healthy Public Relations in China from 2013 to 2018" focus on the current overall development situation of China's public relations industry, emphasize on the development track of the public relations of Healthy China in the past five years, summarize achievements and look into the distance.

The sub-reports carry out research from the perspectives of health Governance and health communication, involving multiple parties in the public relations of Healthy China. The chapter of health Governance, from three dimensions of government support, public opinion guidance and medical humanistic communication, focuses on the contents and change of the concept of "comprehensive health" and the doctor-patient relationship. It analyzes and compares the definitions of global administration, international health cooperation and global health administration and their relationship with the strategy of Healthy China and deeply discusses the strategic significance of the openness, communication and integration of traditional Chinese medicine in the process of building the "Belt and Road". Based on the innovative practice of China's Internet on the healthy development model of health care, it also explores new modes and new practices for the Internet to promote the healthy development of medical care.

The chapter of health communication accurately grasps the strategies of health model selection and media publicity in the new era, combined with the current development of new media and the changes in the media environment in China. By analyzing the one body's two sides and public sentiment in food and medicine incidents, it discovers the experience and shortcomings of rumor refutation in China's health communication field, sums up the innovation of China's medical self-media alliance, puts forward suggestions for the new media construction in China's health education institutions and the state hospital's image construction, and systematically combs the status quo, features and trends of domestic health communication research.

This book, from the perspective of public relations, examines the public communication work under the construction of "Healthy China" in the new era, and strives to provide reference for the government to manage public relations affairs, the companies to conduct public relations operations, and the health-related institutions to make development plans to provide ideas for public relations to display their strategic value.

Contents

I General Reports

Abstract: In 2018, under the slower development of global economy, China's PR industry had improved rapidly. This report summarizes the status quo of PR industry in 2018, finding that the industry output has increased steadily. This report sums up some new features of this industry. Though there are still some problems, the development of China's PR industry is good tendency. Through detailed analysis, this reportmakes a brief forecast for the prospects of China's PR industry.

Keywords: Public Relations; Digital Technology; AI

Abstract: The five years' time from 2013 to 2018 is an important stage connecting the preceding and the following from the 12th Five Year Plan to the 13th Five Year Plan, and it is also essential to advance Healthy China initiative step by step. The government plays a major rolein the process of implementing healthy public relations in China, including managing department upgrades, formulating policies, and promoting the rapid development of healthy China's public relations by implementing the "three medical" linkage reform, strengthening public health service policies, putting chronic disease prevention and control plans into practice, and vigorously promoting the development of traditional Chinese medicine. This chapter reviews the development, policy measures and achievements of healthy China's public relations in the past five years to provide reference for further implementation of healthy China's public relations.

Keywords: Healthy China; Public Relations; Policy Evolution

Ⅱ Health Governance

Abstract: This report systematically combs the contents and change of the concept of "comprehensive health". Comprehensive health is an ideal state for individuals to pursue complete health in all aspects, multiple dimensions and whole cycle according to the characteristics of the times. The development of comprehensive health has many characteristics, such as from "treatment" to "prevention", from physiological mode to multiple mode, rapid development of health industry, wide application of Internet and so on. These characteristics bring both numerous opportunities and countless challenges to the development of medical institutions. In this development environment with specific policies, the doctor-patient relationship has been improved continuously. To establish a better doctor-patient relationship ecology, we need to grasp the main factors affecting the doctor-patient relationship ecology, such as doctor-patient communication, popularization of scientific knowledge, the role of media, social forces and so on. In this report, suggestions are put forward from three dimensions to promote the future ecology of doctor-patient relationship under the concept of comprehensive health: strengthening government's support, encouraging the society to run medicine, improving the hierarchical medical system, building an economic and ecological environment to alleviate the contradiction between supply and demand of doctors and patients; letting media playing themselves role as the "bridge", strengthening the punishment of Yinao, people who attack medical staff, actively guiding public opinion, and repairing the political ecology of harmonious doctor-patient relationship; establishing the sense of integrity, improving the medical humanistic education, strengthening the communication between doctors and patients, and promoting the cultural and psychological ecology of harmonious doctor-patient relationship.

Keywords: Comprehensive Health; Doctor-Patient Relationship; Ecology

B. 4 China's Participation in Global Health Governance

Xu Jing, Liu Shiyu and Liu Xiangjun / 043

Abstract: Global health governance is one of the major issues of global governance, which is closely related to the global development governance and global public safety governance. Earlier attempts by countries to prevent the introduction of health security problems in other countries through concluding treaties and setting up border barriers were aimed at protecting national sovereignty rather than broader global cooperation. However, global health governance puts more emphasis on the overall protection of human health and defines value objectives as integrated governance rather than limited to cooperation among countries. Therefore, it reflects a supranational institutional arrangement to some extent. According to the current situation of global health governance and China's reality, the author sorted out two parts. The first part is the introduction of global health governance, which mainly defines relevant concepts and outlining the development of global health governance. The second part focuses on China's participation in global health governance, mainly introducing the main components of China's participants、participation development、participation way and practical characteristics、challenges and future prospects. China has gradually enhanced international cooperation since the restoration of China's legal seat at WHO in 1972. China's participation in global health has been growing in scope and areas of cooperation and realized the role transformation from passive to active participation especially with the development of 40 years of reform and opening up. There are many ways for China to participate in global health governance, such as health development assistance、dealing with public health emergencies and participation in the establishment of the international health system. At present, China's main participants in global health governance are still the national administrative departments and some research institutions. Recently, NGO institutions have more and more participation. And this paper will also put forward relevant suggestions for how China can truly and effectively participate in global health governance in the future.

Keywords: Global Health Governance; International Health Cooperation; Healthy China Strategy

Abstract: With the "Traditional Chinese Medicine Development Planning Outline (2016 -2030)", "Traditional Chinese Medicine 'the Belt and Road' Development Plan", "the '13th Five-Year' Plan" of Traditional Chinese Medicine Development, "China's White Paper on Traditional Chinese medicine"

and other important documents issued one after another, traditional Chinese medicine has gradually become a strategic industry with unique advantages and promising market prospects in national economic and social development. "Going out" is essential if the traditional Chinese medicine wants to open at a higher level and gain higher quality development. This report combs the policy background, development status and expected prospects of traditional Chinese medicine. In general, the development of traditional Chinese medicine has become a national strategy, and it has embarked on a new era of comprehensive development. Meanwhile, with the "Belt and Road" initiative, traditional Chinese medicine is achieving openness, communication and integration in a wider extent, at a higher and deeper level. However, there still exist some problems: standardization research of traditional Chinese medicine, innovation and development, industrialization of it and other aspects still need attention. Only by actively seeking opportunities to let traditional Chinese medicine go out can we spread our own advantages and better shape our image as well as find out our shortcomings. May the role of traditional Chinese medicine become more and more important and attractive in the international arena?

Keywords: Traditional Chinese Medicine; Culture; the Belt and Road; Internationalization

Abstract: With the continuous advancement of medical system reform, the main contradiction in the field of medical health has been transformed into the contradiction between the growing health demand of the people and the uneven distribution of high-quality medical resources and the imbalance of effective supply. The rapid development of Internet technology, especially the integration of the Internet and the medical field, has added new energy to solving the above contradiction. This report analyzes the policy, technology and market environment of the Internet systematically to promote the development of medical health. People's demand for health care is growing rapidly, the bonus of "Internet + health care" policy has been continuously released, and the construction of hospital information system has been improved gradually.

This essay summarizes new modes and practices of promoting the development of medical health by Internet: the "smart service", to enhance patients' experience in all aspects of medical treatment and health management; "smart medical", to connect information islands, to reconstruct the relationship between medical staff and hospital; and "smart management", to optimize of all aspects of medical service and hospital management. Finally, the paper puts forward the issues that need to be paid attention to when the Internet helps medical health organizations continue to deepen exploration. Considering about the demand, people's medical treatment and consumption habits are still not completely changed. Considering about the supply, the effective supply of high-quality Internet medical resources and products is still insufficient. And considering about the technology, the industry standard management still needs to be improved.

Keywords: Internet +; Medical Health; Smart Service; Smart Medicine; Smart Management

Ⅲ Health Communication

Abstract: The spread of holding a healthy life, taking health promotion activities and health communication practice have been on process rapidly in China since 2013 with increasing health communication related researches. This report focuses on domestic researches of health communication from 2013 to 2018, reviewing and sorting out the current situation of the researches, analyzing the existing problems of them, and puts forward counter measures and suggestions on them. During 2013 to 2018, researches on health communication in China has the following characteristics: papers with fruitful research results have been produced, more than ten categories of resources have been covered including journal papers, doctoral papers and international conferences, key words including doctor-patient relationship, health education and social media have been summarized, and the main research project changes gradually from the field of medical health to the field of news communication; however, the research shown in doctoral papers and monographs are not deep enough that the number of doctoral theses and monographs collected by CNKI and national digital library is small, and the research content is "conservative but not innovative", still concentratingonresearches about effect, special topic and other fields.

In addition, the following new characteristics have emerged in health communication: researchers have gradually deepened the study by doing researches according to categorized subjects in vertical and extended fields that research topics are wide from diabetes, hepatitis B, to tuberculos is and other fields with the study of AIDS, depression and other diseases remains popular. Problems exist in health communication research, and suggested improvements are as follows. First, the proportion of research projects supported by fund is too low, so financial support for health communication research should be further increased. Second, research on health promotion is insufficient, so we the application of health communication theory should be strengthen by practice. Third, "disease orientation" in research has overwhelmed, and the focus should be adjusted to "human orientation". Fourth, there are some misunderstandings about health, such as more "treatment" and less "prevention" in health communication research. What's more, the number of researches on passive acquisition behaviors is large while that on active search behaviors is small, which should be taken into account in a comprehensive way. And last but not least, interdisciplinary research cooperation among medical, public health and news communication scholars is insufficient, which needs to further expand the breadth and depth of that.

Keywords: Health Communication; Health Promotion; Disease Orientation; Doctor-Patient Relationship; Public Health

B. 8 Report on Health Model Publicity Strategy

Wang Yifang, *Zhen Cheng* / 113

Abstract: It is well known that "A fine example has boundless power", and model leading has always been an important form of promoting positive energy and practicing the professionalism of doctors in the medical and health sector. This paper focuses on the value of health model selection activities in the new era, the significance of typical characters, the new identity of society and peers and the strategies and channels of media publicity, putting forward a series of constructivesuggestions on related policies for the selection and publicity of typical characters who are innovative.

Aiming to know "what kind of health model is needed in the new era", a small-scale investigation on the suitability of health model was carried out among the medical students of three grades in Peking University Medical Department to find "what kind of model that can be noticed and remembered", "what kind of model can be taboo or disgusted", to figure out what kind of health model the social calls for and accept in the new era from one side. Based on these firsthand social, cultural and psychological factors, this paper analyzes the prominent problems in the practice of typical publicity in the health industry, such as stereotype and poverty, which lead to the situation that respectable health models are not amiable, while amiable health models are not suitable for people as an example. In view of these problems, it puts forward practical suggestions on related policies, and ideas and measures to improve, so as to enable the health model confident and veritable. It is also necessary to create new way to innovate to cultivate and explore the health model, such as narrative medicine, writing biography and shooting documentary to heighten the effect of health model publicity.

Keywords: Health model; Professionalism; Narrative Medicine

B. 9 Image Communication of Public Hospitals under the New Media Environment

Abstract: This report focuses on the theory, current situation and development suggestions of image communication of public hospitals under the new media environment. First, this paper defines the characteristics of public hospitals, summarizes the current situation of the development of new media in China and the changes of media environment. Second, it analyzes the media's relevant reports on public hospitals in recent years, and discusses the outstanding challenges and opportunities brought by new media. Finally, it lists some cases of public hospitals doing a good job in communication in the new media era, providingcountermeasures and suggestions on shaping the image of public hospitals under the new media background.

Keywords: Public Hospital; Image Communication; New Media

B. 10 Risk Monitoring and Public Opinion Guidance for Food and Medicine Emergencies

Abstract: Food and medicine have been the hot topic of public opinion in recent years. This report combs the characteristics of public opinion for food and medicine in 2018: high incidence in food and beverage, both old problems and new challenges existing in the food field; frequent incidence in the pharmaceutical field with the increase of heat; the role of the social media platform highlighted, and the objective facts and public sentiments constituting the "one body's two sides" of public opinion for food and medicine. Based on the above-mentioned new trends and characteristics of the public opinion for food and medicine, this report puts forward three suggestions for the guidance of public opinion on food and medicine incidents: firstly, establishing a sense of guidance through the whole process, with continuous statement, including the response of key questions of public concern, actively updating the public on the latest measures to deal with the incidents, sincere attitude and taking the public sentiment seriously; secondly, exploring social co-governance; thirdly, accurately determining the nature of food and medicine emergencies.

Keywords: Food Safety; Self-Media; Post-Truth; Public Opinion Guidance

Abstract: China has strengthened the governance of rumors about health in recent years, and achieved positive results. This report focuses on the governance of China's rumor about health and reviews the practical experience of refuting rumors in recent years in China. First, tracing the source of rumor and punishing it severely according to law. Second, seizing the opportunity and publishing facts to refute rumor in time; comprehensively managing rumor through the cooperation of official and folk media, with the help of influential media platform, combined with offline practice. This paper analyzes the causes of rumors about health in China is market competition that media release groundless reports leading to the difficulty in distinguishing the true and false information, and the public is lack of discrimination ability believing all reports blindly.

From the whole point of view, the sources of rumors about health in China are vague, the details are ambiguous, the concepts are misused, utilizing fear and using interpersonal communicationto expand the influence. In the future, it is necessary to strengthen the real-time monitoring, improve the legal norms of governance on rumors about health. The media should report objectively, explore the means of refuting rumor on social platform to enhance the ability of people to identify rumor. The most important thing is to find the law of rumor propagation to prevent the spread in advance, and notify the public with correct scientific knowledge before the rumor appears.

Keywords: Rumors About Health; Social platform; Result of Refuting Rumors; Public Opinion

Abstract: The 19th National Congress of the Communist Party of China put forward the "Healthy China Strategy". The Healthy China 2030 Planning Outline proposed "using new media to expand health education." So, National health education institutions actively applied new media to carry out health education. This report is based on a survey of 30 provincial health education institutions in China, 66 questionnaires of new media leaders of prefectures and cities in Shanxi Province in 2019, and on-site investigations in six provinces including Shanghai, Shaanxi, Shandong, Guangdong, Shenzhen and Zhejiang Province. The status of national new media construction at the level of province in 2017: 97% institutions opened WeChat, 53% opened Weibo accounts; 63% had certain workers responsible for releasing new media contents; 60% also undertake health education and publicity functions. Only 26% have new media operation and maintenance standards. Half of the provincial health education institutions gave new media management to health education and promotion department; a quarter of institutions gave the responsibilities to news publicity offices. In 2019, the 66 questionnaires mentioned-above showed that 84% institutions had not participated in relevant training in the past three years; one-fifth had publicity funds. The publicity carrier: traditional forms such as leaflet 92%, new media 78%, traditional media such as TV 70%. In summary, the changes of health publicity media ecology and the public welfare characteristics of health communication are obvious; different levels of institutions differentiate their functions, take advantage of local conditions to spread, and highlight the geographical features and strengthen service. Some problems have also been discovered, such as large differences between regions, lack of personnel, standards and funds, information targeting and

it has strong development motivator. Finally this report makes perspectives for the future of the association: to form deep connection by sharing responsibility, to empower members by the connection, to help members grow up by empowerment.

Keywords: Doctor-patient Relationship; New Media; Public Opinion Guiding

Ⅳ Appendix

皮书起源

“皮书”起源于十七、十八世纪的英国，主要指官方或社会组织正式发表的重要文件或报告，多以“白皮书”命名。在中国，“皮书”这一概念被社会广泛接受，并被成功运作、发展成为一种全新的出版形态，则源于中国社会科学院社会科学文献出版社。

皮书定义

皮书是对中国与世界发展状况和热点问题进行年度监测，以专业的角度、专家的视野和实证研究方法，针对某一领域或区域现状与发展态势展开分析和预测，具备原创性、实证性、专业性、连续性、前沿性、时效性等特点的公开出版物，由一系列权威研究报告组成。

皮书作者

皮书系列的作者以中国社会科学院、著名高校、地方社会科学院的研究人员为主，多为国内一流研究机构的权威专家学者，他们的看法和观点代表了学界对中国与世界的现实和未来最高水平的解读与分析。

皮书荣誉

皮书系列已成为社会科学文献出版社的著名图书品牌和中国社会科学院的知名学术品牌。2016 年，皮书系列正式列入“十三五”国家重点出版规划项目；2013~2019 年，重点皮书列入中国社会科学院承担的国家哲学社会科学创新工程项目；2019 年，64 种院外皮书使用“中国社会科学院创新工程学术出版项目”标识。

中国皮书网

（网址：www.pishu.cn）

发布皮书研创资讯，传播皮书精彩内容

引领皮书出版潮流，打造皮书服务平台

栏目设置

关于皮书：何谓皮书、皮书分类、皮书大事记、皮书荣誉、
皮书出版第一人、皮书编辑部

最新资讯：通知公告、新闻动态、媒体聚焦、网站专题、视频直播、下载专区

皮书研创：皮书规范、皮书选题、皮书出版、皮书研究、研创团队

皮书评奖评价：指标体系、皮书评价、皮书评奖

互动专区：皮书说、社科数托邦、皮书微博、留言板

所获荣誉

2008 年、2011 年，中国皮书网均在全国新闻出版业网站荣誉评选中获得“最具商业价值网站”称号；

2012 年，获得“出版业网站百强”称号。

网库合一

2014 年，中国皮书网与皮书数据库端口合一，实现资源共享。

S 基本子库
UB DATABASE

中国社会发展数据库（下设 12 个子库）

全面整合国内外中国社会发展研究成果，汇聚独家统计数据、深度分析报告，涉及社会、人口、政治、教育、法律等 12 个领域，为了解中国社会发展动态、跟踪社会核心热点、分析社会发展趋势提供一站式资源搜索和数据分析与挖掘服务。

中国经济发展数据库（下设 12 个子库）

基于"皮书系列"中涉及中国经济发展的研究资料构建，内容涵盖宏观经济、农业经济、工业经济、产业经济等 12 个重点经济领域，为实时掌控经济运行态势、把握经济发展规律、洞察经济形势、进行经济决策提供参考和依据。

中国行业发展数据库（下设 17 个子库）

以中国国民经济行业分类为依据，覆盖金融业、旅游、医疗卫生、交通运输、能源矿产等 100 多个行业，跟踪分析国民经济相关行业市场运行状况和政策导向，汇集行业发展前沿资讯，为投资、从业及各种经济决策提供理论基础和实践指导。

中国区域发展数据库（下设 6 个子库）

对中国特定区域内的经济、社会、文化等领域现状与发展情况进行深度分析和预测，研究层级至县及县以下行政区，涉及地区、区域经济体、城市、农村等不同维度。为地方经济社会宏观态势研究、发展经验研究、案例分析提供数据服务。

中国文化传媒数据库（下设 18 个子库）

汇聚文化传媒领域专家观点、热点资讯，梳理国内外中国文化发展相关学术研究成果、一手统计数据，涵盖文化产业、新闻传播、电影娱乐、文学艺术、群众文化等 18 个重点研究领域。为文化传媒研究提供相关数据、研究报告和综合分析服务。

世界经济与国际关系数据库（下设 6 个子库）

立足"皮书系列"世界经济、国际关系相关学术资源，整合世界经济、国际政治、世界文化与科技、全球性问题、国际组织与国际法、区域研究 6 大领域研究成果，为世界经济与国际关系研究提供全方位数据分析，为决策和形势研判提供参考。

法律声明